江苏大学专著出版基金资助出版

国家社会科学基金项目（11CGL014）研究成果

江苏大学五棵松文化丛书

制造企业服务化转型中的人力资源管理：
理论、实证与对策

朱永跃◇著

中国社会科学出版社

图书在版编目（CIP）数据

制造企业服务化转型中的人力资源管理：理论、实证与对策/朱永跃著.—北京：中国社会科学出版社，2016.12
ISBN 978 - 7 - 5161 - 9674 - 8

Ⅰ.①制…　Ⅱ.①朱…　Ⅲ.①制造工业—工业企业管理—人力资源管理—研究—中国　Ⅳ.①F426.4

中国版本图书馆 CIP 数据核字（2016）第 325828 号

出 版 人	赵剑英
责任编辑	卢小生
责任校对	周晓东
责任印制	王　超

出　　版	中国社会科学出版社
社　　址	北京鼓楼西大街甲 158 号
邮　　编	100720
网　　址	http：//www.csspw.cn
发 行 部	010 - 84083685
门 市 部	010 - 84029450
经　　销	新华书店及其他书店
印　　装	北京君升印刷有限公司
版　　次	2016 年 12 月第 1 版
印　　次	2016 年 12 月第 1 次印刷
开　　本	710×1000　1/16
印　　张	17
插　　页	2
字　　数	279 千字
定　　价	75.00 元

凡购买中国社会科学出版社图书，如有质量问题请与本社营销中心联系调换
电话：010 - 84083683

序　言

随着国际制造业发展的日益成熟和消费者需求的不断升级，世界经济正在从产品经济向服务经济转变。传统的制造价值链不断扩展和延伸，产品附加值构成中制造环节所占比例越来越低，而服务环节所占的比重则逐渐提高。在此背景下，通用电气、IBM 和戴尔等全球知名的制造企业纷纷实施服务化战略，成为制造企业服务化转型的成功典范。当前，在国际商业竞争和国内产业转型升级的巨大压力下，我国的海尔、联想和美的等众多制造企业也正在积极推进服务化转型，以提升在全球价值链中的地位和有效应对市场竞争。此外，国务院印发的《中国制造 2025》明确提出，要加快制造与服务的协同发展，推动商业模式创新和业态创新，促进生产型制造向服务型制造转变。就理论而言，服务化转型是制造企业实施的重要战略变革，其顺利实施需要得到企业的各种资源尤其是人力资源这一战略核心资源的有力支撑。因此，深入探讨服务化转型背景下的制造企业人力资源开发和利用问题，具有较高的理论价值和较强的现实意义。

全书立足国内外理论研究前沿，较为系统地研究了我国制造企业服务化转型中的人力资源管理问题。首先，借鉴相关理论和研究文献，探索性地提出服务化转型对制造企业人力资源管理的变革要求，并通过问卷调查了解国内制造企业人力资源管理的现状、与服务化转型要求存在的差距及具体原因。其次，在现状调研的基础上，结合理论分析和专家访谈，构建了服务化转型制造企业的人力资源管理模式结构矩阵，提炼出战术被动型、战术主动型、战略被动型和战略主动型四种人力资源管理模式，并分别选取部分典型的制造企业进行了案例分析。然后，基于理论分析、文献借鉴和访谈，初步提出服务化转型制造企业的企业家、研发人员和营销人员的胜任力结构维度，并通过问卷调查以及对调查获得的数据进行探索性因子分析和验证性因子分析，分别建立了企业家、研发人员和营销人员的胜任力模型。在此基础上，运用因子分析、相关性分析和回归分析等方法，实证检验了服务化转型制造企业的人力资源管理模式、员工胜任力与企业绩效之间的关系。再次，基于组织变革的视角，分析了人力资源管理对制造企业服务化转型的促进机理。最后，有针对性地提出了完善服务化转型制造企业人力资源管理体系的对策建议。

本书综合采用理论研究、文献分析、案例研究、问卷调查、统计分析等多种研究方法，研究内容丰富，进一步拓展和深化了制造业服务化以及制造企业人力资源管理领域的理论研究，具有较好的理论创新。同时，对服务化转型中的制造企业探索完善人力资源管理机制也具有较高的决策参考价值，有助于促进我国制造业的转型升级和更好、更快发展。

彭纪生

2016 年 12 月

目　　录

第一章 绪论

第一节 研究背景

制造业既是我国国民经济的重要组成部分，同时也是立国之本、兴国之器和强国之基。自 18 世纪中叶开启工业文明以来，国际上一些强国的兴衰史以及中华民族的奋斗史充分证明，如果缺乏强大的制造业支撑，一个国家和民族就不会走向强盛。"新中国成立尤其是改革开放以来，由于拥有巨大的国内和国际消费需求、国内劳动力成本低廉、制造业基础设施较为完善以及政府重视等多种因素的共同推动，我国制造业得到了长期、快速发展，基本建成了门类齐全且独立完整的产业体系，加速了我国的工业化和现代化进程，极大地增强了我国的综合国力，并有力地支撑了我国在国际舞台上的大国地位。"① 据国家工业和信息化部的有关数据统计，"近十年来，我国制造业的整体规模不断扩大，保持着高速发展的态势，在对国内经济发展和社会进步起到重要推动作用的同时，也逐渐成为世界经济发展的强大支撑。从国内情况来看，我国工业总产值的增加值在 2014 年达到了 22.8 万亿元，贡献了 35.85% 的 GDP；从国际情况来看，2013 年全球制造业总产出中，我国制造业的比例达到 20.8%，且连续四年位居全球首位。在全世界 500 多种主要工业产品中，我国有 220 多种产品的产量在全球排名第一。此外，在 2014 年的'财富世界 500 强'排名中，我国共有 100 家企业进入 500 强（入选数量连续两年仅次于美国），较之 2008 年多了 65 家企业，这

---

① 《国务院关于印发〈中国制造 2025〉的通知》，国发〔2015〕28 号，2015 年 5 月 8 日。

其中制造企业就占据了 56 家（不含港澳台地区）"。[1]

然而，我国制造业在快速发展的同时，也面临着一些突出的问题。

首先，以制造业为代表的我国经济发展长期以来严重依赖"高投入、高消耗、高污染、低成本"的粗放型增长模式，造成了资源的巨大消耗和利用率低、环境的严重破坏和产能过剩等现实问题。随着我国能源资源对外依存度的不断提高、国内人口红利的逐渐消失和要素成本的全面上升以及国家对环境保护的力度日益增强，这一增长模式已经难以维系。

其次，我国尽管是国际制造业大国，但始终面临"大而不强"的尴尬处境，处于低端水平和低附加值阶段，突出地表现为：自主创新能力总体较弱，关键核心技术受制于人；产品制造水平和品牌知名度有待提高；产业结构不够合理等。

最后，"我国制造业还面临着发达国家'高端回流'和发展中国家'中低端分流'的双向挤压。一方面，制造业逐步开始向发达国家进行回流，例如，苹果电脑已经在美国本土建立了生产工厂，松下公司把立式洗衣机和微波炉的生产体系搬回日本本土。另一方面，越南、印度等一些东南亚国家，正以更低的成本承接劳动密集型制造业的转移，耐克、优衣库、三星以及富士康等国际知名公司接二连三地在东南亚和印度等地建立了新的工厂"。[2] 因此，要想实现我国国民经济和社会的健康、可持续发展，必须推动制造业的转型升级。在此背景下，国务院出台了《中国制造 2025》规划，成为我国走制造业强国路线的重要战略指引。

我国制造业的转型升级，是一项长期复杂的系统工程，牵涉面广，需要多措并举。其中，服务化就是一个重要的战略方向。事实上，随着信息技术的发展、消费者服务需求的日益增长以及企业对"顾客满意"重要性认识的加深，服务化已经成为国际制造业转型升级、赢得竞争优势的一个重要发展趋势。自 20 世纪 90 年代以来，"全球范围内的经济在总体上逐步从制造经济向服务经济转变，创新和服务逐渐演变为整个

---

① 《工信部解读〈中国制造 2025〉：已成世界制造业第一大国》，http://finance.sina.com.cn/china/20150519/143422 215407.shtml，2015 年 5 月 19 日。

② 黄鑫：《中国制造为什么要升级》，《经济日报》2015 年 5 月 22 日第 8 版。

经济体系的价值核心，国际上包括 DEL、IBM 等公司在内的日益增多的制造业企业借助于向顾客提供服务来提升其核心产品的价值，甚至部分制造企业已经开始销售产品的功能或服务而不是产品本身"。① 与此同时，国内以海尔、联想、美的等知名企业为代表的很多制造企业也在逐步推进服务化转型战略，取得了良好的效果。此外，服务化转型也得到了政府的重视。2009 年国务院发布的《装备制造业调整和振兴规划》指出了制造业服务化转型这一重要趋势，并对现代服务制造业的发展目标进行了规划。《中国制造 2025》也明确提出，"要研究制定促进服务型制造发展的指导意见，实施服务型制造行动计划，加快制造与服务的协同发展，推动商业模式创新和业态创新，引导和支持制造业企业延伸服务链条，从主要提供产品制造向提供产品和服务转变，加快生产性服务业发展"。② 因此，我国制造业的服务化转型，有着深刻的时代背景和良好的政策支持，必将对产业发展、经济转型和社会进步等产生广泛而又深远的影响。

我国制造业的服务化转型是宏观层面的一种经济和产业变革，最终要落实到企业这一微观层面。根据企业战略管理理论可知，战略的变革和实施会使企业原有的格局面临渐进式或激进式的打破，可能会遭遇较大的压力和阻力，需要得到企业高层、中层和基层等各个层面的大力配合。只有做好企业员工的思想引导工作，让他们能够充分认识到战略变革的意义，并在思想和行动上加以认可和支持，战略变革才能顺利推进。因此，在制造企业的服务化转型过程中，人力资源是一个十分重要的支持因素，构建与服务化战略相匹配的人力资源管理机制非常必要。从现有的国内外相关研究文献来看，基于人力资源视角探讨制造企业服务化转型的较为少见，且不够系统和深入。基于以上论述可知，深入研究服务化转型中的我国制造企业人力资源管理问题，具有理论和现实层面的双重必要性。

---

① 刘继国、李江帆：《国外制造业服务化问题研究综述》，《经济学家》2007 年第 3 期。张纪：《制造业服务化背景下的中国产业发展》，《现代经济探讨》2013 年第 7 期。

② 《国务院关于印发〈中国制造 2025〉的通知》，国发〔2015〕28 号，2015 年 5 月 8 日。

第二节　研究目的与意义

改革开放 30 多年来，制造业已经成为推动我国经济增长、社会进步和民生改善的重要产业之一，在我国经济发展中占主导地位。然而，制造业的发展在取得巨大成就的同时，也面临着整体上处于全球价值链低端的尴尬境地，亟待转型升级。面对国际制造业发展日益成熟和消费者需求不断提高的现状，世界经济正处于由产品经济向服务型经济转变的阶段。较之制造环节在产品附加值中占比越来越低的情况，服务环节的比重日渐增加，服务化已成为国外制造业升级发展的必然趋势，同时也是我国制造业转型升级的现实要求。应当说，制造业服务化转型本质上是制造与服务二者结合的一种新型产业形态。在微观层面，不仅有助于制造企业摆脱同质化的竞争困境以获得差异化竞争优势，进而提高企业的效益。同时，在宏观层面上也有利于降低制造企业的资源消耗和环境污染，推动经济的健康、可持续发展。

我国制造企业从以往主要关注产品生产向关注产品生产和服务的转型，是一次重要的战略变革，对企业的生存与发展具有深远的影响。制造企业服务化的本质体现为企业在增加客户价值、提升客户体验度的同时，实现经营效益和核心竞争力的增强。因此，为了稳步推进服务化转型，需要企业从高层到基层的各个层面都给予高度重视，以及人力、财力、物力、技术、信息等多种资源的协同支持。其中，人力资源作为制造企业的核心战略资源，在服务化转型中起到关键性的支撑作用。随着制造企业服务化的深入实施，对企业人力资源管理这一最为核心的工作有了更高要求，企业需要从传统意义上的人事管理模式逐步向战略性的人力资源管理模式转变，并在组织结构、文化以及员工的招聘、培训、绩效考核等方面进行创新，构建与服务化转型相匹配的人力资源管理模式。

近年来，国内外学术界针对制造业服务化的研究取得了较好的成果，但是，从人力资源管理的视角开展的相关研究还很不足。为此，本书立足国内外相关领域的研究前沿，并结合国际制造业的发展态势和国内制造业发展的实际情况，较为系统、深入地探讨我国制造企业服务化转型中的人力资源管理问题。通过综合采用理论研究、文献分析、访谈研究、案例研究和问卷调查等多种研究方法，一方面，从理论上分析了服务化转型对制造企业的人力资源管理和员工胜任力的要求，提炼出了服务化转型制造企业的四种典型人力资源管理模式，实证检验了不同人力资源管理模式下的制造企业员工胜任力与服务化绩效的关系，并从组织变革的视角探讨了人力资源管理推动制造企业服务化转型的机理，在理论上具有较好的创新，进一步丰富和深化了制造业服务化、制造企业人力资源管理、员工胜任力等领域的理论研究，并能为今后学术界开展相关方面的研究提供参考和借鉴。另一方面，本书针对国内 10 多家典型制造企业开展的人力资源管理模式案例分析，总结了相关企业的有益做法和经验，能够为其他处于服务化转型中的制造企业提供很好的学习借鉴。此外，在调研分析国内 200 多家服务型制造企业人力资源管理现状、存在问题及其原因的基础上，提出了完善制造企业人力资源管理体系的对策建议，可以为服务化转型中的制造企业提供较好的决策参考，从而促进我国制造业服务化的深入实施，产生良好的经济效益和社会效益。

第三节　国内外研究现状

一　国外研究现状

国外学者针对制造企业的服务化转型以及制造企业人力资源管理问题的研究起步较早，取得了很多有价值的研究成果，下面进行简要介绍。

（一）制造业服务化的产生背景及其相关概念

20 世纪 90 年代，国外学者开始针对制造业与服务业的融合进行研究，多年来这一融合在概念的演变上经历了服务增强型制造、服务嵌入型制造以及服务导向型制造等阶段。波特（Porter，1990）认为，服务是企业价值创造的重要源泉，并提出制造企业要想获得更快的发展，应尽快向服务型制造方向延伸，强调服务增强型产品的价值。奎因（Quinn，1992）阐述了服务对制造企业保持长期竞争优势的重要性。伯格和莱斯特（Berger and Lester，1997）认为，为适应新的经济发展环境，生产型企业应逐步发展成为服务增强型制造企业，并认为制造企业只有将产品与服务相结合，才能形成自己的差异化战略优势，在新的环境下生存与发展。德鲁克（Drucker，1990）提出了新制造业的概念，认为"能够生产出服务才是制造业的起点，才是制造业获取利润的关键所在"。① 霍顿等（Houghton et al.，1999）针对制造与服务之间的负责关系，提出了新制造业的两维度框架，即知识强度和产品—服务维度。其中，知识强度反映的是日益增强的知识和信息强度，产品—服务维度反映的是服务与制造之间的负责联系。豪威尔斯（Howells，2002）认为，制造商为客户提供的是解决问题的一整套方案，因此制造企业应将有形产品与无形服务捆绑在一起进行销售。由此可见，制造业服务化可以被看作由生产制造业与服务业相互结合而形成的一种全新的产业形态、商业模式和生产组织方式等。

首次提出制造业服务化概念的是凡德默维和拉达（Vandermerwe and Rada，1988）。他们认为，"制造业服务化是指制造企业由单纯的产品提供者转变为向服务增值延伸的集成服务提供商，服务在企业的所有业务体系中占据了主导性的位置，成为企业价值增值的主要源泉"。② 绍洛韦茨（Szalavetz，2003）认为，制造业服务化包括投入服务化和产出服务化两个方面，并相应地界定了制造业服务化的理论内涵：一是服务要素在制造业中的投入越来越多，即投入服务化；二是服务成分在制造业中的产出比重逐年增加，即产出服务化。任和格雷戈瑞（Ren and Gregory，2007）认为，"制造业服务化是制造企业的一次变革，在此变革过程中企业树立了以服务为导向的理念，通过向顾客提供更多、更优秀的服务来满足顾客的需求，增强企业的竞争优势和经营业绩"。③ 贝恩斯等（Baines et al.，2009）指出："制造业服务化是指企业从原先仅仅销售产品转变为向顾客提供产品服务系统，从而促进组织能力的提升

---

① Drucker, P. F. , "The Emerging Theory of Manufacturing", *Harvard Business Review*, Vol. 68, No. 3, 1990, pp. 94 – 102.

② Vandermerwe, S. and R ada, J. , "Servitization of Business：Adding Value by Adding Services", *European Management Journal*, Vol. 6, No. 4, 1988, pp. 314 – 324.

③ Ren, G. and Gregory, M. , "Servitization in Manufacturing Companies", Paper Presented at 16th Frontiers in Service Conference, San Francisco, CA, 2007.

和业务流程的革新。"①

（二）制造业服务化的影响因素及服务化的实施策略

关于制造业服务化的影响因素，阿劳约和斯普林（Araujo and Spring，2006）研究认为，"制造企业服务化会涉及诸如新的价值主张、新的企业组织、新的盈利与定价模式以及新的核心能力等方面的问题，对企业的服务化进程产生重要影响"。② 贝恩斯等（2009）指出，"制造企业的服务化转型面临着组织结构、业务流程、服务集成和交付能力等因素的制约，甚至会因为企业资源整合不到位而失去原先建立起来的市场优势"。③ 金德斯特罗姆（Kindström，2010）研究表明，"价值链、新的价值主张、竞争战略与目标市场以及受益机制对制造业服务化的发展有着重要影响"。④ 麦沃尔德等（Maiwald et al.，2014）研究认为，"国际上很多知名制造企业的服务化转型都没有成功，似乎说明制造企业转型过程中面临着难以克服的限制因素，即存在所谓的'服务化悖论'"。⑤

关于制造业服务化的策略，马蒂厄（Mathieu，2001）从"服务组织强度和服务特性这两方面出发，提出了促进制造企业服务化的相应策略"。⑥ 马尔索和马丁内斯（Marceau and Martinez，2002）认为，"制造业企业可以通过将特定的产品和服务结合起来获得竞争优势，因此企业需要转变获取竞争优势的策略，不能依赖单个产品来提升竞争力，而是要致力于掌握必备的技能和相关资源，从而为顾客设计一套完善的问题

---

① Baines，T. S.，Lightfoot，H. W. and Benedettini，O. et al.，"The Servitization of Manufacturing：A Review of Literature and Reflection on Future Challenges"，*Journal of Manufacturing Technology Management*，Vol. 20，No. 5，2009，pp. 547 – 565.

② Araujo，L. and Spring，M.，"Services，Products，and the Institutional Structure of Production"，*Industrial Marketing Management*，Vol. 35，No. 7，2006，pp. 797 – 805.

③ Baines，T. S.，Lightfoot，H. W. and Benedettini，O. et al.，"The Servitization of Manufacturing：A Review of Literature and Reflection on Future Challenges"，*Journal of Manufacturing Technology Management*，Vol. 20，No. 5，2009，pp. 547 – 565.

④ Kindström，D.，"Towards a Service – based Business Model：Key Aspects for Future Competitive Advantage"，*European Management Journal*，Vol. 28，No. 6，2010，pp. 479 – 490.

⑤ Maiwald，K.，Wieseke，J. and Everhartz，J.，"The Dark Side of Providing Industrial Product – service Systems – Perceived Risk as a Key Challenge from a Customer – centric Point of View"，*Procedia Cirp*，Vol. 16，No. 7，2014，pp. 241 – 246.

⑥ Mathieu，V.，"Service Strategies within the Manufacturing Sector：Benefits，Costs and Partnership"，*International Journal of Service Industry Management*，Vol. 12，No. 5，2001，pp. 451 – 475.

解决方案"。① 格鲍威尔（Gebauer, 2008）在前人研究的基础上，提出了"制造业可以采取顾客支持提供者、售后服务提供者、外包合作伙伴以及发展合作伙伴四种基本的服务化策略"。② 谭等（2010）分析得出"制造企业服务化的两种策略：一种是由以产品为导向发展成为以服务为导向；另一种是从最初的以服务为导向转变成以产品为导向，进而演变为向顾客提供产品及相应的服务"。③ 格鲍威尔等（2011）以332 家制造企业为研究对象，认为"实施服务差异化战略的制造企业比没有实施这一战略的企业能够拥有更大的竞争优势"。④

（三）制造业服务化与其他变量之间的关系

针对制造业服务化与相关变量之间的关系，一些学者进行了探讨。科特勒（2000）认为，重视以服务为导向的制造企业比传统的仅提供实物产品的竞争者更优胜。洪堡等（Homburg et al., 2002）从组织战略的角度探讨了服务化导向战略的原因与结果变量，发现"组织内部特征、外部环境特征和顾客特征是服务化战略的主要影响因素，而服务化战略对企业绩效有显著作用"。⑤ 马蒂厄（Mathieu, 2001）和布拉（Brax, 2005）研究表示，"相对于物品生产，服务业能够带来更高收

---

① Marceau, J. and Martinez, C., "Selling Solutions: Product – service Packages as Links between New and Old Economies", Paper presented at DRUID Summer Conference on Industrial Dynamics of the New and Old Economy – Who is Embracing Whom? Copenhagen/Elsinore 6 – 8 June, 2002.

② Gebauer, H., "Identifying Service Strategies in Product Manufacturing Companies by Exploring Environment – strategy Configurations", *Industrial Marketing Management*, Vol. 37, No. 3, 2008, pp. 278 – 291.

③ Tan, A. R., Matzen, D., McAloone, T. C. et al., "Strategies for Designing and Developing Services for Manufacturing Firms", *CIRP Journal of Manufacturing Science and Technology*, Vol. 3, No. 2, 2010, pp. 90 – 97.

④ Gebauer, H., Gustafsson, A. and Witell, L., "Competitive Advantage through Service Differentiation by Manufacturing Companies", *Journal of Business Research*, Vol. 64, No. 12, 2011, pp. 1270 – 1280.

⑤ Homburg, C., Hoyer, W. D. and Fassnacht, M., "Service Orientation of a Retailer's Business Strategy: Dimensions, Antecedents, and Performance Outcomes", *Journal of Marketing*, Vol. 66, No. 4, 2002, pp. 86 – 101.

益、降低企业现金流的脆弱性，从而对企业财务绩效起到一定的改善作用"。① 德米特（Demeter，2003）和马丘卡等（Machuca et al.，2011）都通过实证研究，证明了"良好的制造战略能够正向促进企业的整体绩效"。② 尼利（Neely，2008）通过实证研究的方法，首次对制造业服务化与企业经营绩效的关系进行探讨，研究表明，"在盈利性方面，服务型制造业远远优于纯制造企业"。③

（四）制造企业的人力资源管理研究

国外对于制造业人力资源管理的研究已经比较成熟，尤其不乏针对制造业先进制造技术系统与人力资源的关系研究。塞拉佛和塞巴斯蒂安（Saraph and Sebastian，1992）在对前人研究成果进行总结的基础上，认为"先进制造技术之所以得不到成功应用，主要源于对关键性的人力资源不够重视"。④ 米塔尔等（Mital et al.，1999）指出，"在先进制造技术应用当中，企业不仅应当秉持以人为本的发展理念，将人力资源系统与先进制造技术系统整合起来，同时还要注重提升对员工素质的要求，使之掌握和精通多种技能"。⑤ 斯内尔和迪安（Snell and Dean，1992）探讨了人力资本与综合生产之间的关系，提出了"与先进的制造技术呈正相关的因素：有选择性的人员配备、全面的培训、发展评

① Mathieu, V., "Service Strategies within the Manufacturing Sector: Benefits, Costs and Partnership", *International Journal of Service Industry Management*, Vol. 12, No. 5, 2001, pp. 451 –475.

Brax, S., "A Manufacturer Becoming Service Provider: Challenges and a Paradox", *Managing Service Quality*, Vol. 15, No. 2, 2005, pp. 142 –155.

② Demeter, K., "Manufacturing Strategy and Competitiveness", *International Journal of Production Economics*, Vol. 81 –82, No. 2, 2003, pp. 205 –213.

Machuca, J. A. D., Jiménez, C. H. O., Garrido – Vega, P. et al., "Do Technology and Manufacturing Strategy Links Enhance Operational Performance? Empirical Research in the Auto Supplier Sector", *International Journal of Production Economics*, Vol. 133, No. 2, 2011, pp. 541 –550.

③ Neely, A., "Exploring the Financial Consequences of the Servitization of Manufacturing", *Operations Management Research*, Vol. 1, No. 2, 2008, pp. 103 –118.

④ Saraph, J. V. and Sebastian, R. J., "Human Resources Strategies for Effective Introduction of Advanced Manufacturing Technologies", *Production and Inventory Management Journal*, Vol. 33, No. 1, 1992, pp. 764 –770.

⑤ Mital, A., Pennathur, A., Huston, R. L. et al., "The Need for Worker Training in Advanced Manufacturing Technology Environment: A White Paper", *International Journal of Industrial Ergonomics*, Vol. 24, No. 2, 1999, pp. 173 –184.

估、公平的报酬等"。[1] 海特耶斯（Heijltjes，2000）也研究证明，"先进制造技术的成功应用必须依赖于组织情景、管理实践等与它的有效结合，同时，也要保证先进制造技术本身与人力资源管理相匹配"。[2] 格温和克洛德尼（Gerwin and Kolodny，1992）指出，先进制造技术给人力资源管理以及相应的实践环节带来了大量显著的变化，结合前人思想，提出应当把人力资源开发与制造企业的新技术设计进行有机衔接。另外，有些学者研究认为，制造企业利用先进的制造技术提升绩效须通过员工培训的渠道。例如，兰塔和蒂奇乔夫（Ranta and Tchijov，1990）认为，"制造技术系统成功应用的关键在于让员工能够从技术、心理等层面自愿地加入该系统的使用过程中，而这需要依靠有效的员工培训来实现"。[3] 沃马克等（Womack et al.，1991）对日本成功制造企业进行了案例分析，认为企业顺利、有效实施与运用先进制造技术的关键，在于加强技术方面的培训、协调团队合作、提高沟通的效率以及倡导员工的积极参与。斯莫尔和雅辛（Small and Yasin，1997）以125家制造型企业为研究对象开展了实证研究，结果发现："实施团队化的管理模式、重视对员工的培训有助于企业绩效的提高。"[4]

已有学者研究了制造企业人力资源与企业生产率和绩效的关系。普费弗（Pfeffer，1994）认为，一些发展优秀的企业往往在实施相同的人力资源管理方式，包括鼓励员工参与、对员工进行授权、给予激励性的工资、为员工提供雇用保障、重视对员工的培训等。因为这些实践方式可以增加企业的生产率和利润，因而被称为"最佳实践"。阿瑟（Arthur，1994）实证分析战略人力资源主张、政策和做法的不同的具体组合对制造型企业效益的影响差异，并发现"承诺度较高的制造企业一

---

[1] Snell, S. A. and Dean, Jr. J. W., "Integrated Manufacturing and Human Resource Management: A Human Capital Perspective", *The Academy of Management Journal*, Vol. 35, No. 3, 1992, pp. 467 – 504.

[2] Heijltjes, M. G., "Advanced Manufacturing Technologies and HRM Policies: Findings from Chemical and Food and Drink Companies in the Netherlands and Great Britain", *Organization Studies*, Vol. 21, No. 4, 2000, pp. 775 – 805.

[3] Ranta, J. and Tchijov, I., "Economics and Success Factors of Flexible Manufacturing Systems: the Conventional Explanation Revisited", *International Journal of Flexible Manufacturing Systems*, Vol. 2, No. 3, 1990, pp. 169 – 190.

[4] Small, M. H. and Yasin, M. M., "Advanced Manufacturing Technology: Implementation Policy and Performance", *Journal of Operations Management*, Vol. 15, No. 4, 1997, pp. 349 – 370.

般有较高的生产率、低废品率，并能有效降低员工的流失率"。① 扬德等（Youndt et al.，1996）探讨了"制造企业的人力资源管理策略、制造战略对企业绩效的影响作用"。② 厄利克和马森（Erlicher and Massone，2005）在"探究制造型企业管理的新型合作模式中，着重分析了人的因素"。③ 肯尼和科利特—克林根贝格（Kenney and Collet - Klingenberg，2000）的研究"着重讨论了制造型企业的新入职员工在实习期的表现，提出了学校支撑—企业提供平台—政府协调的模式和 YA 程序"。④ 任（2011）采用 2000—2007 年中规模以上工业企业的混合数据研究人力资本投资与企业绩效的关系，研究结果表明"人力资本投资对企业绩效的贡献因为行业不同而产生差异"。⑤

除此之外，有些学者以不同地域的制造企业为研究对象，探讨了其人力资源的影响作用。伊奇尼斯基等（Ichniowski et al.，1997）在研究中"评估了人力资源管理政策、制度对美国制造业企业绩效的影响"。⑥ 艾哈迈德和施罗德（Ahmad and Schroeder，2003）探讨了美国、日本、德国和意大利等国的制造企业人力资源管理实践与企业绩效的关系，发现"人力资源管理实践对不同行业以及不同国家都体现出'捆绑性'

① Arthur, J. B., "Effect of Human Resources Systems on Manufacturing Performance and Turnover", *Academy of Management Journal*, Vol. 37, No. 3, 1994, pp. 670 – 687.

② Youndt, M. A., Snell, S. A. and Dean, J. W., "Human Resource Management, Manufacturing Strategy, and Firm Performance", *Academy of Management Journal*, Vol. 39, No. 4, 1996, pp. 836 – 866.

③ Erlicher, L. and Massone, L., "Human Factors in Manufacturing: New Patterns of Cooperation for Company Governance and the Management of Change", *Human Factors and Ergonomics in Manufacturing & Service Industries*, 2005, 15 (4), pp. 403 – 419.

④ Kenney, L. M. and Collet - Klingenberg, L., "Manufacturing and Production Technician Youth Apprenticeship Program: A Partnership", *Peabody Journal of Education*, Vol. 75, No. 3, 2000, pp. 51 – 63.

⑤ Ren, Y., "Investment in Human Capital and Business Performance Based on Training Perspective – A Mixture Section Data Analysis of Chinese Enterprise Level", International Conference on Artificial Intelligence, Management Science and Electronic Commerce, 2011, pp. 5615 – 5618.

⑥ Ichniowski, C., Shaw, K. and Prennushi, G., "The Effects of Human Resource Management Practices on Productivity: A Study of Steel Finishing Lines", *American Economic Review*, Vol. 87, No. 3, 1997, pp. 291 – 313.

和普遍适应性的特点"。① 罗德里格斯和文图拉（Rodriguez and Ventura，2003）探讨了"西班牙制造业人力资源系统对绩效的影响作用"。② 莱特拉斯和巴勃罗斯（Lytras and Pablos，2008）通过实证研究，分析了"西班牙制造企业内部人力资源管理系统的作用"。③ 奥拉迪波和阿杜卡迪（Oladipo and Abdulkadir，2011）选取尼日利亚的21家制造业企业作为研究对象，认为"招聘手段创新、培训的定期开展、薪酬与股权挂钩、职业生涯的有效规划等均对企业的组织绩效起到了积极的正向作用"。④

二 国内研究现状

国内学者针对制造企业人力资源管理的研究较多，而关于制造业服务化的研究起步较晚，尚处于起步阶段，下面进行简要介绍。

（一）制造业服务化的产生背景及其相关概念

国内学者在对国外研究成果进行学习和借鉴的基础上，提出了制造业服务化的相关概念。郭跃进（1999）概括了"制造企业服务化经营潮流出现的原因，包括：高技术时代产品营销的需要、满足消费者的需求、微利时代企业生存发展的需要以及增强企业市场竞争力的需要等"。⑤ 刘继国等（2006，2007）基于制造业对服务业的依赖程度，证实了"制造业与服务业在国际范围内的融合"⑥，并基于制造业服务化转型的现象，阐述了"其对我国走新型工业化道路、建设环境友好型

---

① Ahmad, S. and Schroeder, R. G., "The Impact of Human Resource Management Practices on Operational Performance: Recognizing Country and Industry Differences", *Journal of Operations Management*, Vol. 21, No. 1, 2003, pp. 19 – 43.

② Rodriguez, J. M. and Ventura, J., "Human Resource Management Systems and Organizational Performance: An Analysis of the Spanish Manufacturing Industry", *International Journal of Human Resource Management*, Vol. 14, No. 7, 2003, pp. 1206 – 1226.

③ Lytras, M. D. and Pablos, P. O. D., "The Role of a 'Make' or Internal Human Resource Management System in Spanish Manufacturing Companies: Empirical Evidence", *Human Factors and Ergonomics in Manufacturing & Service Industries*, Vol. 18, No. 4, 2008, pp. 464 – 479.

④ Oladipo, J. A. and Abdulkadir, D. S., "Strategic Human Resource Management and Organizational Performance in the Nigerian Manufacturing Sector: An Empirical Investigation", *International Journal of Business and Management*, Vol. 6, No. 9, 2011, pp. 46 – 56.

⑤ 郭跃进：《论制造业的服务化经营趋势》，《中国工业经济》1999 年第 3 期。

⑥ 刘继国、赵一婷：《制造业中间投入服务化趋势分析：基于 OCED 中 9 个国家的宏观实证》，《经济与管理》2006 年第 9 期。

及资源节约型社会的重大意义"。① 李刚等（2009）认为，"生产性服务业的快速发展、消费文化的变革、市场竞争的加剧以及技术进步等促进了服务型制造的兴起"。② 杨慧等（2014）指出，"服务型制造是在制造业与服务业不断融合的背景下诞生的一种新型的先进制造模式，借助于客户的全流程参与以及不同的企业之间互相提供生产性服务和服务性生产，进而实现对制造企业分散化资源的有效整合以及核心竞争力的高度协同"。③

夏杰长等（2007）从企业供给的角度出发，对制造业服务化的内涵进行了研究。他认为，"制造企业目前不单单是产品的供给者，更应当是相应服务、信息、自我服务等的提供者，即制造业服务化是企业从产品生产供应者向相关服务提供者这一角色转换的过程"。④ 林光平等（2008）从服务价值角度出发，研究了制造业服务化的含义，认为"它是以顾客为中心的服务管理模式，维持着各个价值创造环节的满意度"。⑤ 何哲等（2008）认为，"服务与制造的融合已经贯穿于设计、生产、加工、组织、营销等产业链的各个环节并以各种不同的形态表现出来，并从概念、属性、组织形态及形式四个层次阐述了服务型制造的定义"。⑥ 冯泰文等（2009）对服务型制造的概念进行了重新界定，从价值链的角度出发，认为"它的产生与发展依赖于制造价值链与服务价值链二者之间的支撑和渗透，是制造服务化和服务工业化发展的产物。它以制造业为发展基础，并以生产性服务业和服务性生产业为主要依托"。⑦ 何哲等（2010）以制造业与服务相融合为研究依据，认为"制

---

① 刘继国、李江帆：《国外制造业服务化问题研究综述》，《经济学家》2007 年第 3 期。

② 李刚、孙林岩、李健：《服务型制造的起源、概念和价值创造机理》，《科技进步与对策》2009 年第 13 期。

③ 杨慧、宋华明、俞安平：《服务型制造模式的竞争优势分析与实证研究——基于江苏 200 家制造企业数据》，《管理评论》2014 年第 3 期。

④ 夏杰长、刘奕、顾乃华：《制造业的服务化和服务业的知识化》，《国外社会科学》2007 年第 4 期。

⑤ 林光平、杜义飞、刘兴贵：《制造企业潜在服务价值创造及其流程再造——东方汽轮机厂案例研究》，《管理学报》2008 年第 4 期。

⑥ 何哲、孙林岩、贺竹磬等：《服务型制造的兴起及其与传统供应链体系的差异》，《软科学》2008 年第 4 期。

⑦ 冯泰文、孙林岩、何哲等：《制造与服务的融合：服务型制造》，《科学学研究》2009 年第 6 期。

造业服务化指的是企业不仅能为顾客提供所需的产品，更能够为被购买商品提供覆盖整个商品生命周期的全方面服务"。① 齐二石等（2010）认为，"服务型制造企业是服务业与制造业高度融合的产物，其中服务贯穿于企业的整条产业链，是顾客追求产品价值的最高表现"。② 赵勇等（2012）指出，"制造业服务化涉及企业提供的内容和企业的市场角色两个方面的转变，不仅要求企业提供由产品导向的服务向使用者过程导向的服务转变，而且企业与消费者之间的互动关系由原先的交易型变为关系型"。③ 李国昊等（2014）认为，"制造业服务化是制造企业通过其完善的售前、售中和售后的产品服务系统，向客户提供完整问题的系统解决方案"。④ 闵连星等（2015）提出了广义服务化的概念，认为"只要在企业的总体产出中服务所占比重上升，那么即便这些服务产出和原先的产品之间没有关系，同样也属于服务化，包括制造业的相关服务化和无关服务化"。⑤

（二）制造业服务化转型的模式及其影响因素

关于制造业服务化转型的模式及影响因素方面的研究，周国华和王岩岩（2009）参照顾客价值理论，"在传统的制造业中引入一般的服务模式，构建了一个以顾客为中心、以服务全程化和整体化为主旨的服务型制造模式"。⑥ 袭著燕等（2009）通过案例分析，"论述了实施服务型制造战略对发展服务业及制造业的推动作用，并从服务在产品服务系统中的比重和组织结构两方面提出了制造企业向服务化转型的路径及模式"。⑦ 来有为（2009）归纳总结了制造企业服务化的三种典型模式，

---

① 何哲、孙林岩、朱春燕：《服务型制造的概念、问题和前瞻》，《科学学研究》2010 年第 1 期。
② 齐二石、石学刚、李晓梅：《现代制造服务业研究综述》，《工业工程》2010 年第 5 期。
③ 赵勇、齐讴歌、曹林：《装备制造业服务化过程及其保障因素——基于陕鼓集团的案例研究》，《科学学与科学技术管理》2012 年第 12 期。
④ 李国昊、陈超、罗建强：《基于演化博弈的制造业服务化知识缺口补救模型分析》，《工业工程与管理》2014 年第 2 期。
⑤ 闵连星、刘人怀、王建琼：《中国制造企业服务化现状与特点分析》，《科技管理研究》2015 年第 12 期。
⑥ 周国华、王岩岩：《服务型制造模式研究》，《技术经济》2009 年第 2 期。
⑦ 袭著燕、郑波、孙林岩：《服务型制造战略——破解山东省制造业不强服务业滞后之道》，《山东大学学报》（自然科学版）2009 年第 1 期。

即"从销售产品发展为提供产品、服务和成套解决方案；依托制造业拓展成为生产性服务业；从单纯的制造企业转型为服务提供商"。① 周大鹏（2010）认为，"服务化制造模式是与传统模式相对应的一个观念，制造企业在产品研发、设计、制造、装配销售、运输、使用、维护等各个环节，将产品与服务相融合，进而达到整合资源、提高效率的一种模式"。② 童杰等（2010）"从产品与服务的内在联系出发，分别就制造业和生产服务业的特点进行了分析，并设计了基于共生性、基于内生性以及基于互补性的三种制造业与生产性服务业的融合发展模式"。③ 李刚等（2010）对服务型制造企业的组织结构、运行模式等进行了研究，探究并提出了"服务型制造企业的生产组织方式、商业模式及运作模式等"。④ 李翼和莫蓉（2012）在对服务型制造企业生存与发展模式研究的基础上，"构建了一个包括设计、制造、维护三维度的全生命周期的服务型制造网络模型"。⑤ 刘建国（2012）分析了"基于价值链分布的模式（OEM、ODM、OBM 和 TPM）和基于产品服务系统的模式（服务外包、集成服务、合作服务和服务提供商）这两种类型的制造企业服务化转型模式"。⑥ 姚小远和姚剑（2014）指出，"制造业服务化的发展模式是制造业和服务业融合发展的结果，与服务业的不断发展壮大有着密切关联，服务密集化的程度日益提高"。⑦ 但斌等（2016）基于对制造过程和服务过程不同阶段的特点分析，提出了"基于售后集成、

———————————————

① 来有为：《"制造企业服务化"的发展路径和典型模式》，《中国发展观察》2009 年第 3 期。

② 周大鹏：《制造业服务化研究——成因、机理与效应》，博士学位论文，上海社会科学院，2010 年，第 12 页。

③ 童杰、张旭梅、但斌：《制造业与生产性服务业融合发展的模式与策略研究》，《软科学》2010 年第 2 期。

④ 李刚、孙林岩、高杰：《服务型制造模式的体系结构与实施模式研究》，《科技进步与对策》2010 年第 7 期。

⑤ 李翼、莫蓉：《面向全生命周期的服务制造网络建模研究》，《计算机应用研究》2012 年第 4 期。

⑥ 刘建国：《制造业服务化转型模式与路径研究》，《技术经济与管理研究》2012 年第 7 期。

⑦ 姚小远、姚剑：《传统产业优化升级与制造业服务化发展模式思考》，《理论导刊》2014 年第 12 期。

销售集成、生产集成和设计集成的产品服务供应链 4 种典型模式"。①

刘继国（2008）在分析投入服务化战略影响因素及其维度划分的基础上，提出了"一个环境因素、组织因素、企业绩效以及投入服务化战略这几个变量之间关系的模型，并对该模型进行了实证分析"。② 赵勇等（2012）通过案例研究认为，"我国制造企业的服务化需要公司战略、组织结构与技术研发等方面的保障"。③ 黄群慧和霍景东（2013）分析了我国制造业服务化的现状与问题，认为"我国制造业服务化的制约因素主要包括：制造企业处在全球价值链的低端、服务化的战略认识不足、核心能力缺失等内部因素，以及服务业生产效率较低、服务化政策支持力度不够和人才支撑不足等外部因素"。④ 彭频和庞贵（2013）就江西省制造业服务化升级调整现阶段存在的主要问题进行了分析，将问题归纳为以下几点：一是服务业基础较为薄弱，发展相对滞后；二是制造业所处层次与发展水平相对落后；三是现代服务业人才缺乏和信息化程度不高；四是产业协调发展机制以及政策服务体系不完善等。⑤ 綦良群等（2014）总结了我国装备制造业服务化的影响因素，主要包括环境因素（资源约束、产业竞争强度、服务经济水平、技术进步因素、政府政策和制度）和组织因素（高层管理者的管理水平、员工数量及构成和组织专业化分工）这两类因素。⑥ 彭本红等（2016）认为，服务型制造项目在运行过程中可能会遇到各种风险，运用社会网络分析法（SNA）探讨了网络结构对项目治理风险的影响，进而提出了规避项目运行风险的有效策略。⑦

---

① 但斌、罗骁、刘墨林：《基于制造与服务过程集成的产品服务供应链模式》，《重庆大学学报》（社会科学版）2016 年第 1 期。

② 刘继国：《制造业企业投入服务化战略的影响因素及其绩效——理论框架与实证研究》，《管理学报》2008 年第 2 期。

③ 赵勇、齐讴歌、曹林：《装备制造业服务化过程及其保障因素——基于陕鼓集团的案例研究》，《科学学与科学技术管理》2012 年第 12 期。

④ 黄群慧、霍景东：《中国制造业服务化的现状与问题——国际比较视角》，《学习与探索》2013 年第 8 期。

⑤ 彭频、庞贵：《江西服务型制造发展的机遇、挑战及对策分析》，《江西理工大学学报》2013 年第 2 期。

⑥ 綦良群、赵少华、蔡渊渊：《装备制造业服务化过程及影响因素研究——基于我国内地 30 个省市截面数据的实证研究》，《科技进步与对策》2014 年第 14 期。

⑦ 彭本红、谷晓芬、周倩情：《基于 SNA 的服务型制造项目治理风险分析》，《管理评论》2016 年第 2 期。

（三）制造业服务化与其他变量之间的关系

制造业服务化促进了企业的更好发展。段炼和赵德海（2011）利用交互经济模型，分别就制造业服务化与现代服务业、战略性新型产业之间的关系展开了分析，认为"战略性新兴产业与制造业密切相关，制造业服务化成为战略性新兴产业的发展思路"。[①] 鲁桂华等（2005）利用完全信息动态博弈模型对制造业服务化进行了研究，指出，"采取基于服务的产品差异化提升策略，利于增强服务效应，帮助提升企业的发展绩效，增加消费者剩余"。[②] 蔺雷和吴贵生（2007）认为，"国内制造企业服务增强具有明显的'质量弥补特征'，通过实证分析得出：服务差异化对企业绩效有显著的正向影响，并能够有效地增强企业的竞争力"。[③] 孙林岩（2009）认为，如今制造包括生产和服务两部分，其中服务所创造的价值约占整体价值的 2/3，这就意味着服务型制造对现今的人力资源管理工作提出了更高的要求。陈洁熊（2010）通过对涉及装备制造业、汽车产业及电子信息产业的中美上市制造企业的服务化进行研究，发现"中国国有企业服务化对经营绩效指标存在显著的倒 U 形关系，而美国国有企业服务化与经营绩效只存在显著正向线性关系"。[④] 周艳春（2010）通过对我国 120 家制造业上市公司的研究发现，"服务化战略没有显著地提升企业的财务绩效，但对企业的市场绩效则会产生显著的正向影响"。[⑤] 高乐（2010）主要基于服务化转型制造企业的绩效水平来评价企业的竞争力，研究指出"服务化转型战略的实施可以改变企业的经营绩效，进而影响企业的竞争力"。[⑥] 周静芳和俞安平（2011）认为，"就服务型制造的产品服务系统而言，产品本身的

① 段炼、赵德海：《现代服务业、制造业服务化与战略性新兴产业》，《科学管理研究》2011 年第 4 期。

② 鲁桂华、蔺雷、吴贵生：《差别化竞争战略与服务增强的内在机理》，《中国工业经济》2005 年第 5 期。

③ 蔺雷、吴贵生：《我国制造企业服务增强差异化机制的实证研究》，《管理世界》2007 年第 6 期。

④ 陈洁熊：《制造业服务化与经营绩效的实证检验——基于中美上市公司的比较》，《商业经济与管理》2010 年第 4 期。

⑤ 周艳春：《制造企业服务化战略实施及其对绩效的影响研究》，博士学位论文，西北大学，2010 年，第 90 页。

⑥ 高乐：《服务化导向的制造企业绩效管理系统研究》，硕士学位论文，哈尔滨理工大学，2010 年，第 3 页。

质量、外形以及品牌等构成了与其他产品相区分的差异化竞争优势。同时，服务型制造借助于生产性服务、服务性生产和客户的全方位参与等方式，获得了差异化且对手难以模仿的竞争优势"。① 田毓峰（2011）研究发现，"服务型制造企业中服务关系的稳定性与关系绩效之间具有显著的正向影响关系"。② 刘炳春和李健（2012）认为，"在当今社会信息传播迅速，不同企业生产的相同或相似产品，在设计和生产质量方面难分高低，导致有形产品的属性差异不大，而服务化转型有助于增强制造企业的无形属性，利于消费者的判断和选择"。③ 梅嘉（2013）以上海奥的斯电梯有限公司为研究对象，通过该公司在服务化转型前后的经营数据对比，证明了"传统制造企业的赢利模式和来源是现代服务业，服务水平的高低直接影响传统制造企业的经营绩效"。④ 肖挺等（2014）基于我国制造企业分行业 2003—2011 年数据，实证研究制造业服务化与企业绩效的关系。结果表明，"四个分行业的'服务化—绩效'曲线都出现了服务化困境（消极影响）的谷底拐点，而食品饮料加工与纺织品制造行业曲线走势为'U'形，交通工具制造业以及电子信息设备制造业曲线呈现'马鞍形'"。⑤ 李靖华等（2015）针对我国五个制造行业 518 家上市公司的实证研究发现："我国制造企业服务化程度与企业经营绩效之间呈'马鞍形'曲线关系，即当制造企业初步实施服务化时，企业绩效有小幅度的上升；但当服务化程度进一步加深时，企业绩效不增反降；直至企业服务程度再进一步加深，企业绩效才又呈现正向上升趋势"。⑥ 姜铸和李宁（2015）以制造企业服务化为中介变量，实证检验了"企业服务创新与经营绩效之间的正向关系以及制造企业

---

① 周静芳、俞安平：《服务型制造的差异化优势及其形成机理研究》，《科技进步与对策》2011 年第 23 期。

② 田毓峰：《制造业服务化中关系绩效影响因素研究》，《科技管理研究》2011 年第 4 期。

③ 刘炳春、李健：《基于可拓方法的服务型制造企业核心能力识别》，《统计与决策》2012 年第 1 期。

④ 梅嘉：《服务型制造企业售后服务员工满意度对绩效影响的研究——以上海奥的斯为例》，硕士学位论文，华东理工大学，2013 年，第 1 页。

⑤ 肖挺、聂群华、刘华：《制造业服务化对企业绩效的影响研究——基于我国制造企业的经验证据》，《科学学与科学技术管理》2014 年第 4 期。

⑥ 李靖华、马丽亚、黄秋波：《我国制造企业"服务化困境"的实证分析》，《科学学与科学技术管理》2015 年第 6 期。

服务化程度的中介作用"。①

　　（四）制造企业的人力资源管理研究

　　围绕制造企业的人力资源管理问题，国内学者的研究较为丰富。徐国华和杨东涛（2005）以上海、江苏和广东三地 122 家制造企业为样本，采用层级回归分析的方法，检测了"中国背景下制造企业的支持性人力资源实践与公司绩效的关系以及不同柔性战略对'支持性人力资源实践—公司绩效'的调和作用"。② 姚宇和杨东涛（2006）基于对 408 家国内制造企业的问卷调查，"从企业生命周期的视角分析了制造企业的人力资源管理实践现状，并据此提出了增强企业竞争力和可持续发展能力的建议"。③ 秦晓蕾等（2007）运用层级回归的实证检验方法，分析了制造企业创新战略、人员培训对企业绩效的影响。结果发现，"企业创新战略对绩效有显著的正向影响，员工培训与企业绩效存在显著正相关关系，员工培训对企业创新战略与绩效的关系具有一定的调和作用"。④ 李武威（2009）分析了"我国航空制造企业人力资本定价的实施现状及存在的不足之处，并提出了相应的建议"。⑤ 崔鑫（2009）论述了"制造企业实施宽带薪酬的限制性条件和宽带薪酬对于制造企业技术人员薪酬设计的适用性，并提出了实施的对策建议"。⑥ 王妍（2010）从"培训预测、培训主体分析和培训的举措等方面研究了汽车制造企业的高技能人才培训问题"。⑦ 张发星（2014）分析了水泥制造企业的绩效考核现状，从"数据采集和配型、建立骨架、设定标准以及结果评价等方面，探索建立了数据化的绩效考核模式"。⑧ 何卓勋

---

　　① 姜铸、李宁：《服务创新、制造业服务化对企业绩效的影响》，《科研管理》2015 年第 5 期。

　　② 徐国华、杨东涛：《制造企业的支持性人力资源实践、柔性战略与公司绩效》，《管理世界》2005 年第 5 期。

　　③ 姚宇、杨东涛：《基于企业生命周期的制造企业人力资源管理实践探析》，《华东经济管理》2006 年第 3 期。

　　④ 秦晓蕾、杨东涛、魏江茹：《制造企业创新战略、员工培训与企业绩效关系实证研究》，《管理学报》2007 年第 3 期。

　　⑤ 李武威：《航空制造企业人力资本定价研究》，《商业研究》2009 年第 8 期。

　　⑥ 崔鑫：《宽带薪酬在我国制造企业中的适用性分析及对策研究》，《科学管理研究》2009 年第 1 期。

　　⑦ 王妍：《汽车制造企业高技能人才培训探究》，《湖南社会科学》2010 年第 5 期。

　　⑧ 张发星：《水泥制造企业数据化人力资源管理模式探析》，《企业改革与管理》2014 年第 23 期。

（2014）分析了"汽车制造企业人力资源管理创新的必要性和常见的人力资源管理模式，建立了面向客户的汽车制造企业人力资源业务合作伙伴模式"。[①] 刘善仕等（2014）基于180家珠三角制造企业的纵向数据，采用交叉滞后的研究方法检验了企业人力资源管理与绩效的关系。结果表明，"制造企业的人力资源管理系统与绩效之间是一种互为因果的关系"。[②] 王国英（2015）分析了"'互联网+'下制造企业人力资源管理面临的问题，并提出了相应的人力资源管理创新的建议"。[③]

　　而关于制造业服务化与人力资源管理的关系，仅有极少数学者进行了探讨。席晶（2013）阐述了"服务型制造与人力资源管理之间的关系，提出了支持服务型制造的人力资源管理策略"。[④] 刘继国和赵一婷（2008）指出，"制造业企业实施产出服务化战略，要有大量具有处理顾客关系技能的员工。在该类员工中，拥有为不同顾客提供差异化服务素质的员工更为关键与重要。因此，需要对员工的技巧进行培训与开发"。[⑤] 田毓峰（2011）基于人力资源的视角"探讨了制造业服务化过程中关系绩效的影响因素"。[⑥] 黄群慧和霍景东（2013）认为，"服务业务的发展要求人才具备良好的团队协作能力和服务意识、人际沟通和实践能力、复合化的专业知识以及创新能力等素质。与之相比，制造业服务化的实施更加需要跨学科、复合型和创意型的人才"。[⑦] 梅嘉（2013）以上海奥的斯电梯有限公司为例，认为"制造企业要应对服务化转型，需要在内部员工的培养和激励上有所变革，企业服务化水平的高低很大

---

　　① 何卓勋：《浅谈汽车制造企业人力资源管理模式创新——以柳州WL汽车工业公司为例》，《价值工程》2014年第20期。

　　② 刘善仕、吴坤津、冯镜铭等：《人力资源管理与企业绩效的关系——基于珠三角制造企业的纵向研究》，《中国人力资源开发》2014年第23期。

　　③ 王国英：《"互联网+"下中国制造企业人力资源管理的创新思维》，《武汉冶金管理干部学院学报》2015年第4期。

　　④ 席晶：《支持服务型制造的人力资源管理策略研究》，《中小企业管理与科技》2013年第6期。

　　⑤ 刘继国、赵一婷：《制造业企业产出服务化战略的影响因素及其绩效：理论框架与实证研究》，《上海管理科学》2008年第6期。

　　⑥ 田毓峰：《制造业服务化中关系绩效影响因素研究》，《科技管理研究》2011年第4期。

　　⑦ 黄群慧、霍景东：《中国制造业服务化的现状与问题——国际比较视角》，《学习与探索》2013年第8期。

程度上依赖于对员工的激励水平"。① 丁兆国等（2015）基于对服务型制造提出的 IE 人才新要求与传统 IE 人才培养现状的分析，"以常州工学院为例，从基础认知、实践体系、训练机制和创新氛围四个方面阐述了服务型制造背景下新型 IE 人才培养模式的特点和建议"。② 此外，关于服务化转型与组织结构的关系，张雅琪等（2015）认为，"服务化转型背景下产品和服务的融合导致企业内部组织结构的变化，企业要尽可能实现组织结构的扁平化，增强组织的柔性和动态协作性"。③

三　研究述评

综合以上文献论述可知，企业人力资源管理作为一个重要且较为成熟的研究领域，国内外学者围绕制造企业的人力资源管理问题进行了富有成效的研究，具有较高的理论价值和实践指导意义，为本书奠定了良好的基础。相对而言，制造业服务化是一个崭新的研究领域，学界开展的相关研究较少，尚处于起步和探索阶段，尤其是针对制造企业服务化转型中的人力资源管理问题研究更为少见。总体来看，现有研究还存在一定的不足之处，主要体现在以下三个方面：

从宏观层面来看，西方发达国家的制造业发展历史较为悠久，相对我国而言早就步入了服务化转型的进程。因此，相关领域的学术研究开展较早，并取得了较好的理论成果。与之相比，我国的制造业处于全球价值链的低端，主要还是以产品生产为主，服务化起步较晚。因而，国内学者针对制造业服务化的研究尚处在探索阶段，主要是借鉴国外的有关理论并结合我国的国情进行理论探索和实践应用，取得了积极的进展，但理论创新还有待加强。

从微观层面来看，国内外学者在对于制造企业服务化的研究中，主要侧重于探讨其内涵、动因、模式、实施策略以及对企业发展的影响等，取得了诸多有价值的研究成果。但由于实践背景、学科背景以及研究视角等方面的差异，相关学者的研究在某些方面还存在一些争议，尚

---

① 梅嘉：《服务型制造企业售后服务员工满意度对绩效影响的研究——以上海奥的斯为例》，硕士学位论文，华东理工大学，2013 年，第 1 页。

② 丁兆国、金青、张忠：《服务型制造背景下新型 IE 人才培养的探索》，《常州工学院学报》2015 年第 1—2 期。

③ 张雅琪、陈菊红、李兆磊：《基于匹配和调节一致性分析的制造企业服务化战略与组织结构关系研究》，《软科学》2015 年第 5 期。

未形成较为一致的观点。此外，从人力资源管理的视角探讨制造企业服务化转型的研究还很少，滞后于制造企业的服务化实践。

关于制造企业人力资源管理的研究相对较为成熟，涉及人力资源战略、员工培训、绩效管理和薪酬管理等多个方面，但相关研究主要是基于传统意义上制造企业的"产品提供者"角色展开，而从当前服务化转型背景下的"产品＋服务提供者"视角来探讨制造企业的人力资源管理问题还很缺乏，需要作进一步的理论思考。

第四节　研究内容与思路

一　主要研究内容

本书较为系统、深入地探讨我国制造企业服务化转型中的人力资源管理问题，主要研究内容包括以下六个方面：

（一）服务化转型对制造企业人力资源管理的变革要求及现状分析

首先，借鉴相关研究文献，从理论层面分析制造业服务化的本质和特点。其次，从人力资源战略、组织结构、组织文化以及员工的招聘、培训和绩效考核等方面探讨提出服务化转型制造企业的人力资源管理创新要求。在此基础上，设计相应的调查问卷，在全国范围内调研了解了200多家服务化转型制造企业的人力资源管理现状，剖析与服务化转型要求之间存在的差距及其具体成因，为后续研究奠定坚实的实践基础。

（二）服务化转型制造企业的人力资源管理模式研究

基于理论和文献分析，并结合对国内服务化转型制造企业的人力资源管理现状调研，从人力资源管理活动在企业内所处的层面以及对企业服务化转型的应对态度这两个维度，构建了制造企业服务化转型中的人力资源管理模式结构矩阵，提炼出了四种典型的人力资源管理模式，分别是战术被动型、战术主动型、战略被动型和战略主动型。在此基础上，对四种不同的人力资源管理模式提出了具体的分类标准。最后，按照四种人力资源管理模式，分别选取几家典型的制造企业进行了案例分析。

（三）服务化转型制造企业的员工胜任力研究

首先，从理论上阐述了制造企业的服务化转型与员工胜任力之间的关系，尤其是企业家、研发人员和营销人员这三类员工的胜任力对制造企业服务化转型的重要性。其次，结合理论分析、文献借鉴和访谈，初步提出了企业家、研发人员和营销人员的胜任力结构维度。最后，通过问卷调查以及对调查获得的数据进行探索性因子分析和验证性因子分析，分别建立了制造企业的企业家、研发人员和营销人员的胜任力模型。

（四）服务化转型制造企业人力资源管理模式、员工胜任力与绩效关系研究

首先，借鉴相关研究文献，并考虑到研究的可操作性，从整体上将制造企业的员工胜任力划分为态度、知识和能力三个维度，将企业绩效分为财务绩效以及与顾客的关系绩效两个维度。其次，建立制造企业的员工胜任力与企业绩效之间关系的研究假设。在此基础上，选择采用四种不同人力资源管理模式的服务化转型制造企业进行问卷调查。通过对调查获得的数据进行探索性因子分析、验证性因子分析、相关性分析和回归分析，对研究假设进行了检验，并针对四种不同人力资源管理模式下的变量关系检验结果进行了比较分析。

（五）人力资源管理促进制造企业服务化转型的机理研究

首先，比较分析几种典型的组织变革阶段模型以及制造业服务化演变过程模型，认为卢因（Lewin）的组织变革三阶段模型适合本研究的需要。其次，借鉴卢因的组织变革模型，从组织变革的视角分析制造企业服务化转型的演进过程，将其分为解冻、变革和再冻结三个阶段，并剖析了各个阶段的主要特征和工作任务。最后，针对解冻、变革和再冻结三个服务化演进阶段，分别提出了相应的人力资源管理策略。

（六）服务化转型制造企业的人力资源管理改进对策研究

在上述理论研究和实证研究的基础上，基于用户思维和客户中心化原则，较为系统和有针对性地提出了完善服务化转型制造企业人力资源管理体系的对策建议，主要包括促进人力资源管理从战术型向战略型转变、建立与服务化战略相一致的组织结构、营造以客户为中心的服务型组织文化、构建服务导向的人力资源管理机制等，具有较高的实践指导价值。

二　主要研究方法

（一）理论研究与文献研究并举

综合运用战略管理、人力资源管理、胜任力以及服务管理等相关理

论，分析我国制造企业服务化转型中的人力资源管理问题，增强了本书的理论深度和学术价值。同时，充分借鉴和吸收国内外制造业服务化和人力资源管理等领域的有关文献，为本书提供有力支持，并深入分析现有研究存在的不足之处，确立本书的重点、难点和突破口。

（二）定性研究与定量研究相结合

无论是探讨服务化转型对制造企业人力资源管理的变革要求、服务化转型制造企业的人力资源管理模式，还是分析服务化转型制造企业的员工胜任力等，都离不开深入的定性分析，定性分析贯穿了研究的全过程。同时，为了增强研究过程的严谨性和科学性，在分析服务化转型制造企业的人力资源管理现状、构建员工胜任力模型以及探讨制造企业人力资源管理模式、员工胜任力与企业绩效关系时，运用了描述性统计分析、因子分析、相关性分析、回归分析等实证分析方法。在从定性的角度对问题进行分析的同时，从定量的角度进行了相关验证。

（三）横剖面研究与个案研究相结合

横剖面研究（如现状分析）和个案研究（发现某个时间段内研究对象的特征）是社会科学研究常用的两种方法。本书在全国范围内对200多家服务化转型制造企业的人力资源管理现状进行了调研分析，为理论和实证研究的开展提供了有力支撑。同时，在提出服务化转型制造企业的四种人力资源管理模式基础上，分别选取数家典型的制造企业进行了个案研究，实现了"点"与"面"的结合。

（四）专家咨询与研讨方法

服务化转型制造企业的人力资源管理研究是一个崭新的研究课题，可供直接参考的文献资料有限。因此，在研究过程中，除借鉴相关理论和研究文献之外，还通过专家访谈、函询或研讨等形式，广泛征询了相关领域的理论研究专家以及制造企业的企业家、人力资源管理部门负责人、研发人员和营销人员等，充分听取他们对本书的意见和建议，并不断加以完善，以促进理论研究与企业实践的有机结合。

三　研究技术路线

首先，本书借鉴分析国内外相关研究文献和理论，提出服务化转型对制造企业人力资源管理的变革要求，进而通过问卷调查了解制造企业人力资源管理的现状，分析存在的问题及具体成因。其次，结合理论分析和专家访谈，构建了制造企业服务化转型中的人力资源管理模式结构矩阵，提炼出四种典型的人力资源管理模式，并选取部分制造企业进行了案例分析。然后，采用理论研究与实证研究相结合的方法，建立了服务化转型制造企业的企业家、研发人员和营销人员的胜任力模型。在此基础上，实证检验了服务化转型制造企业的人力资源管理模式、员工胜任力与企业绩效之间的关系。再次，基于组织变革的视角，分析了人力资源管理推动制造企业服务化转型的机理。最后，较为系统地提出了完善服务化转型制造企业人力资源管理体系的对策建议。本书采用的技术路线如图 1 - 1 所示。

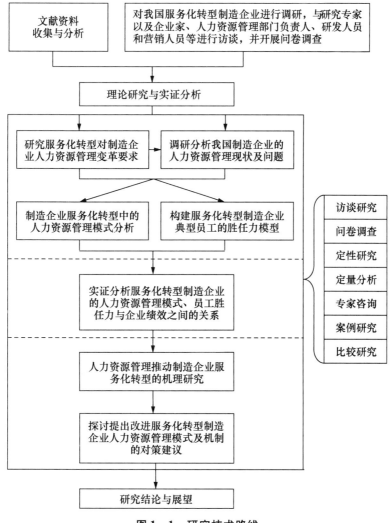

图 1 - 1　研究技术路线

第五节　研究的创新之处

本书基于国内外相关研究成果和我国制造业服务化转型实践，综合采用多种研究方法，较为系统、深入地研究了我国制造企业服务化转型中的人力资源管理问题，在以下五个方面具有一定的创新：

（1）现有关于制造业服务化的研究，取得了较为丰硕的成果，但鲜有深入探讨其与人力资源管理之间的关系。本书认为，服务化转型是制造企业实施的一次战略变革，对企业人力资源管理这一核心管理活动提出了更高的要求。基于对制造业服务化的本质和特点的分析，借鉴相关研究文献，并结合对相关专家和企业人力资源管理者的访谈，遵循"战略—组织—政策"的基本分析思路，从人力资源战略、组织结构、组织文化以及员工的招聘、培训和绩效考核等方面较为系统地提出了服务化转型带来的变革需求，丰富了制造业服务化和人力资源管理领域的有关理论研究。

（2）部分学者从不同的层面或视角探讨了企业的人力资源管理模式，但至今尚未达成共识。本书基于制造业服务化转型这一现实背景，在借鉴相关研究成果的基础上，结合对国内服务化转型制造企业人力资源管理现状的调研分析，从人力资源管理活动在企业内所处的层面以及对企业服务化转型的应对态度这两个维度，建立了服务化转型制造企业的人力资源管理模式结构矩阵，将人力资源管理模式划分为战术被动型、战术主动型、战略被动型和战略主动型四种类型的人力资源管理模式，并给出了具体的界定标准，丰富了制造企业人力资源管理模式的理论研究，在研究视角和理论上具有一定的新意。

（3）诸多学者围绕员工个体层面的胜任力进行了研究，但针对服务化转型制造企业中的员工胜任力进行的定量研究却非常少见。本书选取服务化转型制造企业的企业家、研发人员和营销人员三类员工的胜任力为研究对象，借鉴胜任力研究的相关成果，并结合服务化转型对制造企业人力资源管理的变革要求，分别对三类员工的胜任力内涵及其维度构成进行理论分析。然后，通过问卷调查及运用 SPSS 和 LISREL 软件对调查获得的数据进行探索性因子分析和验证性因子分析，建立了企业家、研发人员和营销人员的胜任力模型，进一步拓展了员工胜任力的相关研究。

（4）关于员工胜任力与绩效的关系，学界进行了大量研究，但大多探讨胜任力对企业财务绩效的影响，少有涉及企业与顾客之间的关系绩效。本书从企业层面将服务化转型制造企业的员工胜任力分为态度、知识和能力三个维度，将企业绩效分为财务绩效、与顾客的关系绩效两个维度，进而建立员工胜任力与企业绩效关系的理论模型并提出研究假设。然后，针对不同人力资源管理模式下的服务化转型制造企业进行问卷调查。运用 SPSS 和 AMOS 软件对调查得到的数据进行因子分析、相关性分析和多元线性回归分析，对研究假设进行了检验。结果显示：在不同的人力资源管理模式下，员工胜任力对公司财务绩效、与顾客的关系绩效均具有显著的正向影响，并随着人力资源管理模式的持续优化，企业员工的胜任力和绩效水平也不断提高，呈现显著的正向影响关系，深化了相关领域的理论研究。

（5）学界围绕制造企业服务化的研究很多，但针对服务化演进阶段的探讨还很少，且不够具体和深入。本书在比较分析现有的组织变革模型和制造企业服务化阶段研究成果的基础上，参照卢因的组织变革模型，从组织变革的视角对制造企业服务化转型的演进过程进行分析，将其分为解冻、变革和再冻结三个阶段，并剖析了各个服务化演进阶段的主要特征和要求。然后，针对解冻、变革和再冻结三个阶段，分别提出了相应的人力资源管理促进策略，从理论层面动态地揭示了人力资源管理对制造企业服务化转型的影响机理。

第二章　相关理论基础

制造企业实施服务化转型，主要目的在于通过产品和服务的有机融合与创新，提升顾客的价值进而改善企业的市场竞争优势。本书针对服务化转型中的制造企业人力资源管理问题进行探讨，既涉及企业高层的战略变革问题，同时也需要探讨企业的人力资源管理系统与服务化战略的匹配，加强基于产品的服务管理。因此，本章主要阐述战略管理理论、人力资源管理理论、胜任力理论和服务管理理论等主要理论，并分析这些理论与本书研究之间的关系，为后续研究奠定坚实的理论基础。

第一节　战略管理理论

一　战略管理的含义

"战略"这一概念是从希腊词语"stratego"引申出来的，原意指的是"将军"。自20世纪50年代开始，战略管理不再仅仅出现在军事学中，而是作为一种继承泰勒的科学管理理论、行为科学管理理论的日渐成熟的新管理理论，正式走上了管理研究和实践的舞台。

伊戈尔·安索夫首次将战略思想引入公司管理过程中，指出战略是贯穿于企业整个经营过程的，是将产品与市场连接起来的重要手段。他同时还对战略所包含的要素进行了分析，概括总结其共包括产品与市场范围、增长向量、竞争优势和协同作用四个要素。紧接着，他就战略管理的内涵做了进一步的研究，认为战略管理是一个过程，并且是一个可以根据实践情况不断调整目标与优化方案的过程。目前，企业在新经济发展时代，为保持竞争优势需要拥有战略眼光，并不断对本企业自身的战略管理思想及理论进行完善。从企业角度来看战略管理的内涵，它指的是企业综合考虑组织内外部条件，制定企业的发展战略目标，并且为了保证该目标的落实，需要从企业自身内部条件和能力出发对以上所制定目标进行谋划并付诸实践，并在实践过程中始终保持控制的一个动态过程。具体来讲，战略管理是企业管理的一个非常重要的环节，主要包括战略制定、实施、评价等。[①]

二 战略管理理论的演变

战略管理理论的形成和发展是一个动态过程，会随着时间和环境的变化而不断进行自我完善与自我调整。西方的战略管理理论产生于20世纪60年代，在其演进的过程中经历了多个发展阶段，形成了五个相对明晰的学派：战略规划学派、环境适应学派、产业组织学派、资源构造学派和核心能力学派。

（一）战略规划学派

20世纪60年代，由于欧美国家逐渐由卖方市场向买方市场转变，企业生存环境遇到极大挑战，使企业纷纷将目光由国内市场转向国际市场，试图将国内过剩的产品向外转移；另外，企业纷纷进行战略调整，多元化战略的实施使企业组织结构由原先的"U"形逐步转变为"M"形。在这种战略规划强烈需求的背景下，1962年钱德勒发表了《战略和结构：工业企业史的考证》一书，就企业环境、战略与结构之间的关系进行了论述，并随之提出了"结构追随战略"的观点，即战略应当适应环境的变化，组织结构需要与战略相匹配。

在钱德勒战略管理的思绪基础上形成的以安德鲁斯为代表的设计学派认为，战略制定是企业领导者有意识的但非正式的构想过程。在制定战略的过程中，要分析企业的优势与劣势以及环境所带来的机会与威胁，即著名的SWOT模型。1965年，安索夫出版的《公司战略》一书标志着计划学派的产生。安索夫认为，战略设计的优劣主要可根据战略与组织环境的匹配性进行判断，最有效的战略规划方法是权变的。安东尼则将战略过程分为战略规划、管理控制和操作控制，他们建立的战略思想被称为"三安范式"。[②]

（二）环境适应学派

20世纪70年代，企业外部环境的变化，使战略规划思想的不足暴

---

① 李福海、揭筱纹、张黎明：《战略管理学》，四川大学出版社2004年版，第10页。
② 同上书，第15—18页。

露无遗，人们意识到最合适的战略制定需要考虑外部环境的变化程度，原先认为可以对未来进行预测的观点逐步被认为未来充满不确定性的环境适应学派所取代。该学派认为，人的理性过程往往会受到外界不确定因素的影响与制约。因此，战略的制定与决策是一个随着环境进行动态调整以及要求组织适应的过程。

该学派的另一个重要分支是以奎恩为代表的逻辑改良主义。奎恩认为战略决策者往往遭受理性认识的限制以及内外部环境不可知因素的影响。因此，决策者亟须突破传统的思维方式，利用逻辑改良主义方法为组织制定一个内在融合的战略模式。相对于战略管理学派来说，该学派强调战略的动态性和应对性，认为企业应当是一个动态、开放、柔性的系统，在外界环境不断变化的情况下，组织角色需要不断变化和重新定义。①

（三）产业组织学派

美国著名经济学家梅森和贝恩在借鉴相关经济增长理论的基础上，以新古典经济学为主要理论指导，将现代产业组织理论划分为三个基本范畴：市场结构、市场行为、绩效，即 S—C—P，其基本目的在于制定产业组织政策。迈克尔·波特基于结构—行为—绩效分析范式，以《竞争战略》《竞争优势》和《国家竞争优势》三本著作分别从产业结构的角度出发，形成了相应的战略管理理论。波特指出，在产业的选择上，首先要根据产业结构情况筛选出有吸引力的产业；其次通过找寻价值链上的有利环节，制定相应战略来获取竞争优势。波特提出的著名的五种力量模型说明行业的盈利能力主要取决于供应商、购买者、当前的竞争对手、替代品及行业的潜在进入者五种因素。总体而言，波特主要是基于以下逻辑构建了战略理论体系：首先，产业结构是企业能否获得利润的主要影响因素；其次，企业能够借助于制定与实施一种基本战略，进而对产业中的五种竞争力量产生影响，增强企业在市场中的竞争优势；最后，强调价值链是获取竞争优势的主要来源，企业基本战略的实施过程需要根据价值链活动与价值链关系进行实时调整。波特的竞争战略理论在 20 世纪 80 年代的战略管理理论中处于主导性的位置，并对之后相

① 李福海、揭筱纹、张黎明：《战略管理学》，四川大学出版社 2004 年版，第 18—23 页。

关理论的发展起到了重要的指导作用。①

（四）资源构造学派

20 世纪 80 年代，那些以前实施过大批并购活动的企业发现自身难以在多个领域都获得成功，没有选择地实施多元化并不会给企业带来预期的回报。故此，很多企业逐渐开始借助于重新出售等方式来对自身的非核心资产进行清算，归核化演变为企业发展的主要经营模式，这也直接导致了资源构造学派的产生。1984 年，沃纳菲尔特在《战略管理杂志》上发表了一篇题为《基于资源的企业观》的文章，率先针对企业内部资源在帮助企业获取利润以及市场竞争优势方面的重要作用进行了研究。他认为厂房规模、客户积累、生产经验、领先技术等企业的前期积累，有助于企业在该产业发展中形成壁垒，并利用位置壁垒优势获得更高利润，提高企业的获利能力。格兰特于 1991 年公开发表的《竞争优势的资源基础论》，更深入地论述了独特资源在帮助企业稳固市场竞争优势上的作用，而且更加具体地提出了企业独特资源回报率的两个主要影响因素：一是资源本身所带来的竞争优势；二是这些资源优势能够被企业所有效占用的比率。②

（五）核心能力学派

1990 年，普拉哈拉德和哈默在《哈佛商业评论》发表的题为《企业核心能力》的文章中指出，企业短期竞争力主要由产品的质量和性能所决定，但企业长期竞争优势主要来源于企业核心能力的造就与增强，这标志着核心能力理论的正式提出。他们认为，企业的成功源于企业掌握了其他企业所没有的并且很难进行模仿的核心能力，这一核心能力之所以很难被其他企业模仿，主要是因为：第一，具有较强的隐秘性，不能被竞争对手准确感知，使其对该核心能力的认识较为模糊；第二，核心能力是企业内的人与物以及人与人之间相互作用而形成的一种复杂集合体；第三，它是企业遵循一定的路径并在漫长的经营过程中形成的产物；第四，核心能力含有很多难以逆转的专用性资产投资。现代企业经营管理是否成功已不再简单地取决于自身产品以及所处的市场结

① 李福海、揭筱纹、张黎明：《战略管理学》，四川大学出版社 2004 年版，第 23—26 页。

② 同上书，第 26—27 页。

构等，而是更多地依赖企业自身更准确地预测市场的未来发展趋势并满足快速变化的顾客需求。①

三　战略变革

（一）战略变革的概念界定

英国著名学者理查德·林奇认为，战略变革是组织对变革的预先管理行为，目的是得到明确的战略目标。韦斯特利（Westly）指出，一旦企业变革牵涉组织发展的方向性要素，例如，组织的发展愿景、目标定位以及战术层面的组织程序、设施等，就可以称为战略变革。瑞典学者鲍曼和林德福尔斯（Bohman and Lindfors）认为，在经济不景气的时候，战略行动者的学习行为对企业战略变革来说是很有必要的。埃森哈特和布朗（Eisenhardt and Brown）探讨提出了当处于剧烈变革以及高度不确定的环境中，可以用来对企业的战略变革进行指引的理论。拉贾戈帕兰和施普赖策（Rajagopalan and Spreitzer，1997）认为，"所谓的战略变革，是企业在追求和外部环境的动态匹配时，在自身的外在形式、质量或发展状态等一些方面反映出来的差异性"。②

综观以往学者对战略变革理论的研究，主要从三个视角进行定义：（1）理性视角认为，战略变革是一个单一的概念，指的是公司在商业上、合作上或整体战略上非连续性的改变。（2）学习视角认为，战略变革是组织进行的重复性学习，在此过程中管理者借助于对环境和组织的调查程序来逐渐影响变革。（3）认知视角认为，战略变革来源于管理认知，当战略变革不包括认知结构方面的变化时，是渐进式的；当战略变革伴随着主要的理念和目标变化时，是激进式的。国内学者李福海等认为，战略变革是为了应对外部环境和自身条件变化，实现企业持续发展，在企业发展的方向和目标、业务组合、组织结构和企业文化等方面所做出的带有全局性、整体性的战略调整和转变。③

---

① 李福海、揭筱纹、张黎明：《战略管理学》，四川大学出版社 2004 年版，第 27—28 页。

② Rajagopalan, N. and Spreitzer, G. M., "Toward a Theory of Strategic Change：A Multi-lens Perspective and Integrative Framework", *Academy of Management Review*, Vol. 22, No. 1, 1997, pp. 48–79.

③ 李福海、揭筱纹、张黎明：《战略管理学》，四川大学出版社 2004 年版，第 262—263 页。

（二）战略变革的类型

对战略变革进行明确的分类，有助于企业战略变革的有序推进。结合目前学者们的研究，大致可以从三个方面对战略变革的类型进行划分：

根据战略变革的演变状态，可将其分为渐进式变革、激进式变革和混合式变革三类。其中，渐进式变革是指在某个时间范围内，企业的部分组成要素通过逐步推进和不断分离的方式来实现一个组织目标或对某个问题的解决，经过持续不间断的长期努力，企业领导者就会针对所面临的环境进行反应，进而实施的整体性战略变革；激进式变革是由企业危机引发的迅速而又剧烈的变革，是一种极端性的战略变革，在该变革过程中企业以往的架构被摒弃，并从原先的不平衡状态达到一种新的平衡状态；混合式变革是指在企业不同阶段、不同环境和压力的情况下采取的不同变革态势。[1]

根据变革领导主体采取的行为方式的不同，可将其分为强制式变革、理性或自利式变革和教育或交流式变革三类。其中，强制式变革指的是依靠强制手段和命令的方式实施的变革，变革所涉及的利益方不参与相关方案的拟定；理性或自利式变革以理性人假设为前提，且认为人都是自利的，因此在变革过程中把自我利益作为最主要的激励手段；教育或交流式变革是通过打造企业领导者和员工之间彼此合作并信赖的良性关系，推进相互之间的深入交流与沟通，使人们充分了解变革必要性的一种变革模式。[2]

根据变革对象，可以划分为技术变革、产品和服务变革、结构和体系变革以及人员变革等类型。其中，技术变革通常涉及企业的生产过程，包括让企业得以参与市场竞争的知识与技能，例如，工作方法、生产设备以及工作流程等生产产品与服务技术；产品和服务变革涉及企业的产出，包括新产品或对已有的产品进行革新，对企业的市场机会具有较大影响；结构和体系变革是指企业在结构、政策以及控制系统等方面的改变；人员变革是指企业员工在工作价值观、知识与技能、工作态度与行为等方面的改变，旨在让员工能够更加敬业、实现企业目标。

---

[1] 李福海、揭筱纹、张黎明：《战略管理学》，四川大学出版社 2004 年版，第 266—270 页。

[2] 同上书，第 270—271 页。

（三）战略变革的动因及过程

企业战略变革的出现并不是偶然的，当知悉导致变革的原因之后，企业才能选择合适的方法和措施，保证战略变革的成功。企业内部目前已有的资源、战略实施所需要的资源以及战略实施过程中所产生的新资源之间，如果不能实现均衡，那么就会对原有战略的平衡状态造成破坏，以及在不同经济形态下进行的重要性资源的变革等，都成为资源性变革的驱动力。企业外部环境具有的变化性和复杂性特征及其容量会给企业带来威胁，促使企业进行持续的创新加以应对，从而找寻和拓展未来的发展空间。此外，动态竞争产生的压力、利益相关者的压力、企业系统复杂化的制约以及企业成长的阶段性更替都是促使企业变革的因素。

库尔特·卢因（Kurt Lewin，1951）认为，有效的企业变革应包括解冻、变革和再冻结三个步骤。其中，"解冻过程是要激发员工渴望变革的动机；变革是向组织成员指明变革的方向和方法，使他们接受变革；再冻结就是强化已经执行的战略，使战略变革趋于稳定。罗宾斯则将战略变革的过程分为五个步骤，分别是诊断、分析、反馈、行动和评价"。① 从国内外企业战略变革的实践经验来看，一个完整的战略变革应当遵循发现问题、诊断问题、计划变革、执行变革以及评估变革这样的程序。

第二节 人力资源管理理论

一 人力资源战略

（一）人力资源战略的含义

在整个人力资源管理系统之中，面临的首要问题在于，企业应该选择哪种人力资源战略，从而为企业对人力资源的选、用、留、育奠定基础。戴尔（Dyer，1984）对人力资源战略的内涵进行了界定，认为它就是关于人力资源管理的重要的决策模式，尤其是那些反映主要管理目标以及实现目标的途径的决策。人力资源管理学者舒勒和沃克（Shuler and Walker，1990）"将人力资源战略视为程序和活动的集合，经由人

---

① 李福海、揭筱纹、张黎明：《战略管理学》，四川大学出版社 2004 年版，第 290 页。

力资源管理部门以及直线管理部门的共同努力来完成企业的战略目标,进而改善企业当前和今后的经营业绩并保持市场竞争优势"。① 库克(Cook,1992)认为,人力资源战略表示影响企业员工短期行为与长期发展的决策,它是企业人力资源计划和发展的基础。泰森(Tyson,1995)指出,人力资源战略反映了一个组织对员工进行管理的想法,一般借助于组织哲学、政策以及实践等方式加以展现。科迈斯 - 麦吉阿(Comez - Mejia,1998)认为,"人力资源战略是指一个企业有计划地、慎重地对人力资源加以开发利用,促进员工更加有效地开展工作,以改善企业在市场竞争中的地位与优势"。②

综合以上观点,我们认为,"人力资源战略指的是企业科学地分析和预测自身在今后一段时期的人力资源供给和需求情况,进而采取必要的人力资源获取、使用、稳定与开发等多种策略,以在数量和质量两个方面满足企业在一定时期和岗位上的人力资源需求,促进企业和员工的共同发展"。③

(二)人力资源战略与企业战略的匹配关系

人力资源战略与企业战略之间的有效匹配,有助于实现企业的经营目标和提高自身的竞争能力,"二者的关系主要表现为企业的竞争战略和人力资源战略之间的关系"。④ 基德和奥彭海姆(Kydd and Oppenheim,1990)研究指出,竞争战略与人力资源战略之间的相关性,能够通过预先反应型—反应型这样的连续统一体来加以体现。权变观点的代表者迈尔斯和斯诺(Miles and Snow,1984)认为,"人力资源战略是组织战略的重要组成部分,并在根本上决定于组织战略,二者之间是一种单向关系,且人力资源战略是组织战略的重要支持"。⑤ 科尔伯(Colber,2004)认为,"人力资源是组织自身的战略性核心资源,也是确保组织赢得竞争优势的关键因素。因此,在制定人力资源战略时既要服从

---

① 孙海法:《现代企业人力资源管理》,中山大学出版社 2002 年版,第 18 页。

② 同上。

③ 王拥军:《TSDL 人力资源管理问题及对策研究》,硕士学位论文,华中科技大学,2011 年,第 29 页。

④ 何辉:《组织战略与人力资源战略的关联性研究——基于战略人力资源管理权变观和资源观的比较分析》,《科技管理研究》2010 年第 14 期。

⑤ Miles, R. E. and Snow, C. C., "Designing Strategic Human Resource Systems", *Organizational Dynamics*, Vol. 13, No. 1, 1984, pp. 36 - 52.

于组织的整体战略，同时也要将人力资源对组织战略的影响纳入考虑范围，二者之间的关系并非单向影响而是互相影响"。① 总之，人力资源战略管理与企业战略是相辅相成、相互作用、相互影响的，人力资源也是组织中最有能动性的资源，管理层必须深刻地认识到这一点，并给予充分的重视。

（三）人力资源战略的实施

1. 人力资源战略的制定

在企业战略确定之后，通过 SWOT 分析法掌握了企业及人力资源遇到的各种挑战，再考虑人力资源在企业中扮演的角色，然后就能设计出与企业价值观和发展战略相一致的人力资源战略。人力资源战略的制定遵循以下程序：首先，明确人力资源战略目标；其次，设计具体可行的战略实施计划，以确保战略目标的实现；最后，人力资源战略应与组织整体战略协调平衡，对组织内的资源进行合理配置。②

2. 人力资源战略的执行

人力资源战略的成功与否取决于其能否在每个人力资源管理活动中顺利实施，这几个人力资源活动分别是员工招聘活动、员工培训活动、绩效考核以及薪酬设计。要使人力资源战略得以实施，必须对人力资源战略方案进行分解，使每个经营单位、职能部门都能明确自己在战略中的地位以及自己的任务。③

3. 人力资源战略的评估

人力资源战略评估主要关注人力资源战略实施的有效性问题。当发现现有战略的部分或整体已不符合企业的内外条件状况时，应立即找出差距，分析原因，采取改善措施。④

二 组织设计

（一）组织文化

1. 组织文化的定义

中国拥有悠久的历史文化传统，组织文化在国家、企业等各层级的

---

① Colber, B. A. , "The Complex Resource – based View：Implication for Theory and Practice for Strategic Human Resource Management", *Academy of Management Journal*, Vol. 129, No. 3, 2004, pp. 341 – 358.

② 李成彦：《人力资源管理》，北京大学出版社 2011 年版，第 52 页。

③ 同上。

④ 同上。

组织管理中都起着非常重要的作用。托马斯·彼得斯和小罗伯特·沃特曼认为，支撑一个组织得以长期生存的并不是传统意义上的组织结构形式或者管理技能，而是能够感召所有员工的那种被称为信念的精神力量。Z 理论的创始人威廉·大内认为，企业文化指的是一个公司的传统与风气，由象征、仪式和神话等要素构成，其存在的目的是让所有员工享有企业的价值观和信念精神。沙因对于企业文化的定义得到了最为广泛的认可，他认为，"组织文化是某一特定组织在应对外部环境变化和获得内部一体化的过程中，创造、发现并被证明是行之有效的一种基本假定，有助于形成面向未来的正确观点"。① 我国知名管理学家周三多认为，"组织文化是可以被组织全体成员所普遍接受的价值观念、行为准则、团队意识、思维方式、工作作风、心理预期和团体归属等全体意识的总称"。②

2. 组织文化的功能

通过组织文化的功能作用于组织的管理和制度，实现组织文化对管理和制度的整合。学者们普遍认为，文化具备一定的功能，主要包括教化功能、维系功能、软件功能、激励功能以及阻抑功能等。

教化功能就是指能够使文化共同体的行为主体学会生存的职能。组织文化的教化功能既不是一种纯粹的职业技能、技术、操作和素质训练，也不是通常的社会道德教育，而是在此基础上的团体文化的熏陶与教化；组织文化是维系企业这一文化共同体的核心和基本力量。根据马斯洛的需求层次理论，组织文化是通过形成一种涵盖各种类型以及各个层级的诱因与贡献相互平衡的"诱因引导与成就驱动"文化，来发挥它的维系功能；企业精神、价值观、行为规范等约束着企业行为个体与群体的行为方式及特征，这表明组织文化执行着行为程序和思维程序功能；组织文化的激励使行为主体产生更强烈的愿望、更大的干劲，使其行为产生更剧烈、更明显的效果；当组织文化变成一种传统时，不管它是否优秀，都会具有传统发展到一定阶段所无法避免的僵化性与保守

---

① 韩娟、阎亮、樊耘：《组织文化四层次模型对于组织管理的意义》，《人力资源管理》2012 年第 3 期。

② 周三多、陈传明、鲁明泓：《管理学——原理与方法》，复旦大学出版社 2013 年版，第 382 页。

性，从而可能成为组织进一步发展的阻碍因素。①

3. 组织文化的层次

荷兰国际管理学教授 G. 霍夫斯塔德在《跨越合作的障碍——多元文化与管理》中，对文化的结构进行了论述，认为无论时代是否一致、民族文化背景是否相同，其结构形式基本上是保持一致的，主要包含物质生活文化、制度管理文化、行为习俗文化、精神意识文化四个层级的文化。因此，根据 G. 霍夫斯塔德的研究成果，我们认为，组织文化是由物质、行为、制度以及精神这四个层次构成的。

一般来说，我们认为，企业可以通过它的名称、商标、产品、广告等形式对其外在形象进行展示，通过这些展示所反映出来的文化即为组织文化的物质层；行为层是与企业文化的核心内容保持直接互动关系的企业精神面貌、人际关系等的动态表现，以人的行为为载体，动态地存在于组织之中；组织文化的制度层涉及对员工的组织行为进行规范的一系列制度，是教会员工如何做事的文化；精神层是企业文化最为核心的内容，是一个组织在长期的经营发展过程中所形成并得到全体员工遵循的基本信念和行为准则。

（二）组织结构

1. 组织结构的定义

管理心理学家孟尼和雷列认为，组织是为达成共同目的的人所组合的形式、一个组织群体，如果想有效地达成其目标，就必须在协调合作的原则下，各人做好各人的事。组织工作是对工作任务进行安排以达成组织目标的过程。组织结构就是组织内部对工作的正式安排。企业的组织结构，是指"企业员工为了确保组织发展目标的实现而进行协同合作，在各自的职务范围、岗位职责和职权等方面商讨形成的一种结构体系，其存在的本质目的是协调组织内部员工之间的分工与协作，又被称为权责结构"。②

2. 组织结构的类型

就组织结构的整体架构而言，目前比较典型的组织结构基本上有

---

① 许玉林：《组织设计与管理》，复旦大学出版社 2003 年版，第 350 页。
② 赵慧英、林泽炎：《组织设计与人力资源战略管理》，广东经济出版社 2003 年版，第51 页。

"职能式、事业部式、混合式、矩阵式等几种形式"。[①]

职能型结构是采用按职能划分部门的方法进行的组织结构设计，将相似或相关职业的专家们组合在一个工作部门，如销售、研发、财务、HR、生产等。

事业部型结构是一种由相对独立的单位或事业部组成的组织结构。我们可以针对单个产品、服务、产品组合、主要工程项目、地理分布、商务或利润中心等来组织事业部。每个事业部都有区别于其他事业部的特定产品和市场，并且在事业部内部可以实现某种产品或服务的全流程生产和经营。

混合式组织结构比较适宜在不稳定的环境中使用，这一点与事业部式的组织结构相似。在此种组织结构安排下，不仅具有事业部式组织结构的适应性和有效性等优点，同时又能提高各职能部门之间的协作效率。

此外，还有一种注重多元效果的组织结构——矩阵式结构。与混合式结构有所差异的是，矩阵式结构并非把组织分成一个个相互独立的单元，而是保证产品经理与职能经理享有同等的工作职权，很多员工在工作上需要向两个经理报告。

三　员工招聘

（一）员工招聘的含义与理念

人员招聘，是一个组织人力资源的输入环节，指组织为了保证自身的生存与发展，基于组织人力资源规划以及工作分析得到的关于人员数量与质量的需求，以最恰当的成本，采用可靠的方法，吸引满足企业需要同时也对组织有意向的人员，经由科学的甄选程序后予以聘用的过程。

关于招聘理念，首先，体现在企业增强了对招聘重要性的认识。赵曙明和吴慈生（2003）对江苏、山东等9个省份的31家不同规模、不同产业的集团的人力资源状况进行了问卷调查，调查显示"人力资源管理部门主要负责员工的招聘与甄选过程，并都给予了高度重视"。[②]

---

① 赵慧英、林泽炎：《组织设计与人力资源战略管理》，广东经济出版社 2003 年版，第 69 页。

② 赵曙明、吴慈生：《中国企业集团人力资源管理现状调查研究（一）：调查方案设计、人力资源管理政策分析》，《中国人力资源开发》2003 年第 2 期。

其次，体现在中小企业对"外部人"的排斥。"我国的许多中小企业都是家族型的或者准家族型的"①，中小企业采用的家族化的管理模式，使其在人力资源的选拔和使用上存在"任人唯亲""任人唯近"，以及对"外部人"排斥等不良倾向。在管理理念方面，不少中小企业尚没有从"以物为主"或"以事为主"转变为"以人为本"，人力资源管理在企业中的重要地位没有得到很好的重视。另外，"当前的招聘理念存在对应聘者歧视的现象。劳动力市场歧视是指应聘者具有相同的个人条件，但在劳动力市场中却享受不到同等的求职和职位晋升机会以及薪酬"。②

（二）员工招聘的流程

一个组织欲谋求持续发展，必须对所需人才的招聘活动制定一定的程序步骤，选用适当的方法，才能收到"事得其人""人尽其才"的效果。整个招聘过程是一个完整的、系统的、程序化的操作过程，大致可分为五个阶段。③

1. 计划阶段

制订招聘计划是整个招聘过程的一个重要环节，需要对财务预算、招聘人数、应聘条件、招聘的负责人和人员构成以及如何进行测评等做出明确规划。这一阶段需要运用科学的方法对组织人力资源需求和供应进行分析和预测，判断未来任职者完成工作应具备的资格，目标在于提出具体的招募需求。

2. 招募阶段

招募工作的实施要基于先前制订好的招聘计划，借助合适的招聘渠道，吸引优秀人才来公司应聘。招聘阶段的工作目标在于通过最小化的投入，最大限度地获取符合要求的足够数量的应聘者，为最终招聘到合适的人员提供基本的保障。

3. 甄选阶段

这一阶段结合招聘计划对招聘岗位要求的分析，建立各种岗位的不同的甄选评价体系，确定对于不同要求所采用的甄选方式的组合，诸如

---

① 于立、马丽波、孙亚锋：《家族企业治理结构的三环模式》，《经济管理》2003 年第 2 期。

② 张彦、陈晓强：《劳动与就业》，社会科学文献出版社 2002 年版，第 107 页。

③ 李成彦：《人力资源管理》，北京大学出版社 2011 年版，第 146 页。

常用的笔试、心理测验、面试、评价中心技术等方法，确定甄选的实施计划，完成甄选试题的开发、试测。考官进行各类测评的现场组织，通过应聘者参加甄选，最后通过初步选拔、面试、深度甄选的具体实施，作出对每个应聘者个性特征、能力倾向、知识经验的综合素质的评估。

4. 录用阶段

录用阶段的关键任务是严格遵循企业的选人标准制定相应的录用决策。在决策的制定过程中，应当努力避免因主观因素而导致的决策偏差。对录用者进行背景调查和体验，确定其背景资料的真实性和身体条件符合岗位的要求，并签订劳动合同，安排录用者履行一系列的入职手续，并进行入职适应性培训。

5. 评估阶段

招聘任务完成以后，人力资源部门需要针对招聘的结果进行评价，其主要目的在于找寻企业在招聘时所存在的问题，并在分析原因的基础上，制定相应的解决方案，进而对企业的招聘策略、计划、渠道以及人员测评方法等进行改进，为以后的招聘工作提供借鉴。

四　员工培训

（一）培训的概念

培训是企业向员工提供工作所必需的知识与技能的过程，最终目的在于通过提升员工的能力实现员工与企业的同步成长。[1]

（二）培训的作用

企业培训与开发是现代企业凝聚力的需要，是确保现代企业持续进步与创新的需要，是保持现代企业竞争优势的需要。当前，越来越多的现代企业把企业培训与开发提到了企业长远战略发展的重要位置，因为企业培训与开发在现代企业发展中的价值与作用越来越明显。

1. 员工培训对企业核心能力的支撑作用

在市场经济发展过程中，相互竞争是企业发展的常态。面对日益激烈的市场竞争，企业如果想要赢得一席之地，就必须具有核心竞争优势，而最能体现竞争优势之一的是企业的人才优势。对现代企业而言，企业培训正是增强其核心竞争力的有效手段之一。通过企业培训，既能帮助提高企业员工的综合素质，促进各个员工之间的交流与沟通，从而

---

[1]　彭剑锋：《人力资源管理概论》，复旦大学出版社 2003 年版，第 443 页。

进一步提升企业的向心力与凝聚力，实现企业人力资本的增值；又能以企业生产效率和服务水平的提高，增强企业盈利能力，从而增强现代企业的竞争优势，使现代企业更好地适应竞争市场的变化和发展。

2. 提高现代企业的经营管理效益

哈佛大学的一项研究表明，企业员工的满意度每提高 5%，企业盈利随之会提高 2.5%。企业培训能够提高企业员工的整体素质，这在很大程度上能减轻企业管理层对他们的管理和监督工作，改善现代企业经营管理的效益。除此之外，通过企业培训，还可以培养、造就一批善于经营的企业经营管理者，提高现代企业中层管理人员的素质，进而以企业管理者能力和水平的提升，增强现代企业的管理效益。

3. 构建企业—员工间的新型心理契约

为了替代传统的以员工忠诚与长期雇用为核心的心理契约，企业通过鼓励个人成长、提升个人终身可就业能力来促进新型心理契约的形成。培训的过程可以增进人际技能和态度养成，这类技能在外部劳动力市场中是相对稳定的、难以市场化的技能。同时，新型心理契约强调员工在人力资源培训与开发中的主动作用，员工有机会进行自我培训，并通过提高自身技能和工作产出增进其未来就业的价值。

（三）培训开发的程序及方法

系统性的人力资源培训包括需求评估、项目设计、项目实施和项目评估四个阶段。

培训的传统方法有：师傅带徒弟、工作轮换、挑战性工作的委派和突破性学习、讲授法、讨论法、情景模拟法；以新兴技术为基础的培训开发的方法有电视教育培训、多媒体培训、计算机辅助培训、网络在线培训、虚拟现实培训、卫星远程培训等。[①]

五　绩效管理

（一）绩效管理的概念

玛丽·凯·阿什指出，一个企业经营业绩的好坏主要由公司所拥有的人才决定，但人才作用的发挥程度则依赖于企业的绩效管理水平。罗杰斯（Rogers, 1990）认为，绩效管理是管理组织绩效的系统。此观点主要强调企业战略的确定与施行，而员工被排除在绩效管理的核心之

---

① 李成彦：《人力资源管理》，北京大学出版社 2011 年版，第 189 页。

外。另外，艾恩斯沃斯（1993）、奎因（1987）、斯坎奈尔（1987）等学者认为，所谓的绩效管理是管理员工绩效的系统，这一观点强调绩效激励是部门管理者的一项职责。除此之外，考斯泰勒（1994）则认为，绩效管理是既管理组织绩效，同时也是管理员工绩效的一个综合系统。

综合以上关于绩效管理的观点，大部分学者认同绩效管理是将对组织和员工的管理有机结合在一起的一种体系。绩效管理的目的主要包括两个方面：系统性思考以及对绩效的持续改进，"它强调对组织状况的系统性思考、动态学习以及持续地实现自我超越"。[①] 总而言之，绩效管理是一个重视各种信息交流的系统管理过程，强调相关主体进行预先沟通和承诺，以不断改善组织绩效。绩效管理在实施过程中，需要有完善的计划、监督和控制的手段；注重建立管理者与被管理者之间在绩效方面的合作伙伴关系，是改进组织绩效、激发团队潜能及增强员工能力，推动组织持续向成功迈进的非常具有战略意义的管理思想与方法。

（二）绩效管理的方法

系统的绩效管理方法主要包括目标管理法、关键绩效指标体系和平衡计分卡体系等，而非系统的绩效管理方法则包括关键事件法、行为锚定法以及量表考核法等。[②]

1. 目标管理

"目标管理"这一概念最先是由著名管理学家彼得·德鲁克在其出版的《管理实践》一书中提出的，他认为，目标管理指的是企业首先制定好在一定经营时间段内所期望实现的总目标，然后各个部门和员工将其细分为各个分目标并采取行动努力加以实现的过程。目标管理主要倡导员工的自我管理和自我控制，而不是上级对员工进行压制，它强调个人目标的制定、执行以及与组织目标的协调。

目标管理的实施步骤及过程包括以下几个方面：首先，确立组织的发展战略，逐层逐步地将企业总目标分解成为各个分目标，同时上级和下级之间就绩效的目标以及如何进行测量达成一致意见；其次，明确实现组织目标的时间范围；再次，将实际绩效水平与绩效目标相比较，对偏离绩效目标的情况要认真分析其产生的原因，并商讨可能的绩效改进

---

① 彭剑锋：《人力资源管理概论》，复旦大学出版社 2003 年版，第 327 页。

② 林泽炎、王维：《执行绩效管理》，中国发展出版社 2008 年版，第 65 页。

措施；最后，研究确立新的绩效目标以及为了实现这一目标而计划实施的措施。

2. 关键绩效指标法

关键绩效指标（Key Performance Index，KPI）是"针对组织内部特定流程的输入与输出这两个端口的主要参数进行设定、取样以及计算分析，从而对这一流程的绩效进行测量的一种目标化管理指标"。① 该理论的核心思想强调，"企业的绩效指标设置必须与战略挂钩，企业应该只评价与其现实战略目标存在紧密联系的少数几个关键性的绩效指标，致力于构建一种能够把企业战略内化为组织内部具体经营流程和活动的机制，用以保持企业的市场竞争优势，获得更加长期稳定的发展"。②

建立关键绩效指标体系是一个由企业战略逐步分解为关键绩效指标的过程。"第一，明确企业战略和愿景；第二，基于企业的发展战略，确立企业层面的关键绩效指标；第三，将企业层面的关键绩效指标进行分解，分解到各个部门和岗位，作为对员工进行绩效考核的依据；第四，确定指标评价标准；第五，对关键绩效指标进行审核"。③

3. 平衡计分卡

卡普兰和诺顿两人通过对 12 家在绩效评价方面领先的企业进行为期一年的研究，于 1992 年提出了著名的平衡计分卡理论。该理论"将企业的愿景、发展使命、经营战略和企业的绩效评价系统有机衔接，通过将企业的发展战略等转变成具体的发展目标和评价指标，使企业的愿景和使命等变得可视化。平衡计分卡借助于财务、顾客、内部流程以及学习和发展这四个相互关联的不同视角及其相应的测量指标，来衡量企业战略目标的实现情况"。④

利润最直接的衡量指标就是财务指标，平衡计分卡保留财务层面，正是因为它概括了容易衡量的经济结果，其衡量指标有营业收入、资本报酬率或近几年流行的经济增加值，也可能是销售额或现金流量。

"如何为顾客创造价值"是公司的首要任务。平衡计分卡把顾客对

---

① 李业昆：《绩效管理系统》，华夏出版社 2011 年版，第 56 页。
② 李成彦：《人力资源管理》，北京大学出版社 2011 年版，第 235 页。
③ 彭剑锋：《人力资源管理概论》，复旦大学出版社 2003 年版，第 345 页。
④ 付亚和、许玉林：《绩效考核与绩效管理》，电子工业出版社 2009 年版，第 231—232 页。

服务的要求转化为具体的、切实与顾客相关的测评指标，主要包括送货准时率、客户满意度、产品退货率、合同取消数等。

　　企业经营业绩的提高以及股东价值和客户价值的实现等都需要有良好的内部流程作为支撑。因此，内部流程的优化是企业实现发展的关键。平衡计分卡与传统绩效考核方法的区别在于其不断地把创新的流程引入内部业务流程层面。

　　为保证顾客价值，提高经营效率以及股东价值，企业需要不断地学习，加强对员工的培训。平衡计分卡强调员工的能力是组织目标实现的重要保障，充分体现了以人为本的理念。主要采用员工的稳定性、员工培训次数等指标来衡量员工的学习和发展情况。

　　4. 关键事件法

　　在应用这种方法时，考核者主要侧重于将被考核者在工作中所表现出来的异乎寻常的好方式或不良行为记录下来。在此基础上，考核主体与考核对象就之前记录下来的关键事件，对考核对象的业绩进行评价。

　　5. 行为锚定法

　　行为锚定法用典型的行为描述作为考核标准，在该方法中，不同水平的业绩表现都会显示在同一张等级表中。行为锚定法利于员工工作行为的改进，能有效地反馈员工的表现。然而，由于这种方法的使用依赖于日常的行为记录，操作起来比较复杂，需要花费很多的时间与精力。①

　　6. 量表考核法

　　与其他的考核方法相比，量表考核法的使用范围最广。一般而言，"先确定几个考核的维度，据此进行分解和确定考核等级，并借助于设置尺度达到量化考核的目的"。② 在实践中，考评主体运用已经设计好的量表，全面衡量考核对象的业绩表现。需要指出的是，考核实践中采用的量表形式很多，但基本上都是由考核的内容、标准、总分及分配等内容构成，且量表设计至关重要，设计是否合理直接影响着评价的质量。任何一种评价方法都有其优缺点，量表评价法也不例外。其优点主要体现在评价的角度比较全面，且相对较为客观；其缺点在于量化的程

---

①　杜映梅：《绩效管理》，中国发展出版社 2007 年版，第 119 页。
②　林泽炎、王维：《执行绩效管理》，中国发展出版社 2008 年版，第 153 页。

度过高，加大了实际操作的难度。

第三节　胜任力理论

一　胜任力的起源与内涵

20 世纪 70 年代，美国国务院事务局委托哈佛大学著名心理学家戴维·C. 麦克利兰（David C. McClelland）和他的研究小组，让他们寻找一种新的研究方法来更好地甄选情报信息官，以有效地解决外交官的选拔问题。在该项目的实施过程中，麦克利兰等奠定了胜任力研究的关键性理论和技术。到了 1973 年，麦克利兰在《美国心理学》杂志上发表了一篇具有广泛影响的文章 "Testing for competence rather than for intelligence"，首次明确地提出了胜任力的概念，并对其内涵进行了界定，认为 "胜任力就是指那些可以把工作表现优异的员工与表现一般的员工加以区分的各项个人特征，这些特征必须要能够可靠地加以测量，通常包括动机、特质、自我形象、工作态度、知识以及技能等"。[1]

"胜任力" 这一概念的提出，在管理学界引起了广泛的关注和研究热潮。国内外很多学者分别从各自不同的视角诠释了胜任力的理论内涵，具有代表性的定义主要有：

博亚兹（Boyatzis，1982）认为，胜任力是指员工自身拥有、能够适应工作需求的一系列特征，并且这种特征又能够带来预期的工作成效。

保卢斯和马丁（Paulhus and Martin，1987）研究表明，"胜任力应包括动机、认知、自我管理、人际协调等方面"。[2]

斯宾塞（Spencer，1993）认为，胜任力是指与员工的合格或优秀绩效相关的个人层面的潜质。

斯宾塞和麦克利兰（1994）认为，胜任力是指那些可以将工作中表现优秀的员工与表现一般的员工加以显著区分的各项个人特征要素，

---

① McClelland, D. C., "Testing for Competence Rather than for 'Intelligence'", *Journal of American Psychologist*, Vol. 28, No. 1, 1973, pp. 1 – 14.

② Paulhus, D. L. and Martin, C. L., "The Structure of Personality Capabilities", *Journal of Personality and Social Psychology*, Vol. 52, No. 2, 1987, pp. 354 – 365.

但这些特征必须要能够被可靠地测量。

奇塔姆和奇弗斯（Cheetham and Chivers，1998）认为，"胜任力包括五个不同的系列，分别是元胜任力、价值观、个人胜任力、职能胜任力以及认知胜任力，这些系列之间存在内在关联性"。[①]

桑德伯格（Sandberg，2000）认为，"员工工作中涉及的胜任力是指员工自身在工作中能够切实使用到的知识与技能，而不是指一般意义上的全部知识与技能"。[②]

王重鸣（2000）认为，胜任力是指那些能够促使员工获得高工作绩效的个人特征，例如，个性特点、工作动机、知识以及技能等。

彭剑锋（2003）认为，"胜任力是指能够驱动员工在工作中取得优异成绩的一系列个体特征，并通过多种形式展现了员工的个性特点、知识和技能等"。[③]

基于对以上胜任力经典定义的分析，可以将胜任力界定为：能够驱动员工在工作中产生优秀绩效的各种个性和行为特征的总和，它可以将绩效优异者与绩效一般者区分开来，反映出员工个体与工作情景有关的个性特征、知识和技能等，且可以通过员工的具体行为和绩效表现来加以测量。

二　胜任力的特征

通过系统梳理和分析学者们从不同视角对胜任力的定义，可以总结和归纳出胜任力的主要特征，具体如下：

（一）综合性

胜任力是个体胜任岗位工作应具备的外在的知识、技能和内在的态度、自我概念、行为动机等心理特质的有机结合，是一个由多种个性与行为特征组成的集合体。

（二）与工作情景紧密关联

胜任力是基于某个特定岗位的，不同岗位对员工的胜任力要求存在

---

① Cheetham, G. and Chivers, G., "The Reflective Practitioner: A Model of Professional Competence Which Seeks to Harmonise the Reflective Practitioner and Competence - based Approaches", *Journal of European Industrial Training*, Vol. 22, No. 7, 1998, pp. 267 - 276.

② Sandberg, J., "Understanding Human Competence at Work: An Interpretative Approach", *Academy of Management Journal*, Vol. 43, No. 1, 2000, pp. 9 - 25.

③ 彭剑锋：《人力资源管理概论》，复旦大学出版社 2003 年版，第 207 页。

差异。每个岗位究竟需要什么样的胜任力由该岗位的具体工作要求来决定，它是员工个体高质量地执行本岗位的各项工作任务所需要具备的基本特征，是其能力与具体工作情景之间的有效匹配。当然，需要指出的是，由于不同岗位要求上存在差异，对某一个工作岗位适用的胜任力，也许难以适合其他工作岗位，甚至可能会变成工作的阻碍。

（三）与工作绩效密切相关

胜任力能将组织中的绩效优异者与绩效一般者加以区分开来，并可以有效地预测员工未来的工作绩效。

（四）可衡量

胜任力可以借助于具体的指标进行测量，任何与工作有关联的胜任力特征均能够借助于员工的具体工作行为来反映，即通过员工在工作过程中的各种行为和绩效表现来对其胜任力水平加以测量，从而知晓存在的不足以及今后需要改进的方向和程度。

（五）后天习得性

首先，胜任力是可见的、可理解的和可测量的，人们可以理解并发展出达到期望绩效所必需的胜任力水平。因而，胜任力是可以学习和发展的，个体可以通过"干中学"和培训开发等途径来获取胜任力，并不断提高胜任力的广度和深度。

（六）动态性

胜任力并不是一成不变的，而是随着组织环境的变化，胜任力模型中的每一项胜任力特征都在不断地发生改变。当然，胜任力的变化程度，与员工的年龄、职业生涯的层级以及所处的环境等因素有着较大的关联。

三 经典的胜任力模型

基于胜任力的概念，国内外学者从不同行业、不同视角出发构建了多个行业的胜任力模型，在很多管理领域得到了广泛的应用。尽管目前学术界关于胜任力模型的定义尚未取得一致的观点，但一般来说，胜任力模型描述的是为有效完成特定组织、特定工作所需要的与高绩效有关的个性特征、知识和技能等要素的特殊组合，是一组被确认的胜任力要素，这些要素可以将组织中的绩效表现优异者和绩效表现一般者区分开来。因此，针对特定岗位构建胜任力模型，是一系列人力资源管理与开发实践的重要基础。目前，尽管很多学者都建立了不同类型的胜任力模型，但得到学界公认的经典胜任力模型主要是冰山模型和洋葱模型，下面进行具体介绍。

（一）冰山模型

最为著名和经典的胜任力模型是由麦克利兰教授于1973年提出的"冰山模型"，该模型主要包括以下几个部分：

（1）知识。是指员工为了更好地完成自身的工作任务而必须要掌握的各种知识、信息等，员工可以借助于学习培训以及通过以往的经验进行获得。

（2）技能。是指员工为了顺利地完成工作任务而需要具备的技术运用能力与技巧，能直观地反映员工工作的实际成效。

（3）社会角色。是指有关员工的一套权利和义务的规范与行为模式，与员工的一定社会地位和身份相匹配，是员工针对社会规范的认识和理解，是基于员工个体的态度和价值观而形成的行为方式和特点。

（4）自我概念。是指员工对自我的认识与评价，可以自发地对自身的思想与行为实施调控，并能够监督其行为。

（5）特质。是指和其他员工个体相区别的典型特征和行为风格，受环境的影响较小，对个体的行为倾向具有制约作用。

（6）动机。是指推动员工完成工作目标的一种内在动力，相对稳定，对员工的行为具有决定作用。

以上六个方面的内容构成了一个完整的胜任力特征模型，可以用图2-1更加形象地加以展示，又被称为冰山模型。

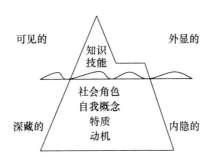

图2-1　冰山模型

该模型被学界看作胜任力的经典模型之一。处于模型最下层的动机与特质是该模型的核心部分，与员工的工作表现及绩效之间具有较高的关联性。同时，从该模型还可以看出，处于模型上半部分的知识与技能是外显的、可见的，易于感知、评价和培养，这两方面的特征是对员工的基本素质要求和员工有效开展工作的必备素质，属于基准性的胜任力范畴，但它们难以把不同绩效水平的员工有效区分出来。与之相比，位于该模型下半部分的几个内隐的胜任力特征，则难以被感知、评价和培养，与员工的生活环境、遗传等要素有关，能有效地区分不同绩效水平的员工。

（二）洋葱模型

美国学者博亚兹借鉴麦克利兰的胜任力研究成果，又提出了一个经典的胜任力模型即洋葱模型。它将胜任力的特征概括为类似洋葱的多层结构，由内到外依次为特质和动机、社会角色与自我概念、知识与技能。越往内层，这些特征越难以识别、评估与培养。该模型具体如图2-2所示。

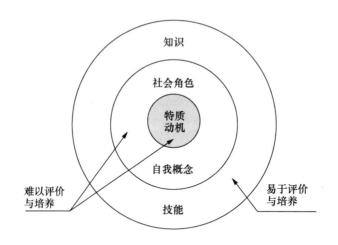

图2-2 洋葱模型

比较上述两种模型可知，从外形上来看，"冰山模型"与"洋葱模型"存在较大差异，一个是圆形的，另一个是类似山角形的。但就其本质而言，两者是一致的，都着重强调了胜任力包含的内在特征。但总体而言，"洋葱模型"比"冰山模型"更加凸显潜在胜任力与显现胜任力之间的层次关系，也更能清楚、直观地描述胜任力特征之间的内在关联。

第四节　服务管理理论

一　服务管理理论的发展

对服务管理的研究是一个逐步发展、深化的过程。20 世纪 70 年代，随着服务业在整个经济当中的地位越发重要，人们便逐渐对服务及服务业有了新的认识与看法。威尔逊（1972）和雷斯梅尔（1974）的著作分别从总体上论述专业服务和服务部门，这些著述是在服务领域中首次对营销问题的探索。20 世纪 80 年代，"服务管理"的理念被北欧和美国的学界提出，并得到了学者们的普遍认同。帕拉舒拉曼等（Parasuraman et al.，1985）关于"服务质量的概念模型和对未来研究的影响"[1] 这一标志性文章激励了人们在营销领域的大量研究活动。对于服务管理概念的研究仍未形成一个能被广泛接受的定义。阿尔伯特（Albrecht，1988）认为，服务管理是为了形成被顾客感觉到的服务质量，是一种组织的整体运作方法，是企业运作的第一驱动力。格鲁诺斯（Gronroos，1990）给出了一个相当详尽的服务管理的定义，他认为服务管理的定义要求企业必须明确在服务竞争中顾客所需要的服务及其价值。此外，还要明确为实现这一目标企业应如何进行相应资源的管理。这一定义的某些内容可能比较松散，但清楚地论证了服务管理的一些关键要素。

国内学界对服务管理的研究，主要还是集中探讨不同行业、不同背景下的服务质量问题。徐金灿（1998）基于对大型商场的分析，认为这一行业的服务质量主要体现在：保证、有形、售后服务、方便和可靠等几个方面；朱沆和汪纯孝（1999）"基于管理人员的视角，从感情、关系、技术以及环境这四个维度对服务质量进行了分析"。[2] 此外，一些学者还进一步分析了服务质量与客户满意度这两个变量之间的相互关系。例如，朱沆和汪纯孝（1999）采用因果关系分析法对饭店的服务

---

① Parasuraman, A., Zeithaml, V. A. and Berry, L. L., "A Conceptual Model of Service Quality and Its Implications for Future Research", *Journal of Marketing*, Vol. 49, No. 4, 1985, pp. 41 – 50.

② 朱沆、汪纯孝：《服务质量属性的实证研究》，《商业研究》1999 年第 6 期。

质量进行研究，结果表明："饭店不同部门的服务质量对客户总体满意度的影响呈现差异性"[①]；韦福祥（2003）运用抽样调查和定量研究的方法，探讨了报业和酒店业这两个行业的服务质量，指出"顾客感知服务质量对顾客满意和重复购买意向有决定性作用"。[②] 虽然国内学者借鉴国外的服务管理理论，从不同的视角对服务管理问题展开了众多研究，但不少研究缺乏现实针对性，可操作性不强。因此，深入研究适用于中国服务业的服务管理方法仍然是国内研究者和业界人士关注的问题。

二 服务战略

（一）服务竞争战略[③]

1. 成本领先战略

成本领先战略是服务企业可选择的重要竞争战略，其旨在通过降低企业成本，获取高于同行平均水平的利润，以低成本的优势战胜竞争对手。一般来说，获得低成本领导者的地位可以采用以下几种方式：寻找低端目标顾客；服务标准化；降低通路成本；降低服务人力成本等。

2. 差异化战略

差异化战略的核心在于使客户感到接受的服务是独一无二的。实现服务差异化的方式多种多样，包括品牌形象、顾客服务、经销商网络与服务本身的独特性等。差异化战略不能忽视成本，是基于目标顾客可承受成本分析的战略选择，其力求在细分市场的基础上有针对性地吸引目标客户，使其由潜在客户变为满意型客户，进而成为忠诚的客户。

服务企业经常采用的服务化方式有："无形服务有形化；标准化产品的定制化；降低顾客的感知风险；加强员工培训与激励；质量控制"。[④]

3. 集中化战略

集中化战略是通过深入了解某个特定细分市场中顾客的具体需求，

---

① 朱沆、汪纯孝：《饭店服务质量管理重点分析》，《系统工程理论方法应用》1999 年第 1 期。

② 韦福祥：《顾客感知服务质量与顾客满意相关关系实证研究》，《天津商学院学报》2003 年第 1 期。

③ 丁宁：《服务管理》，清华大学出版社、北京交通大学出版社 2007 年版，第 42 页。

④ 蔺雷、吴贵生：《服务管理》，清华大学出版社 2008 年版，第 58—59 页。

更好地为该细分市场服务的战略。其实质是在一定的市场范围内综合使用成本领先战略与差异化战略，让其发挥最大的效用。

（二）服务产品营销战略

营销策略是指企业为了实现经营目标、满足目标市场需要，针对目标市场，将各种可能的市场手段综合运用而组成的一个系统化、整体化的策略。为了方便控制所有变数条件并使之系统化，管理者通过营销组合制定有效的市场营销策略。服务市场营销组合是一种将产品进行细分后，再将各细节整合在一起的营销组合。

传统的营销组合包括 4P：产品（product）、价格（price）、分销渠道（place）和促销（promotion），是企业做出营销战略的关键变量。服务营销组合还包括另外 3P：人（people）、有形展示（physical evidence）和服务过程（process）。

1. 产品

营销策略中的产品不仅指实体产品本身，而是企业提供的包含服务在内的各种要素的综合。在服务产品要素中，企业尤其要强调服务的重要性，包括提供服务的范围、质量、水平、品牌保证及售后服务等。[①]

2. 价格

按照价格理论，影响产品定价的因素主要是成本、需求和竞争。在确定服务产品价格时必须同服务的基本特征联系起来，包括服务的无形特征、不可存储性、不可感知性等。在服务价格要素中主要考虑的是要素价格水平、折让、补贴、信用条款等。[②]

3. 分销渠道

分销渠道是指将服务送达消费者的模式和方法，如服务的选址和传递。服务分销以直销最为普遍，而且渠道很短。许多服务业的分销渠道包括一个或几个以上的中介机构，中介形式也很多，例如，代理、代销、零售商等。[③]

4. 促销

促销是指包括人员推销、媒体宣传、公关等在内的各种有助于增加

---

① 丁宁：《服务管理》，清华大学出版社、北京交通大学出版社 2007 年版，第 52 页。

② 同上。

③ 同上。

销售的营销方式的组合。①

5. 人

人的要素主要包括企业员工和接受服务的顾客。服务人员的各种表现对服务质量有重要影响，尤其是服务人员的工作态度、顾客意识、营销意识以及外观等一致化。从服务的角度来说，顾客不仅是服务的使用者，同时也会对其他顾客的购买意向产生影响。②

6. 有形展示

它是指在向顾客提供服务的过程中表现出来的有形部分，包括服务的环境、服务的场所以及与顾客之间的沟通等。其主要通过刺激顾客的感官，让顾客感受到购买服务可能给其产生的益处，提升顾客对产品的印象，进而促使顾客产生购买行为。③

7. 服务过程

服务过程依赖于市场细分、定位决策和顾客需求，是服务提供的实际程序、机制和作业流程。④

三　服务运营管理

（一）生产能力与需求管理

1. 需求预测

需求主要包括消极需求、毫无价值的需求、潜在需求、下降需求、需求过多、不欢迎的需求等类型。需求对于能力的变化可分为四种情况："需求过剩、需求超过最佳能力、需求与供给在最佳能力上平衡和能力过剩。"⑤

对需求水平的预测困难影响到生产能力的安排利用，也经常导致质量的下降，因此企业管理者可以采用一些典型的预测模型对需求进行预测。例如，"主观模型，包括德尔菲法、历史类推法等；因果模型用以确信客观上我们希望得到的预测信息与某些必要的拥挤因素之间存在稳定的关系；时间序列模型更擅长于贯穿时间的纵向预测"。⑥

---

① 丁宁：《服务管理》，清华大学出版社、北京交通大学出版社 2007 年版，第 53 页。

② 同上书，第 56 页。

③ 同上书，第 54—55 页。

④ 同上书，第 57 页。

⑤ 同上书，第 184 页。

⑥ 同上书，第 185—187 页。

2. 生产能力管理

企业服务能力的主要影响因素有时间、设备、设施、雇用人数以及顾客参与程度等。对于不同的组织机构来说，能力限制因素也不一样。例如，对于服务企业最根本的限制因素是时间；公司的能力限制因素主要是劳动力和员工水平；对于酒店，则面临设施的限制；餐厅的接待能力受到餐桌和座位的限制。明确服务能力的限制因素，并通过调节限制因素扩大现有生产能力，比如，"延长时间；增加或改善设施；增加或租用设备；改变雇用人数；提高顾客参与程度等"。[1]

3. 需求与生产能力的平衡

可以通过两种途径实现市场需求与生产能力之间的平衡，即要么改变市场需求，让其与生产能力相匹配；要么改变生产能力，让其适应需求的变化。前者重在使顾客尽量避开需求超过能力的时间，尽可能使其在需求较低的时候接受服务。具体的方法主要是加强和顾客之间的沟通，改变服务的提供方式、时间、价格等；后者则重在预测需求的基础上调整生产能力，以便与顾客需求相匹配。可采用的方法主要包括雇用临时工、交叉培训员工、从外部获取资源、租赁或共享设施与设备，在需求低谷期间安排休整时间。[2]

（二）服务质量管理

1. 服务质量差距

顾客对服务质量的感知是很复杂的，在很大程度上是由顾客的主观感受决定的。正因如此，服务本身的好坏并不能直接代表服务质量的好坏，真正的服务质量满意度是服务期望与服务感知之间进行的比较。如若客户体验到的服务与其预期的服务之间差距较大，那么服务质量差距就不可避免。

1988 年，泽丝曼尔、贝里（Zeithaml，Berry）和帕拉舒拉曼提出了一种用于服务质量管理的服务质量差距分析模型，这一模型明确体现了五种差距，分别是"顾客差距、质量感知差距、质量标准差距、服务

① 蔺雷、吴贵生：《服务管理》，清华大学出版社 2008 年版，第 162—163 页。
② 丁宁：《服务管理》，清华大学出版社、北京交通大学出版社 2007 年版，第 191—194 页。

传递差距和市场沟通差距"。① 我国学者蔺雷和吴贵生（2008）则提出了七种差距，分别是"管理人员对顾客期望的认知差距、设计差距、传递差距、内部沟通差距、感知差距、解释差距和服务差距"。②

2. 服务质量的测量

由于服务质量具有无形性、异质性、易逝性等特征，并且顾客感知的满意由许多心理因素决定，因此其质量的测量比较困难。服务质量的测量方法主要有 SERVQUAL 测量法、步行穿越调查法以及硬性测量。

SERVQUAL 测量法是由帕拉舒拉曼、泽丝曼尔和贝里于 1988 年提出的，它是用来衡量顾客感知服务质量的一种工具。SERVQUAL 建立在服务质量的五个维度基础上，分别是有形性、可靠性、响应性、保证性和移情性。具体的评估步骤有两步：先进行问卷调查，由顾客进行打分，然后计算服务质量的分数。③

步行调查法是通过评价顾客在整个服务过程中经历的各个环节来测评服务质量的方法。例如，顾客在餐厅用餐，步行调查的整个流程就是：顾客停车走向餐厅→进入餐厅接受问候→排队、等座→就座→点菜→上菜→用餐→结账。④

硬性测量通过客观指标衡量服务过程和结果来测量服务质量，例如，顾客电话等候时间、航空行李丢失率、病人康复率等，对不同时间和地点的多组参数的记录来测量服务质量。⑤

3. 服务补救

服务补救是提供服务的部门为了弥补由于服务失误造成客户好感的降低而采取的补救性行为。要做好服务补救工作，首先要发现服务中存在的失误，剖析产生的具体原因，并对失误进行定量评价，最后采用有效的方法与手段进行补救，并补偿顾客的损失。

服务补救的方式很多，通常包括"逐渐处理法、系统响应法、早期干预法和替代品四种补救方法"。⑥ 可采用的具体处理形式主要有："道

---

① Zeithmal, V. A., Berry, L. L. and Parasuraman, A., "Communication and Control Processes in the Delivery of Service Quality", *Journal of Marketing*, Vol. 52, No. 2, 1988, pp. 35 – 48.

② 蔺雷、吴贵生：《服务管理》，清华大学出版社 2008 年版，第 276 页。

③ 同上书，第 281 页。

④ 同上书，第 283 页。

⑤ 同上书，第 284 页。

⑥ 蔺雷、吴贵生：《服务管理》，清华大学出版社 2008 年版，第 303 页。

歉、紧急复原、移情、象征性赎罪等"。①

（三）服务设施设计与定位

服务设施的布局能否最大限度地为顾客提供方便，已经成为服务企业现代营销思想的核心之所在。服务设施主要包括四个要素："设施位置、设施布局、设施装饰和支持设备。"② 服务设施设计的目的是为服务活动的展开和顾客消费营造一个恰当的服务场景，通过有形展示使无形服务实现有形化。

服务设施定位的相关因素很多，从对其具有决定性影响的方面来看，主要有"设施定位决策、需求管理和集中化因素。除此之外，还要考虑其他的具体因素，这些因素主要有：地理位置、设施数量和优化标准等"。③ 服务设施定位的方法主要有"单一设施定位、零售场所定位、多种设施定位"。④

四　服务要素管理

（一）人力资源与服务文化管理

1. 人力资源管理

负责与顾客接触的服务企业的员工，对顾客和企业都起着决定性作用。对于服务机构，他们是一把"双刃剑"，既可以促使服务优于竞争对手，同时又可能会造成客户的流失。因此，企业管理者必须通过人力资源决策和制定战略，激励和促使员工成功实现顾客导向的服务承诺，逐步缩小服务提供水平和服务标准之间的差距。

提高服务质量的人力资源策略主要围绕五个方面建立："招聘正确的人员；培训人员，保证服务质量；提供所需的支持系统；通过内部营销策略，保留最好的员工；授权给员工。"⑤

2. 服务文化管理

服务文化强调企业为顾客提供优质服务的重要性，力争为内外部客户提供优质服务，并将这种文化作为自然而然的生活方式和每个人最重要的行为准则。服务文化具有导向、约束、凝聚等功能。管理学家奎恩

---

① 丁宁：《服务管理》，清华大学出版社、北京交通大学出版社 2007 年版，第 40 页。
② 蔺雷、吴贵生：《服务管理》，清华大学出版社 2008 年版，第 219 页。
③ 丁宁：《服务管理》，清华大学出版社、北京交通大学出版社 2007 年版，第 82 页。
④ 同上书，第 88—90 页。
⑤ 同上书，第 169 页。

认为，"企业服务文化有 4 种类型，分别是市场导向型、创新型、家族型和等级型"。[①]

服务文化的形成需要四个前提条件："战略条件、组织条件、管理条件以及知识和态度条件。"[②] 另外，服务文化的扩张由于受到国际法律、文化、语言等方面的障碍而存在一定的困难。

（二）信息技术与服务管理

信息技术在当今服务领域中扮演着越来越重要的角色，几乎所有的服务都依赖信息的输入，而信息产出是服务本身的一部分，有时甚至是全部。信息技术是一种为服务企业提供有用信息的有效工具，并为企业各个层面的管理决策和运作提供依据。

企业通常通过三种途径运用信息技术提升竞争力，分别是营造竞争壁垒、扩大收益和提高效率、形成数据资产。当然，企业服务不可以完全依赖信息技术，信息技术的利用存在一些制约因素，比如制造进入障碍的反竞争行为、侵犯顾客隐私的风险、数据安全、可靠性等。因此，服务企业合理使用信息技术，使其成为提升服务业发展的有效工具，需明确应用信息技术的原则，如利益实现原则、时效性原则、改变企业文化的原则、寻求不断改进的原则等。[③]

第五节　相关理论对本书的启示

以上四节内容详细阐述了战略管理、人力资源管理、胜任力以及服务管理等相关理论的主要观点，这些理论与本书的主要内容之间存在密切关系，下面进行简要分析：

（1）制造企业的服务化转型是基于新的时代背景、产业背景和政策背景而实施的一次战略转型与变革，涉及面广、持续时间长、要求高，与一般的战术变革相比有本质上的区别。因此，制造企业不能仅仅被动地适应变革，更需要在战略层面积极主动地迎接变革、推动服务化

---

① 丁宁：《服务管理》，清华大学出版社、北京交通大学出版社 2007 年版，第 178 页。

② 蔺雷、吴贵生：《服务管理》，清华大学出版社 2008 年版，第 376 页。

③ 丁宁：《服务管理》，清华大学出版社 2012 年版，第 218—219 页。

转型。从理论研究的角度而言，需要从战略与组织变革的视角分析服务
化转型中的制造企业人力资源管理问题。具体来说，在探讨服务化转型
对制造企业人力资源管理的变革要求时，需要将企业的人力资源管理活
动从传统的职能层面提升到战略层面来分析；在提炼服务化转型制造企
业的典型人力资源管理模式时，要充分考虑不同企业的人力资源管理活
动在企业内部所处的地位，从战略或战术的视角加以区分；在构建制造
企业服务化转型中的员工胜任力模型时，不仅要分析一般员工的胜任
力，更需要探讨企业家这一重要战略转型角色的胜任力；在分析人力资
源管理对制造企业服务化转型的促进作用时，应当从组织变革的视角进
行动态研究。

（2）本书旨在探讨我国制造企业服务化转型中的人力资源管理问
题，在分析过程中自然需要借鉴和结合人力资源管理领域的相关理论知
识和研究方法。本章第二节介绍了人力资源战略、组织设计以及员工的
招聘、培训、绩效管理等有关理论内容，就是基于制造企业服务化战略
转型的视角来看待人力资源管理系统的支撑作用。首先，本书设计的国
内服务型制造企业人力资源管理现状调查问卷以及针对典型服务型制造
企业开展的人力资源管理案例分析，主要就是遵循上述理论分析框架。
其次，在探讨提出完善服务型制造企业的人力资源管理对策时，也是在
现状分析的基础上，运用人力资源管理的有关理论设计出了相应的分析
框架。

（3）制造企业服务化战略的成功实施，有赖于基于顾客需求的产
品与服务的有机融合。而要实现这一目标，需要企业人力、财力、物
力、技术、信息等多种资源要素的支持，当然最重要的还是人的因素。
只有员工具备岗位所需的胜任力特征，才能保障服务化转型的顺利进
行。本章第三节介绍了胜任力的理论内涵、特征和经典的胜任力模型，
为胜任力分析提供了一般性的理论基础。本书在对服务型制造企业的企
业家、研发人员和营销人员的胜任力结构进行分析时，主要是依据胜任
力的内涵和冰山模型，并结合服务化转型的需要，提取一些能够有效区
别工作业绩优秀员工与业绩一般员工的重要因素，这其中不仅包含了胜
任力的显性特征，而且也包含了有胜任力的隐性特征。

（4）制造企业的服务化转型，并非由传统的制造型企业变身为完
全意义上的服务型企业，而是处于制造和服务的中间地带，将服务的元

素不同程度、不同形式地融入制造之中。然而，无论服务所占的比重如何，都是为了更好地满足顾客需求。因此，制造企业应当充分考虑顾客的需求，在产品的设计、生产、销售等价值链环节为顾客着想，在降低产品的成本和价格、完善产品功能的同时，大力提升产品的心理价值。这就要求制造企业加强服务要素管理，设计符合服务化转型需要的人力资源战略及其具体的职能活动，包括员工的招聘、培训、激励等；打造顾客利益至上、精诚团结、相互协作的企业文化；完善企业的信息管理系统，加强各职能模块信息之间的内部融合以及与外部供应商、顾客的信息沟通等。本书正是基于对服务化转型的本质认识，探讨服务化转型对制造企业人力资源管理提出的变革要求，并在现状分析的基础上提出相应的改进建议。

第三章 服务化转型对制造企业人力资源管理的变革要求及现状

　　人力资源是企业最为重要的战略资源，既是企业核心竞争力的源泉，也是企业实现创新发展和战略转型的最根本保障。因此，制造企业实施服务化转型，作为企业的一种重大战略变革，必然要求企业的人力资源及其管理体系能与之相匹配，从而促进企业的人力资源管理变革。本章在分析制造企业服务化的本质与特点的基础上，借鉴国内外相关文献，从理论层面探讨制造企业的服务化转型对企业人力资源管理提出的变革要求，并设计相关调查问卷，调查了解国内制造企业的人力资源管理现状，分析与制造企业服务化转型要求存在的差距及其具体成因，为提出促进制造企业人力资源管理创新的对策建议提供现实依据。

第一节　制造企业服务化的本质与特点

　　从人类社会的发展历程来看，制造业与服务业长期以来都分属于不同的产业类别，相互之间的交叉与融合较少。随着经济的发展、消费者需求的变化、技术的进步以及市场竞争的加剧，制造与服务之间的界限日益模糊，两者呈现出一种互动和融合的趋势。制造业服务化正是在这样的现实环境下出现的一种新型制造模式。该模式"把产品和服务有机融合，借助于客户的全程参与以及关联企业之间在生产性服务和服务性生产方面的相互支持，进而有效整合分散的制造资源以及在核心竞争力方面达到高度一致，对价值链各环节的价值进行延伸"。① 尽管在现

---

　　① 杨慧、宋华明、俞安平：《服务型制造模式的竞争优势分析与实证研究——基于江苏200 家制造企业数据》，《管理评论》2014 年第 3 期。

实中，很多制造企业的服务化模式与特点有所差异，但与传统的制造模式相比，制造业服务化普遍具有以下三个方面的典型特征。

一　企业经营重心的转变

在传统的经营模式下，制造企业关注的重点是产品。从上游供应商采购产品生产所必需的原材料和半成品，并投入必要的人力、物力，采取适当的生产组织方式得到最终产品，销售到顾客手中，从而获得一定的利润，完成整个制造价值链。企业的盈利主要来源于低成本和（或）差异化优势下的实体产品的增值，但随着市场竞争的加剧和产品同质化程度的加深，企业获利变得越来越困难。尤其是对我国制造企业来说，总体上处于国际制造价值链的下游，产品的附加值和市场竞争力都较低。与之相比，服务化转型的制造企业则将经营的中心从原先的生产转向生产与服务的结合。也就是说，"制造企业不仅向顾客提供实体化的产品，同时还提供融入了较多服务元素的'产品系统'，最终演变为向客户提供整体化的解决方案"。[①] 事实证明，在产品中融入服务的元素，不仅可以让产品的差异化成为可能，而且还会带来较大的价值增值，增强企业的盈利能力。

二　企业生产组织方式的转变

对传统的制造企业而言，虽然也会因为生产的需要向供应商采购原材料和半成品等，但产品的生产主要是在企业内部进行，供应商、经销商和顾客等很少参与产品的研发、设计、制造过程，具有一定的封闭性。在这样的模式下，企业往往追求"大而全"和自力更生，产品的研发、设计、制造等环节的组织也基本上是围绕企业的内部资源和能力进行。而对于实施服务化转型的制造企业来说，产品的生产已经超越了传统的企业组织界限，吸收产品价值链上关联企业的参与。"相关企业之间基于业务流程合作，利用各自的资源和能力优势，为上下游客户提供生产性服务和服务性生产，实现了分散化制造资源的整合和各自核心竞争力的高度协同"。[②] 具体来说，产品的研发、设计、制造、销售等活动由原先的单个企业承担，转变为由多个关联企业负责，制造企业只

---

① 李刚、孙林岩、李健：《服务型制造的起源、概念和价值创造机理》，《科技进步与对策》2009 年第 13 期。

② 杨慧、宋华明、俞安平：《服务型制造模式的竞争优势分析与实证研究——基于江苏 200 家制造企业数据》，《管理评论》2014 年第 3 期。

需要专注于自己最擅长的价值链活动，可以将其他非核心的活动外包给其他企业，从而有助于培养和增强自身的核心竞争力。

三　企业顾客理念的转变

顾客是企业的上帝和产品最终消费者，制造企业只有通过适当的方式将产品传递到顾客手中，才能真正实现价值的增值。在传统的制造企业视野中，顾客尽管很重要，但企业在产品的价值链中很少吸收顾客的参与，一般是通过市场调查和产品销售等活动来了解顾客的需求，从而改进产品的研发、设计、生产和销售等活动，以满足顾客的需求。然而，在这样的模式下，顾客只是企业最终产品的被动接受者，基本上不参与产品的生产和传递，也很少与制造企业发生交互作用。与之相比，服务化转型的制造企业则将顾客视为重要的合作方，主动了解顾客的需求，并以顾客需求为经营导向，主动将顾客引入企业产品的研发、设计、制造等过程，注重顾客的参与和体验，并加以不断地改进。总之，"制造企业作为产品和服务的提供者，与顾客之间进行合作开发并产生大量的交互作用，本质上体现为一种合作生产和互动的整合过程"。①

第二节　服务化转型中的制造企业人力资源管理变革需求

国内制造企业长期以来关注的焦点都是"制造"，对"服务"的重要性认识不足。因此，在新的国际制造业竞争格局中，实现由传统的制造向服务的转型，对企业而言是一次重大的战略变革，涉及企业方方面面的转型，本章第一节进行了具体论述。著名管理学家钱德勒在《战略与结构》一书中认为，战略是企业为了实现战略目标、进行竞争而制定重要决策、采取途径和行动以及为实现对企业主要资源进行分配的一种模式，对企业发展具有全局性、长远性的影响。企业要想实施有效的战略管理，首先需要在分析内外部环境的基础上进行科学的战略定位和战略目标设计，并细分为人力资源战略、研发战略、营销战略和财务

---

① 蔡三发、王清瑜、黄志明：《制造服务化的核心过程探讨》，《经济论坛》2013 年第 6 期。

战略等。其次，战略的顺利实施需要企业诸多政策的配合，如建立和调整企业的组织结构、加强企业文化建设、强化对人员和制度的管理等。此外，格鲍威尔（2005，2007）研究指出，"实施服务化转型战略的制造企业需要在人力资源、知识获取、素质培养、组织设计以及绩效考核等方面实施相应的变革，以实现与复杂的'产品—服务包'的匹配"。[1] 梅嘉（2013）认为，"组织的转型首先要落实到人的转型，组织的变化最重要体现在人的变化"。[2]

基于以上分析以及第一节的论述可知，制造企业的服务化转型对企业的人力资源管理变革提出了很高的要求，涉及人力资源战略、组织结构、组织文化、员工培训、绩效考核等诸多方面。因此，本书认为，人力资源管理作为企业传统意义上的一项核心管理职能，为了支持制造企业成功实现服务化转型，首先，需要从战略层面支持企业服务化战略的执行，构建战略性的人力资源管理系统。其次，需要在组织层面给予充分的保障。组织是管理的基础性工作和基本职能之一，通过科学、有效的组织设计，建立合理的组织结构，营造良好的组织文化，为企业战略目标的实现提供重要保障。最后，在具体的政策层面，需要企业的一系列人力资源管理实践活动（如员工的招聘、培训、绩效考核等）的支持，并需要加强人力资源信息化建设。因此，本书遵循"战略—组织—政策"的基本思路，从理论层面分析制造企业的服务化转型对其人力资源管理体系的创新要求，以适应服务化转型的需要。需要说明的是，尽管不同制造企业的服务化模式、阶段与特点呈现差异性，但目前学界尚未有明确的划分。因此，本书是基于一般性的视角分析服务化转型对制造企业人力资源管理提出的变革要求，没有对服务化的具体模式和阶段等进行区分。

一 人力资源战略

迈克尔·波特指出，战略就是企业借助于实施差异化的一体化经营

---

[1] Gebauer, H. and Friedli, T., "Behavioural Implications of the Transition Process from Products to Services", *Journal of Business & Industrial Marketing*, Vol. 20, No. 2, 2005, pp. 70 – 80.

Gebauer, H. and Fleisch, E., "An Investigation of the Relationship between Behavioural Processes, Motivation, Investments in the Service Business and Service Revenue", *Industrial Marketing Management*, Vol. 36, No. 3, 2007, pp. 337 – 348.

[2] 梅嘉：《服务型制造企业售后服务员工满意度对绩效影响的研究——以上海奥的斯为例》，硕士学位论文，华东理工大学，2013 年，第 9 页。

活动，从而获得持久的、独特的且有价值的市场竞争优势。在支持企业战略制定和实施的诸多因素中，具有一定智力和体力劳动能力的人力资源及其管理无疑是最为关键的。在企业经营活动中，传统的人力资源管理往往扮演着职能的角色，只是企业总体战略的一个被动反应者，片面地执行企业管理者所下达的任务，进行职能管理，致力于削减企业经营过程中的各种麻烦和降低企业的人力成本。随着信息技术的发展、全球化竞争格局的形成以及员工需求和价值观的多元化，企业的人力资源管理变得愈加艰难和复杂，战略性人力资源管理便应运而生。

"戴瓦纳等设计了战略性人力资源管理的基本架构，他们认为当宏观经济、政治制度、社会文化或技术环境等企业的外界环境改变时，企业内部的发展战略、组织结构和人力资源管理方式等都需要进行一定的变革，进而建立一套完善的战略性人力资源管理体系，并通过各个管理要素之间的有效协同，使企业有能力快速适应外部环境的变化"。[①] 战略人力资源管理将企业的人力资源看作一种战略性的资源，并使人力资源管理从原先的职能层面上升到企业的战略层面，强调人力资源管理在企业经营管理中的战略性角色，也就是说，企业的人力资源管理应当是企业战略的内在组成要素。"人力资源管理实践之所以能够影响企业的经营业绩，一个重要的前提就是人力资源管理实践和企业发展战略之间要保持一致"。[②] 辛西娅和马克（1988）指出，"只有当人力资源管理与企业的战略相互契合并产生合力时，才能对企业的战略形成有效的支撑作用，提升企业的核心竞争力"。[③] 美国管理学会院士韦恩·F. 卡西欧（2013）指出，"中国国有企业的人力资源管理普遍存在的一个首要问题就是与企业的经营战略之间尚未实现有效的衔接"。[④] 因此，服务化转型作为制造企业的一次战略变革，在实施过程中企业的人力资源管理

① 张正堂、刘宁：《战略性人力资源管理及其理论基础》，《财经问题研究》2005 年第 1 期。

② Huselid, M. A., "The Impact of Human Resource Management Practices on Turnover, Productivity, and Corporate Financial Performance", *Academy of Management Journal*, Vol. 38, No. 3, 1995, pp. 635 – 672.

③ Cynthia, A. and Mark, L., "Strategic Human Resources Management: A Review of the Literature and a Proposed Typology", *Academy of Management Review*, Vol. 13, No. 3, 1988, pp. 454 – 470.

④ 白光林、彭剑锋：《IBM 的人力资源管理演变》，《中国人力资源开发》2014 年第 14 期。

系统必须上升为战略性的人力资源管理，参与到企业服务化转型战略的制定和实施全过程，充分发挥人力资源管理系统对服务化变革的战略支持和保障作用。当然，要想实现这一目标，需要企业高层领导给予足够的重视和支持，人力资源管理部门也要转变角色，并不断提升自身的胜任力。

二　组织结构

组织是管理的一项重要职能，而组织结构是组织工作的重要载体。构建适合战略的组织模式，是推进战略实施的重要保障。企业需要选择一种最有效的生产和管理方式，来实现企业的战略目标。而组织结构及其设计，则成为企业生产和管理方式的重要物质载体。应当说，企业的战略目标决定了企业的组织结构类型，同时企业选择什么样的组织结构又会在很大程度上决定企业确定什么样的经营目标以及采取什么样的政策措施，并从根本上影响企业如何有效地配置资源。企业的经营战略和组织结构之间是一种相互影响的关系，这就要求企业在设计或变革组织结构的时候，要和企业的战略目标保持一致。总之，"无论是采取什么类型的组织结构，都应该顺应企业的经营目标，遵循'领导指挥得力、横向纵向关系协调、层级信息沟通顺畅、激励员工积极参与'这一基本原则"。[①]

通常，影响组织结构设计的变量可以分为结构变量和情景变量两类。其中，结构变量分为工作专门化程度、部门化管理、命令链控制、管理跨度、集权与分权、正规化等，它提供了描述组织内部特征的标尺，从而为测量和比较组织奠定了基础。而情景变量则分为目标和战略、企业规模与生命周期、环境、技术和文化维度，体现了组织的基本特征，反映了能够对结构变量产生影响和决定作用的组织情景。有学者研究指出，组织设计应着重考虑外部环境和工艺技术这两个因素，并分别指出其相应的组织结构形式。在对组织结构进行设计与优化的过程中，首先，应确定公司采取的组织结构的类型，究竟是职能制，还是事业部制、矩阵制或者网络制等，每一种类型都有其优缺点和适用范围；其次，根据公司的规模的大小来设定公司的管理层次与管理幅度；再

---

① 罗文伟：《案例分析：3M工业胶粘产品营销策略的改善研究》，硕士学位论文，华南理工大学，2010年，第50页。

者，根据公司的实际情况健全和完善公司的职能和部门职责；最后，可着重设计横向协调和控制机制，并对公司的文化理念进行提炼。这样才能设计出合理有效的组织结构，提高组织的运行效率。对于正在进行服务化转型的制造企业来说，其服务化战略的实施要求企业的组织结构能够具有更多的灵活性，需要各个部门之间能够密切配合。因此，原先管理层次多、信息传递不畅、高层权力较为集中的金字塔形的组织结构已经不能适应企业发展的需要，取而代之的将是更为合理、有效的矩阵式结构。这种组织结构将企业的职能扁平化，具有高度的弹性且信息传递通畅，能够使企业主管在第一时间接触到各方面的资讯，有效提高企业的快速反应机制。

三　组织文化

在通常情况下，组织文化又被人们称作企业文化，它是一个企业区别于其他企业的特有的一种文化形象，具体包括企业的基本价值观、组织信念以及各种活动仪式、组织符号和行为方式等内容。企业文化是企业在长期的生产经营和管理实践中慢慢形成的，得到企业所有员工的思想认同并能够在工作中加以遵循。企业文化是一个企业的灵魂，它能激发员工的使命感、凝聚员工的归属感、增强员工的责任感、提升员工的荣誉感和实现员工的成就感。此外，"加强企业文化建设，还能够有力地引导和影响组织中员工的价值观和行为，激励组织成员的工作积极性和创造性，使企业保证高效活力的竞争优势"。[①]

制造企业在服务化转型后，不仅对员工，更对企业提出了较高的要求。它要求企业能够形成特定的文化，如服务文化、精益文化等。其中，"服务文化展现了企业的一种基本价值观，它是一个企业在漫长的服务客户实践中逐渐形成的客户服务理念。这一理念系统是企业打造客户服务文化的基本前提，也是服务文化的核心内容，会影响到企业在客户心目中的形象和客户服务质量"。[②] 精益文化作为一种独特的理念，与企业文化的区别之处在于，"精益文化非常强调生产效率和成本上的降低，而企业文化的表述则相对宽泛；相同或相似之处在于，精益文化

---

① 张君美：《组织文化与员工绩效关系研究——以商业银行为例》，硕士学位论文，成都理工大学，2013 年，第 2 页。

② 刘俊英：《基于 SERVQUAL 的图书馆服务文化评价》，《农业图书情报学刊》2010 年第 9 期。

包含在企业文化之中，成为企业文化的重要组成部分"。① 意识到了组织文化的作用，那么如何培养、贯彻和践行企业文化就显得尤为重要。无论是服务文化还是精益文化，都应在前期从不同层面、不同角度对其加以推进，以确保各项工作得以顺利进行。首先，在精神层面，企业可以通过宣传引导以及管理者的身体力行，让全体员工享有服务意识，并自觉贯彻到日常工作中；其次，在制度层面，企业可以通过招聘、考核等相关制度来强化企业的服务型文化；最后，在物质层面，可以通过企业的标语、具体的产品设计、制造和销售环节的活动、员工的衣着等来体现企业的服务文化。

四 人才招聘

人才招聘是一个组织及时地发现、吸引并鼓励满足需要的人来本组织中任职和工作的过程。它是组织管理中的一个非常重要的环节，一般包括内部提升和外部招聘两种途径，且各有优劣势。但不管选用哪种方式，企业员工招聘一定要按照既定的程序并遵循公正客观、德才兼备等原则进行。通常对企业来说，进行员工招聘首先可以满足企业的用人需要。一旦发现了符合要求的求职者，就有助于增大企业的发展规模并及时地补充人员，而这将会显著地增强自身的市场竞争优势和地位。其次，招聘工作能够有效地宣传企业的外部形象，因为应聘者在招聘的过程中会对企业的组织结构、经营理念、发展特色以及组织文化等有所了解。再次，招聘活动还能丰富企业的文化，给企业带来新的活力。因为招聘来的员工，他们具有不同的求学背景、工作经历、经验和教训以及思维方式等，因此，在解决问题时会提出差异化的方法和观点，使企业文化变得更为丰富和全面。最后，"实施有效的人才招聘工作，还可以显著增强企业的内聚力，确保企业在日益激烈的市场环境中获得竞争优势"。②

随着制造企业服务化战略的逐步实施，企业对招聘员工的能力与素质方面的要求也有了一个较大的变化。首先，在价值观方面，员工要清楚地知道服务化转型的核心和重点是基于产品的服务。同时，员工还要

① 齐二石、张洪亮：《企业精益文化建设》，《科学学与科学技术管理》2008 年第 12 期。
② 张军东、戴亚晴、王亚楠：《构建有效的员工招聘体系探析》，《人力资源管理》2013 年第 6 期。

意识到，服务化转型背景下的企业服务不能只局限于表面的服务，要意识到服务在于追求和创造。其次，在知识方面，员工不仅要掌握好自己专业领域的知识，同时也需要了解上下游工作环节的相关知识以及客户服务知识，具备较为宽广的知识面，以适应乃至推动企业服务化转型后的全面、快速发展。最后，在能力方面，企业服务化转型后对员工的协作能力、创新能力有了更高层次的要求。一方面，服务化转型后企业更加注重团队成员之间的协作与沟通能力。另一方面，服务化转型战略实施之后，制造企业在产品与服务上都将有所创新，这就要求员工能够具备创新精神，敢于打破传统的工作经验与习惯，用新方法、新理念去解决问题，更好地为顾客服务。基于以上论述，企业在招聘员工的时候应当做好岗位需求分析、完善相应的招聘制度和实施方案，力求为企业引进更加优秀、合适的人才。

五 员工培训

在当前的知识经济时代，智力资本已成为经济发展的决定性因素之一。在市场竞争中，企业的竞争优势获取不再依靠传统的资本和劳动力，而是依赖知识、技术等人力资本要素。理论研究与实践证明，员工培训就是企业获取和提升智力资本的一种非常有效的方式。首先，通过培训，可以增强员工的职业素养，改善企业的经营业绩，树立企业的良好社会形象。其次，培训可以提高企业的人才吸引力以及员工对企业的组织认同感和归属感，从而有助于调动员工的工作热情，为企业带来更好的发展业绩。再次，培训的一个重要内容就是企业的价值观，通过培训可以让员工知晓企业的发展理念和行为规范，促进组织文化的塑造。同时，还有助于促进企业内部不同层面之间的沟通，增强企业的内部凝聚力和战斗力。最后，对员工进行培训有利于企业获得竞争优势。因此，企业需要基于当前和未来的发展需求，提高对培训的重视，构建适宜的培训理念和体系，提升员工的整体素质。

处于服务化转型中的制造企业，对员工素质提出了越来越高的要求。应当说，服务化转型最难操作的就是核心价值观的转型。为了将新的价值观念植入员工的思想、固化到员工的行为之中，企业可以通过开展全方位的培训来实现，这样既能提升员工的技能，增加企业人才储备，也能将企业的核心价值观深深地烙在员工的头脑中。尤其是新招聘进来的员工，本身他们就对企业业务不熟悉，更加难以适应企业的发展需要。因此，这就迫切需要企业对这些新员工进行专业化的培训，以便他们能够快速进入工作状态，为公司创造价值。当然，除要对新员工进行培训之外，还要对企业的老员工进行相关的知识培训与教育，因为这些老员工是企业的核心，是企业的骨干力量，要让他们能够与企业一起成长，进而推动企业的快速发展。

六　绩效考核

所谓绩效考核，是指企业基于自身的发展战略目标，采用一定的考核指标和标准，对员工平时的工作过程和最终的岗位业绩进行评价，并根据考核的结果对员工进行必要的奖惩和探讨今后的改进方向。有效的绩效考核，可以激发员工的工作热情、主动性和创造性，进而改善企业的经营绩效。此外，绩效考核在企业的人力资源管理中扮演着非常关键的角色，基于企业战略的考核体系可以有效地保障战略目标的实现和形成企业的核心竞争优势。总之，企业的绩效考核体系，只要设计科学、运用合理，对企业自身和员工都是有积极意义的。

制造企业在实施服务化转型的过程中，对员工的素养和工作表现有了越来越高的要求。为了能够及时了解员工的工作状况与效果，企业需要定期对员工实施科学的绩效考核工作，以使员工能够知晓存在的不足并加以不断改进。通常，绩效考核内容主要包含工作业绩、工作能力、工作态度及与他人的协调合作等方面。其中，工作业绩考核主要是指对与员工具体职务的工作内容或任务紧密相连，对员工本职工作完成情况的一种考核；工作能力考核是指对员工的专业知识技术能力以及综合分析判断能力的考核；工作态度考核是指对员工的工作态度和作风的考核，可以从工作的主动性、工作的责任感、工作纪律性、出勤状况等方面进行具体的考核；而与他人协调合作的考核主要考察员工是否重视与其他部门的同事协调配合、在工作上是否乐于帮助同事等方面。当然，对服务化转型制造企业来说，在考核内容中应当融入服务的元素，注重对员工的服务意识、知识和技能的衡量。在考核主体方面，除了常规的员工上级、同级、下级等参与考核外，还应当根据实际情况邀请客户、供应商等参与考核，充分听取他们的意见。此外，企业还要建立完善的绩效考核结果应用机制，突出发展性考核的导向，促进企业和员工的共同成长。

第三节 服务化转型中的制造企业 人力资源管理现状

以上从理论层面分析了制造企业的服务化转型对其人力资源管理提出的变革要求，下面主要通过问卷调查，了解国内服务化转型制造企业的人力资源管理现状、与服务化转型要求存在的差距及其具体成因。

一 调查问卷设计和发放

依据本章第二节的理论分析，并参考国内外相关文献资料，结合对部分制造企业人力资源管理人员的访谈，编制出初始调查问卷。在此基础上，对问卷进行了小样本测试，并根据测试情况对问卷进行了一定的修改和完善，最终形成正式调查问卷（见附录Ⅰ）。问卷共包括三部分内容，其中，第一部分为企业的基本信息，如性质、所在行业、地区和成立时间等；第二部分为企业人力资源管理状况调查，涉及企业的人力资源战略、组织结构、组织文化以及员工招聘、培训、绩效考核和人力资源信息化等方面内容；第三部分为企业人力资源管理存在的问题调查，要求调研对象根据实际情况进行填写。

根据企业公开资料查询、文献查阅以及熟人介绍等方式，选择服务化转型中的制造企业作为问卷调研对象。通过电子邮件、邮寄、实地调研、问卷星等途径发放给不同制造企业的人力资源部或相关部门进行填写，每个企业填写一份调查问卷，企业样本的选择考虑到企业的性质、行业和地区分布等因素。共计发放调查问卷300份，实际回收问卷248份，其中有效问卷222份，有效问卷的回收率为74%，回收率较高，可以满足研究的需要。

二 企业样本特征

根据回收问卷的信息，对样本企业的基本情况进行统计分析。

（一）公司性质

样本企业的性质分布情况如表3-1所示。

表3-1 企业的性质

选项	小计	比例（%）
A. 国有企业	32	14.4
B. 股份制企业	41	18.4
C. 民营企业	101	45.5
D. 中外合资企业	33	14.9
E. 其他	15	6.8
合计	222	100

由表3-1可知，调查样本中民营企业所占比例最高，接近一半的比例，远高于其他类型的企业，这也符合当前服务型制造企业的实际情况。

（二）公司所属行业

样本企业的行业分布情况如表3-2所示。

表3-2 企业的行业分布

选项	小计	比例（%）
（1）农副食品加工业	7	3.1
（2）食品制造业	22	9.9
（3）酒、饮料和精制茶制造业	4	1.8
（4）烟草制品业	2	0.9
（5）纺织业	8	3.6
（6）纺织服装、服饰业	9	4.1
（7）皮革、毛皮、羽毛及其制品和制鞋业	1	0.4
（8）木材加工和木、竹、藤、棕、草制品业	4	1.8
（9）家具制造业	4	1.8
（10）造纸和纸制品业	5	2.3
（11）印刷和记录媒介复制业	6	2.7
（12）文教、工美、体育和娱乐用品制造业	2	0.9
（13）石油加工、炼焦和核燃料加工业	2	0.9
（14）化学原料和化学制品制造业	9	4.1
（15）医药制造业	12	5.4
（16）化学纤维制造业	3	1.4

续表

选项	小计	比例（%）
（17）橡胶和塑料制品业	4	1.8
（18）非金属矿物制品业	1	0.4
（19）黑色金属冶炼和压延加工业	4	1.8
（20）有色金属冶炼和压延加工业	3	1.4
（21）金属制品业	10	4.5
（22）通用设备制造业	12	5.4
（23）专用设备制造业	20	9.0
（24）汽车制造业	10	4.5
（25）铁路、船舶、航空航天和其他运输设备制造业	3	1.4
（26）电气机械和器材制造业	6	2.7
（27）计算机、通信和其他电子设备制造业	25	11.3
（28）仪器仪表制造业	4	1.8
（29）其他制造业	13	5.8
（30）废弃资源综合利用业	1	0.4
（31）金属制品、机械和设备修理业	6	2.7
合计	222	100

从表3-2可知，样本企业的行业分布很广，覆盖了制造业的全部31个行业领域，可以较为全面地反映制造企业的实际情况。其中，计算机、通信和其他电子设备制造业所占比例最大（占11.3%），排在第2位和第3位的分别为食品制造业（占9.9%）和专用设备制造业（占9.0%）。

（三）公司所在地区

样本企业的地区分布情况如表3-3所示。

表3-3　　　　　　　　　企业的地区分布

选项	小计	比例（%）	选项	小计	比例（%）	选项	小计	比例（%）
上海	25	11.2	浙江	5	2.3	广西	5	2.3
北京	12	5.4	江西	3	1.4	安徽	1	0.4
广东	28	12.6	陕西	2	0.9	河北	4	1.8

续表

选项	小计	比例（%）	选项	小计	比例（%）	选项	小计	比例（%）
辽宁	12	5.4	天津	5	2.3	湖北	11	5.0
江苏	54	24.3	河南	4	1.8	山东	18	8.1
福建	7	3.1	湖南	3	1.4	重庆	6	2.7
四川	8	3.6	贵州	1	0.4	新疆	1	0.4
未知	5	2.3	云南	2	0.9			

从表 3-3 可知，调研企业的地区分布非常广泛，覆盖了东中西部地区的 20 多个省份。从地区来看，江苏、广东、上海、山东等几个主要经济发达地区的企业所占比例最高，共计达到 56.2%，这些地区的经济发展水平处于国内前列，制造企业较为发达，服务化转型的程度也相对较高。因此，本次调研结果具有较好的代表性。

（四）公司成立时间

样本企业的成立时间情况如表 3-4 所示。

表 3-4 企业的成立时间

选项	小计	比例（%）
A. 1—5 年	22	9.9
B. 6—10 年	39	17.6
C. 11—15 年	62	27.9
D. 16 年及以上	99	44.6
合计	222	100

从表 3-4 可知，调研企业的成立时间越长，其所占比例越大。只有不到一成的企业成立时间在 5 年以内，成立时间在 10 年以上的高达 72.5%，表明样本企业的成立时间总体较长。这一方面与我国作为制造业大国，制造企业的发展历程较为久远有关；另一方面也说明制造企业随着发展的不断成熟，会更加意识到市场竞争的激烈和服务化转型的紧迫性，从而其服务化程度更高，使调研结果具有很好的代表性。

（五）公司员工人数

样本企业的员工人数情况如表 3-5 所示。

表 3 – 5　　　　　　　　　　　企业的员工人数

选项	小计	比例（%）
A. 100 人以下	19	8.6
B. 100—300 人	42	18.9
C. 301—500 人	60	27.0
D. 501 人及以上	101	45.5
合计	222	100

从表 3 – 5 可知，样本企业的员工人数总体较多，且随着人数的增加，其所占比例也不断增大。其中，100 人以内的企业只有 8.6%，而人数在 300 以上的企业达到 72.5%，这主要与制造业的特点有关系。

（六）公司人力资源管理专职人员数

样本企业的人力资源管理专职人员数情况如表 3 – 6 所示。

表 3 – 6　　　　　　　　企业的人力资源管理专职人员数

选项	小计	比例（%）
A. 1—5 人	59	26.6
B. 6—10 人	78	35.1
C. 11—15 人	43	19.4
D. 16 人及以上	42	18.9
合计	222	100

从表 3 – 6 可知，与企业员工总数相比，样本企业的人力资源管理专职人员数量明显偏少。其中，6—10 人的企业所占比例最高，为 35.1%；10 人及以内的企业占 61.7%，接近 2/3；11—15 人和 16 人及以上的企业差不多。企业人力资源管理专职人员数的多少，一方面可能与企业对人力资源管理工作的重视程度有关；另一方面也与企业的组织架构和规模有较大关联。

三　样本企业的人力资源管理现状

根据调查问卷中的有关题项设计，对调查获得的数据进行较为系统的统计和分析，以了解国内制造企业在服务化转型过程中采取的人力资源管理举措，下面进行具体分析。

（一）人力资源战略

首先，就人力资源管理工作在企业内的地位而言，从表 3 - 7 可知，公司高层对人力资源管理工作的重视程度较高，认为"比较重视"和"非常重视"的比例高达88.7%；人力资源管理部门负责人有很多机会参与公司重大方针政策的制定，"总是参与"和"经常参与"合计占82.0%（见表 3 - 8），并能够在相当大的程度上影响到公司的人事决策（见表 3 - 9）；由表 3 - 10 可知，公司领导在制定重大决策之前，会预先考虑公司的人力资源情况，认为考虑"非常充分"和"比较充分"的比例共计达到85.1%。

表 3 - 7　　　　公司高层领导对人力资源管理工作的重视程度

选项	小计	比例（%）
A. 非常重视	86	38.7
B. 比较重视	111	50.0
C. 不太重视	22	9.9
D. 非常不重视	3	1.4
合计	222	100

表 3 - 8　　　　　公司人力资源管理部门负责人参与公司
重大方针政策的制定情况

选项	小计	比例（%）
A. 总是参与	84	37.9
B. 经常参与	98	44.1
C. 偶尔参与	39	17.6
D. 从不参与	1	0.4
合计	222	100

表 3 - 9　　　　公司人力资源管理部门负责人能够在多大程度上
影响公司的人事决策

选项	小计	比例（%）
A. 非常大	48	21.6
B. 比较大	146	65.8

续表

选项	小计	比例（%）
C. 比较小	24	10.8
D. 非常小	4	1.8
合计	113	100

表 3-10　　　　　公司在做出重大决策之前对人力
　　　　　　　　资源队伍状况的考虑程度

选项	小计	比例（%）
A. 非常充分	61	27.4
B. 比较充分	128	57.7
C. 不太充分	26	11.7
D. 非常不充分	7	3.2
合计	222	100

其次，从传统的人事管理到职能型人力资源管理，再到战略型人力资源管理的转型，是制造企业服务化战略实施的重要保障。从表 3-11 可以看出，尚有 19.4% 的样本企业处于传统的人事管理阶段，而真正实现战略性人力资源管理的比例仅有 11.7%。

表 3-11　　　　　　　公司人力资源管理所处的阶段

选项	小计	比例（%）
A. 传统人事管理	43	19.4
B. 人事管理向人力资源管理转型	68	30.6
C. 人力资源管理向战略性人力资源管理转型	85	38.3
D. 战略性人力资源管理	26	11.7
合计	222	100

即便如此，很多企业都已经制定或正在制定人力资源战略规划，二者比例高达 88.7%（见表 3-12）。同时，表 3-13 和表 3-14 显示，人力资源战略规划与公司的总体发展战略之间具有较高的关联，得到了较好的执行，并且有力地支持了公司各部门工作的开展（见表 3-15）。

表 3 - 12 公司人力资源战略规划的制定情况

选项	小计	比例（%）
A. 已经制定	113	50.9
B. 正在制定	84	37.8
C. 没有制定	25	11.3
合计	222	100

表 3 - 13 人力资源战略规划与公司发展战略的关联程度

选项	小计	比例（%）
A. 非常高	62	31.5
B. 比较高	104	52.8
C. 比较低	31	15.7
D. 非常低	0	0.0
合计	197	100

表 3 - 14 公司人力资源战略规划的执行情况

选项	小计	比例（%）
A. 非常好	31	27.4
B. 比较好	74	65.5
C. 比较差	8	7.1
D. 非常差	0	0.0
合计	113	100

表 3 - 15 公司的人力资源规划有利于各部门的高效运转

选项	小计	比例（%）
A. 非常符合	71	36.0
B. 比较符合	110	55.9
C. 不太符合	16	8.1
D. 非常不符合	0	0.0
合计	197	100

最后，作为公司的核心部门，人力资源管理部门的转型和作用发挥非常关键。从表 3 - 16 可知，高达 88.7% 的公司人力资源管理部门能

够为其他部门提供专业化的工作支持，并能有效地服务于员工成长（见表 3 – 17），发挥了服务型、专家型的角色，这也符合制造企业服务化转型的要求，得到了公司上下的高度认可（认可度高达 93.2%，见表 3 – 18）。

表 3 – 16　　　　　人力资源管理部门可以为公司其他部门的工作开展提供专业化的支持

选项	小计	比例（%）
A. 非常符合	60	27.0
B. 比较符合	137	61.7
C. 不太符合	25	11.3
D. 非常不符合	0	0.0
合计	222	100

表 3 – 17　　　　　人力资源管理部门可以为公司员工的个人成长提供专业化的支持

选项	小计	比例（%）
A. 非常符合	67	30.2
B. 比较符合	95	42.8
C. 不太符合	56	25.2
D. 非常不符合	4	1.8
合计	222	100

表 3 – 18　人力资源管理部门的工作得到公司领导和员工的认可程度

选项	小计	比例（%）
A. 非常认可	62	27.9
B. 比较认可	145	65.3
C. 不太认可	13	5.9
D. 非常不认可	2	0.9
合计	222	100

（二）组织结构设置

首先，在组织结构类型方面，表 3 – 19 显示，职能制（占 41.0%）

和矩阵制（占 39.6%）是目前两种主导的组织结构类型，另有 17.6% 的公司采用事业部制。就组织结构的形状而言，扁平化、团队式的比例高于金字塔形（见表 3-20），符合服务化转型的需求。

表 3-19　　　　　　　公司的组织结构类型

选项	小计	比例（%）
A. 以产品为中心的职能制	91	41.0
B. 以客户服务为中心的矩阵结构	88	39.6
C. 事业部制	39	17.6
D. 其他	4	1.8
合计	222	100

表 3-20　　　　　　　公司的组织结构形状

选项	小计	比例（%）
A. 强调严格等级制的金字塔形	96	43.2
B. 强调快速响应客户需求的扁平化、团队式	126	56.8
合计	222	100

其次，在现有的组织架构下，公司各部门之间的权责划分较为清晰，扯皮现象较少，并且很好地体现了"服务客户"理念，如表 3-21 至表 3-24 所示。

表 3-21　　　　　　　公司各部门的权力和责任界定

选项	小计	比例（%）
A. 非常清晰	60	27.0
B. 比较清晰	137	61.7
C. 不太清晰	20	9.0
D. 非常不清晰	5	2.3
合计	222	100

表 3 – 22　　　　　　　公司各部门对其工作职责的知晓程度

选项	小计	比例（%）
A. 非常清楚	97	43.7
B. 比较清楚	114	51.3
C. 不太清楚	9	4.1
D. 非常不清楚	2	0.9
合计	222	100

表 3 – 23　　　　　　　公司各部门之间的扯皮现象

选项	小计	比例（%）
A. 非常多	12	5.4
B. 比较多	43	19.4
C. 比较少	133	59.9
D. 非常少	34	15.3
合计	222	100

表 3 – 24　　　　　　　各部门职责对"服务客户"理念的体现程度

选项	小计	比例（%）
A. 非常高	73	32.9
B. 比较高	124	55.8
C. 比较低	19	8.6
D. 非常低	6	2.7
合计	222	100

　　此外，表 3 – 25 显示，现有的组织结构设置突出了一些与客户关系密切的部门的地位，认可度达 92.8%。同时，能有效地促进相关部门之间的协作，调动他们为客户服务的积极性，如表 3 – 26 和表 3 – 27所示。

表 3 – 25　　　　　　　　突出了客户服务部门的重要性

选项	小计	比例（％）
A. 非常符合	74	33.3
B. 比较符合	132	59.5
C. 不太符合	14	6.3
D. 非常不符合	2	0.9
合计	222	100

表 3 – 26　　　　　　　有利于促进客户服务部门之间的协作

选项	小计	比例（％）
A. 非常符合	63	28.4
B. 比较符合	133	59.9
C. 不太符合	23	10.3
D. 非常不符合	3	1.4
合计	222	100

表 3 – 27　　　　　　　有助于调动客户服务部门的积极性

选项	小计	比例（％）
A. 非常符合	76	34.2
B. 比较符合	115	51.8
C. 不太符合	27	12.2
D. 非常不符合	4	1.8
合计	222	100

（三）组织文化氛围

首先，在客户服务理念方面，94.1％的样本企业已经树立了"顾客就是上帝""一切为顾客服务"的理念（见表 3 – 28）。同时，表 3 – 29、表 3 – 30 和表 3 – 31 显示，大多数公司员工都比较认可"顾客利益至上"的理念，即使个人利益受损也能够把顾客利益置于首位，致力于追求顾客满意。

表 3 - 28　　树立了"顾客就是上帝"、"一切为顾客服务"的理念

选项	小计	比例（%）
A. 非常符合	88	39.6
B. 比较符合	121	54.5
C. 不太符合	9	4.1
D. 非常不符合	4	1.8
合计	222	100

表 3 - 29　　公司员工认可"顾客利益至上"的理念

选项	小计	比例（%）
A. 非常符合	76	34.2
B. 比较符合	118	53.2
C. 不太符合	26	11.7
D. 非常不符合	2	0.9
合计	222	100

表 3 - 30　　公司员工能把顾客放在第一位

选项	小计	比例（%）
A. 非常符合	44	19.8
B. 比较符合	139	62.6
C. 不太符合	36	16.2
D. 非常不符合	3	1.4
合计	222	100

表 3 - 31　　公司员工以让顾客满意而感到有成就感

选项	小计	比例（%）
A. 非常符合	68	30.6
B. 比较符合	138	62.2
C. 不太符合	15	6.8
D. 非常不符合	1	0.4
合计	222	100

其次，从表 3 - 32 可知，在创新文化方面，有 91.9% 的样本企业不仅关注产品创新，而且更加关注基于产品的服务创新。同时，也很关注产品和服务的质量（见表 3 - 33），并针对客户的个性化需求追求差异化的竞争优势（见表 3 - 34）。在创新过程中，很多公司经常邀请客户、供应商和分销商参与到产品和服务创新活动中，以更好地服务于客户的需求，如表 3 - 35 和表 3 - 36 所示。

表 3 - 32   公司关注基于产品的服务创新

选项	小计	比例（%）
A. 非常符合	88	39.6
B. 比较符合	116	52.3
C. 不太符合	15	6.7
D. 非常不符合	3	1.4
合计	222	100

表 3 - 33   公司很重视客户服务的质量

选项	小计	比例（%）
A. 非常符合	109	49.1
B. 比较符合	98	44.1
C. 不太符合	14	6.4
D. 非常不符合	1	0.4
合计	222	100

表 3 - 34   公司针对客户的个性化需求追求差异化优势

选项	小计	比例（%）
A. 非常符合	62	27.9
B. 比较符合	132	59.5
C. 不太符合	22	9.9
D. 非常不符合	6	2.7
合计	222	100

表 3 - 35 公司经常邀请客户参与产品和服务创新

选项	小计	比例（%）
A. 非常符合	56	25.2
B. 比较符合	104	46.9
C. 不太符合	58	26.1
D. 非常不符合	4	1.8
合计	222	100

表 3 - 36 公司经常邀请供应商和分销商参与产品和服务创新

选项	小计	比例（%）
A. 非常符合	71	32.0
B. 比较符合	84	37.8
C. 不太符合	62	27.9
D. 非常不符合	5	2.3
合计	222	100

再次，在对利益相关者的关注方面，表 3 - 37 显示，有 78.4% 的样本企业对员工的成长较为重视。同时，大部分公司已经与供应商和分销商之间建立了良好的合作关系，并且当发生利益冲突时会优先考虑他们的利益（见表 3 - 38 和表 3 - 39）。

表 3 - 37 公司会竭尽所能促进员工的成长

选项	小计	比例（%）
A. 非常符合	57	25.7
B. 比较符合	117	52.7
C. 不太符合	45	20.2
D. 非常不符合	3	1.4
合计	222	100

表3－38   公司与供应商和分销商之间建立了互利共赢的合作关系

选项	小计	比例（%）
A. 非常符合	90	40.5
B. 比较符合	126	56.8
C. 不太符合	6	2.7
D. 非常不符合	0	0.0
合计	222	100

表3－39   即便发生利益冲突公司也会优先考虑供应商和分销商的利益

选项	小计	比例（%）
A. 非常符合	54	24.3
B. 比较符合	118	53.2
C. 不太符合	42	18.9
D. 非常不符合	8	3.6
合计	222	100

最后，从表3－40和表3－41可知，大部分公司内部各部门之间和员工之间已经形成了浓厚的竞争氛围，并且为了更好地服务客户，即使自身利益受到损害，相关部门和员工之间也能够做到精诚团结。

表3－40   公司内部形成了浓厚的竞争氛围

选项	小计	比例（%）
A. 非常符合	35	15.8
B. 比较符合	124	55.8
C. 不太符合	60	27.0
D. 非常不符合	3	1.4
合计	222	100

表3－41   即使利益受损相关部门和员工之间也会为了客户而协同合作

选项	小计	比例（%）
A. 非常符合	53	23.9
B. 比较符合	151	68.0
C. 不太符合	14	6.3
D. 非常不符合	4	1.8
合计	222	100

（四）人才招聘

首先，在岗位需求分析方面，作为招聘的重要前提，样本企业普遍较为重视，占91.9%（见表3-42）。同时，从表3-43来看，超过80%的公司认为自己的岗位需求分析较为科学。

表3-42　　　公司在人才招聘前会进行充分的岗位需求分析

选项	小计	比例（%）
A. 非常符合	91	41.0
B. 比较符合	113	50.9
C. 不太符合	15	6.7
D. 非常不符合	3	1.4
合计	222	100

表3-43　　　您认为公司的岗位需求分析是否科学

选项	小计	比例（%）
A. 非常科学	39	17.6
B. 比较科学	148	66.6
C. 不太科学	31	14.0
D. 非常不科学	4	1.8
合计	222	100

其次，从人才招聘的关注点来看，大部分的公司都非常看重应聘者的责任意识（占89.2%）、服务意识（占88.3%）、合作意识（占90.1%）、竞争意识（占78.4%）、创新意识（占82.4%），如表3-44所示。同时，与其他条件相比，很多公司在招聘时会更注重应聘者的服务意识与能力（见表3-45），以满足服务化转型的人才需求。

表3-44　　　公司在人才招聘时非常看重的应聘者素质

责任意识	小计	比例（%）
A. 非常符合	91	41.0
B. 比较符合	107	48.2
C. 不太符合	19	8.5
D. 非常不符合	5	2.3

续表

责任意识	小计	比例（%）
合计	222	100
服务意识	小计	比例（%）
A. 非常符合	72	32.4
B. 比较符合	124	55.9
C. 不太符合	24	10.8
D. 非常不符合	2	0.9
合计	222	100
合作意识	小计	比例（%）
A. 非常符合	88	39.6
B. 比较符合	112	50.5
C. 不太符合	18	8.1
D. 非常不符合	4	1.8
合计	222	100
竞争意识	小计	比例（%）
A. 非常符合	42	18.9
B. 比较符合	132	59.5
C. 不太符合	40	18.0
D. 非常不符合	8	3.6
合计	222	100
创新意识	小计	比例（%）
A. 非常符合	67	30.2
B. 比较符合	116	52.2
C. 不太符合	39	17.6
D. 非常不符合	0	0.0
合计	222	100

表 3 - 45   公司在招聘时会更注重应聘者的服务意识与能力

选项	小计	比例（%）
A. 非常符合	87	39.2
B. 比较符合	113	50.9
C. 不太符合	22	9.9
D. 非常不符合	0	0.0
合计	222	100

再次，从表3-46来看，在人才测评的工具方面，履历分析（占71.6%）、综合知识笔试（占68.0%）、心理测验（占44.6%）、无领导小组讨论（占39.6%）、管理游戏（占31.1%）和角色扮演（占27.5%）等是当前公司在人才招聘过程中主要采用的一些测评手段和方法，能较好地适应公司人才招聘的需要（见表3-47），招聘人才在入职后的工作表现与其应聘时的测评结果较为吻合（见表3-48），说明人才测评手段和方法的效度较高。

表3-46　　　　　公司人才招聘的测评手段和方法（多选）

选项	小计	比例（%）
A. 履历分析	159	71.6
B. 综合知识笔试	151	68.0
C. 心理测验	99	44.6
D. 无领导小组讨论	88	39.6
E. 角色扮演	61	27.5
F. 管理游戏	69	31.1
G. 公文处理	28	12.6
H. 其他	5	2.3

表3-47　公司现有的人才测评手段和方法能否适应人才招聘的需要

选项	小计	比例（%）
A. 非常适应	32	14.4
B. 比较适应	158	71.2
C. 不太适应	31	14.0
D. 非常不适应	1	0.4
合计	222	100

表3-48　　　　　人才入职后的表现与招聘时的测评结果吻合程度

选项	小计	比例（%）
A. 非常吻合	28	12.6
B. 比较吻合	158	71.2
C. 不太吻合	35	15.8
D. 非常不吻合	1	0.4
合计	222	100

　　最后，负责招聘工作的人员素质也会对招聘效果产生一定影响。表3－49显示，公司负责招聘的人员素质能够较好地满足招聘工作的需要，认为"非常适应"和"比较适应"的占89.6%。同时，为了更好地招聘人才，也有6.8%的公司选择了将人才招聘业务完全外包给社会上的专业公司、31.5%的公司选择了部分外包（见表3－50）。

表3－49　　　公司负责招聘的人员素质能否适应人才招聘的需要

选项	小计	比例（%）
A. 非常适应	56	25.2
B. 比较适应	143	64.4
C. 不太适应	20	9.0
D. 非常不适应	3	1.4
合计	222	100

表3－50　　　　　公司是否将人才招聘外包给专业公司

选项	小计	比例（%）
A. 完全外包	15	6.8
B. 部分外包	70	31.5
C. 没有外包	137	61.7
合计	222	100

　　此外，总体来看，大多数公司的人才招聘体系能够较好地满足公司服务化转型的需要，能够"非常适应"的占18.9%，另有68.9%的公司认为"比较适应"，如表3－51所示。

表3－51　　　　人才招聘体系是否能适应公司的服务化转型

选项	小计	比例（%）
A. 非常适应	42	18.9
B. 比较适应	153	68.9
C. 不太适应	21	9.5
D. 非常不适应	6	2.7
合计	222	100

（五）员工培训

首先，培训作为人才培养的主要手段，得到了样本企业的高度重视，选择"非常重视"和"比较重视"的占90.5%，如表3-52所示。在培训开始之前，大多数公司通常都会进行比较深入的需求分析，进而根据各个岗位的需要设计具有针对性的培训项目（见表3-53和表3-54）。

表3-52　　　　　　　　公司对员工培训的重视程度

选项	小计	比例（%）
A. 非常重视	88	39.6
B. 比较重视	113	50.9
C. 不太重视	16	7.2
D. 非常不重视	5	2.3
合计	222	100

表3-53　　　　　　培训前公司会进行充分细致的培训需求分析

选项	小计	比例（%）
A. 非常符合	86	38.7
B. 比较符合	91	41.0
C. 不太符合	41	18.5
D. 非常不符合	4	1.8
合计	222	100

表3-54　　　　　公司根据各个岗位的需求设计个性化的培训项目

选项	小计	比例（%）
A. 非常符合	59	26.6
B. 比较符合	136	61.2
C. 不太符合	22	9.9
D. 非常不符合	5	2.3
合计	222	100

其次，在培训方法方面，表 3 - 55 显示，专题讲授（占 76.1%）、案例研讨（占 67.1%）、视频培训和网络学习（占 64.0%）、师傅带徒弟（占 60.8%）、拓展训练（占 55.0%）等是各公司普遍采用的培训方法，较为丰富。在培训主体上，有 43.2% 的公司经常邀请外部的专业培训机构对员工进行培训，以提高培训的有效性（见表3 - 56）。

表 3 - 55　　　　　　公司员工培训的主要形式（多选）

选项	小计	比例（%）
A. 专题讲授	169	76.1
B. 角色情景演练	81	36.5
C. 案例研讨	149	67.1
D. 拓展训练	122	55.0
E. 视频培训和网络学习	142	64.0
F. 脱产教育	46	20.7
G. 师傅带徒弟	135	60.8
H. 其他	17	7.7
合计	861	387.9

表 3 - 56　　　　公司邀请外部的专业培训机构对员工进行培训

选项	小计	比例（%）
A. 经常邀请	96	43.2
B. 很少邀请	97	43.7
C. 从不邀请	29	13.1
合计	222	100

再次，在培训内容方面，有 86.4% 的公司较为重视培训员工的服务意识与能力（见表 3 - 57），并有 71.6% 的公司经常开展专门的培训活动（见表 3 - 58）。不过，培训效果尚有待改进（见表 3 - 59）。

表 3 – 57　　　公司是否重视对员工服务意识与能力的培训

选项	小计	比例（%）
A. 非常重视	84	37.8
B. 比较重视	108	48.6
C. 不太重视	27	12.2
D. 非常不重视	3	1.4
合计	222	100

表 3 – 58　　　公司是否开展专门针对员工服务意识与能力的培训

选项	小计	比例（%）
A. 经常开展	159	71.6
B. 很少开展	49	22.1
C. 从不开展	14	6.3
合计	222	100

表 3 – 59　　　公司的培训工作对提升员工的服务意识与能力的效果

选项	小计	比例（%）
A. 非常有效	78	35.1
B. 基本有效	115	51.8
C. 有些无效	29	13.1
D. 非常无效	0	0.0
合计	222	100

　　最后，在培训目的方面，从表 3 – 60、表 3 – 61 和表 3 – 62 可知，公司的培训活动主要是为了满足自身的发展需要，并能够较好地兼顾员工的职业成长需求，实现了组织发展与员工发展的有机统一。

表 3 – 60　　　公司设计的培训项目主要是想满足公司的发展需要

选项	小计	比例（%）
A. 非常符合	100	45.1
B. 比较符合	98	44.1
C. 不太符合	24	10.8
D. 非常不符合	0	0.0
合计	222	100

表 3-61　　公司设计的培训项目充分考虑了员工的职业发展需要

选项	小计	比例（%）
A. 非常符合	68	30.6
B. 比较符合	126	56.8
C. 不太符合	26	11.7
D. 非常不符合	2	0.9
合计	222	100

表 3-62　　公司提供的培训能够满足大多数员工的需求

选项	小计	比例（%）
A. 非常符合	72	32.4
B. 比较符合	129	58.1
C. 不太符合	19	8.6
D. 非常不符合	2	0.9
合计	222	100

　　当然，为了保证培训的效果，有 67.6% 的公司会经常开展培训效果的评估活动，但仍然有 31.5% 的公司很少或从来没有进行评估活动，如表 3-63 所示。总体而言，表 3-64 的数据说明，很多公司的培训体系能够较好地适应自身服务化转型的需要，认为"非常适应"和"比较适应"的占 88.8%。

表 3-63　　公司在培训结束后是否会进行培训效果的评估

选项	小计	比例（%）
A. 经常评估	150	67.6
B. 很少评估	70	31.5
C. 没有评估	2	0.9
合计	222	100

表3-64　　　公司现有的培训体系是否能适应公司的服务化转型

选项	小计	比例（%）
A. 非常适应	71	32.0
B. 比较适应	126	56.8
C. 不太适应	24	10.8
D. 非常不适应	1	0.4
合计	222	100

（六）绩效考核

首先，绩效考核作为企业人力资源管理的一个非常核心的环节，得到了样本企业的高度重视。从表3-65可知，有92.3%的公司认为对绩效考核工作"非常重视"和"比较重视"。

表3-65　　　　　公司对绩效考核的重视程度

选项	小计	比例（%）
A. 非常重视	98	44.1
B. 比较重视	107	48.2
C. 不太重视	17	7.7
D. 非常不重视	0	0.0
合计	222	100

其次，从绩效考核的内容来看，表3-66显示，有67.6%的公司更加关注员工的工作结果而非工作过程；表3-67显示，有37.4%的公司在绩效考核时更关注员工的个人业绩而非团队业绩，其余更多的公司则鼓励团队合作；表3-68显示，有58.6%的公司更关注员工的工作结果而不是其学习和成长情况。同时，从表3-69可知，服务意识与能力已经成为大部分公司员工绩效考核的重要内容之一，从而有助于调动员工的服务积极性、助力企业的服务化转型。

表 3 – 66　　　　　公司的绩效考核更关注工作的结果而不是过程

选项	小计	比例（%）
A. 非常符合	50	22.5
B. 比较符合	100	45.1
C. 不太符合	62	27.9
D. 非常不符合	10	4.5
合计	222	100

表 3 – 67　　　公司的绩效考核更关注员工的个人业绩而不是团队业绩

选项	小计	比例（%）
A. 非常符合	31	14.0
B. 比较符合	52	23.4
C. 不太符合	123	55.4
D. 非常不符合	16	7.2
合计	222	100

表 3 – 68 公司的绩效考核更关注员工的工作结果而不是其学习和成长

选项	小计	比例（%）
A. 非常符合	29	13.1
B. 比较符合	101	45.5
C. 不太符合	87	39.1
D. 非常不符合	5	2.3
合计	222	100

表 3 – 69　　　　服务意识与能力被列入所有员工的绩效考核内容

选项	小计	比例（%）
A. 非常符合	58	26.1
B. 比较符合	136	61.3
C. 不太符合	28	12.6
D. 非常不符合	0	0.0
合计	222	100

再次，从绩效考核的导向来看，有83.3%的公司认为，自身的绩效考核制度能鼓励员工进行创新，如表3-70所示。同时，由表3-71可知，有37.8%的公司的绩效考核制度更加鼓励各个部门追求自身的业绩，而不是相互之间进行协作，不利于实施服务化转型战略。

表3-70 公司的绩效考核制度鼓励员工的创新

选项	小计	比例（%）
A. 非常符合	81	36.5
B. 比较符合	104	46.8
C. 不太符合	37	16.7
D. 非常不符合	0	0.0
合计	222	100

表3-71 公司的绩效考核制度更鼓励各部门追求
自身业绩而不是相互协作

选项	小计	比例（%）
A. 非常符合	32	14.4
B. 比较符合	52	23.4
C. 不太符合	105	47.3
D. 非常不符合	33	14.9
合计	222	100

又次，从绩效考核的过程来看，有46.8%的公司认为，客户经常参与绩效考核工作（见表3-72）。与之相比，供应商和分销商经常参与公司绩效考核的程度更低，占32.5%（见表3-73）。同时，由表3-74可知，在绩效考核过程中普通员工的意见能够得到较好的吸收，但是绩效考核的结果仍然主要是由上级领导来评定（见表3-75）。

表3-72 客户在公司员工绩效考核中的参与程度

选项	小计	比例（%）
A. 经常参与	104	46.8
B. 很少参与	77	34.7
C. 没有参与	41	18.5
合计	222	100

表 3-73　　　　供应商和分销商在公司员工绩效考核中的参与程度

选项	小计	比例（%）
A. 经常参与	72	32.5
B. 很少参与	86	38.7
C. 没有参与	64	28.8
合计	222	100

表 3-74　　　　绩效考核过程中普通员工的意见会被充分考虑

选项	小计	比例（%）
A. 非常符合	37	16.7
B. 比较符合	139	62.6
C. 不太符合	30	13.5
D. 非常不符合	16	7.2
合计	222	100

表 3-75　　　　公司员工的绩效考核结果主要由上级评定

选项	小计	比例（%）
A. 非常符合	50	22.5
B. 比较符合	124	55.9
C. 不太符合	48	21.6
D. 非常不符合	0	0.0
合计	222	100

　　最后，从绩效考核结果的作用来看，由表 3-76 和表 3-77 可知，大部分公司主要将员工的绩效考核结果用来作为员工收入分配和岗位调整的依据（占85.1%），而对员工今后的绩效改进和个人成长帮助不大。此外，从表 3-78 可知，有 75.7% 的公司绩效考核制度能够有效地提高客户满意度，有助于实现服务化的重要目标。

表 3 - 76 公司员工的绩效考核结果最主要的用途

选项	小计	比例（%）
A. 发放奖金或工资	139	62.6
B. 岗位调整	50	22.5
C. 帮助改进绩效	33	14.9
合计	222	100

表 3 - 77 公司的绩效考核制度对促进员工成长的作用

选项	小计	比例（%）
A. 非常大	23	10.4
B. 比较大	57	25.7
C. 比较小	96	43.2
D. 非常小	46	20.7
合计	222	100

表 3 - 78 公司的绩效考核制度对提高客户满意度的作用

选项	小计	比例（%）
A. 非常大	51	23.0
B. 比较大	117	52.7
C. 比较小	53	23.9
D. 非常小	1	0.4
合计	222	100

（七）人力资源信息化建设

信息化是企业管理工作的重要助推器，对改进工作质量、提高工作效率和效果具有积极作用。

首先，由表 3 - 79 和表 3 - 80 可知，大多数公司的领导都对信息化建设和人力资源信息化建设较为重视，分别占 89.6% 和 86.9%。

表 3 – 79   公司领导对信息化建设

选项	小计	比例（%）
A. 非常重视	76	34.2
B. 比较重视	123	55.4
C. 不太重视	17	7.7
D. 非常不重视	6	2.7
合计	222	100

表 3 – 80   公司领导对人力资源信息化建设

选项	小计	比例（%）
A. 非常重视	110	49.5
B. 比较重视	83	37.4
C. 不太重视	24	10.8
D. 非常不重视	5	2.3
合计	222	100

其次，从信息化建设的进度来看，表 3 – 81 显示，有 48.7% 的公司已经建成了人力资源信息管理系统，另有 24.3% 的公司正在建设；由表 3 – 82 可知，大部分公司都在生产管理、财务管理、客户管理、销售管理、库存管理和采购管理等方面建立了相应的信息管理系统，信息化程度较高。

表 3 – 81   公司是否已有人力资源信息管理系统

选项	小计	比例（%）
A. 有	108	48.7
B. 正在建设	54	24.3
C. 没有，但近期有建设计划	56	25.2
D. 没有，近期也无建设计划	4	1.8
合计	222	100

表 3 - 82　　　　公司在其他方面是否已有信息管理系统（多选）

选项	小计	比例（%）
A. 生产管理	191	86.0
B. 财务管理	207	93.2
C. 客户管理	177	79.7
D. 销售管理	181	81.5
E. 库存管理	190	85.6
F. 采购管理	149	67.1
G. 完全没有信息化	2	0.9

再次，从信息系统的内部集成性来看，由表 3 - 83 可知，绝大部分公司的人力资源信息管理系统内各模块（招聘、培训、考核等）之间都已经实现了信息集成（占 91.7%）。与之相比，人力资源信息管理系统与其他业务部门的信息系统之间的信息共享不太理想，完全共享的比例只有 20.4%，如表 3 - 84 所示。

表 3 - 83　　　　公司人力资源信息管理系统内各模块之间是否实现信息集成

选项	小计	比例（%）
A. 是	99	91.7
B. 否	9	8.3
合计	108	100

表 3 - 84　　　　人力资源信息管理系统与其他业务部门的信息系统
是否实现信息共享

选项	小计	比例（%）
A. 完全共享	22	20.4
B. 部分共享	85	78.7
C. 不共享	1	0.9
合计	108	100

最后，从信息系统的外部共享性来看，由表3-85可知，样本企业的内部信息管理系统各模块与公司的供应商之间大多实现了不同程度的信息共享。其中，库存管理系统和采购管理系统与供应商的信息共享程度最高，这也是由工作的关联性所决定的。此外，在与客户的信息共享方面，公司客户管理系统和销售管理系统与客户之间的信息共享程度最高（见表3-86），这同样是出于工作的需要。

表3-85　　公司哪些信息管理系统与供应商之间实现了信息共享（多选）

选项	小计	比例（%）
A. 生产管理	70	31.5
B. 财务管理	49	22.1
C. 客户管理	38	17.1
D. 销售管理	74	33.3
E. 库存管理	126	56.8
F. 采购管理	111	50.0
G. 人力资源管理	29	13.1
H. 完全没有共享	42	18.9

表3-86　公司哪些信息管理系统与客户之间实现了信息共享（多选）

选项	小计	比例（%）
A. 生产管理	72	32.4
B. 财务管理	37	16.7
C. 客户管理	95	42.8
D. 销售管理	93	41.9
E. 库存管理	71	32.0
F. 采购管理	41	18.5
G. 人力资源管理	20	9.0
H. 完全没有共享	67	30.2

四　样本企业人力资源管理存在的问题及原因

以上通过对问卷调查数据的分析，掌握了国内服务化转型制造企业的人力资源管理现状。尽管该调查问卷属于自陈式问卷，被调查企业的人力资源管理部门可能存在一定的"粉饰"心理，使得调查结果存在一定的失真。但由于本次问卷调查的范围广，覆盖200多家制造企业，且不涉及填写人的个人信息，因此调查结果总体上仍然可以较为真实地反映现实情况。基于以上统计分析结果，并结合对问卷中相关开放性问题回答情况的整理可知，我国制造企业在实施服务化战略的过程中，也在不断地优化人力资源管理体系，起到了较好的支撑作用。然而，由于受到多种因素的制约，样本企业的人力资源管理机制与服务化转型的要求相比尚存在一些距离，存在的问题主要可归结为以下几个方面：

（一）人力资源管理的战略性地位尚未得到充分体现

理论上而言，制造企业的服务化转型要求建立战略性的人力资源管理体系，以匹配服务化战略。从调研情况来看，大多数企业的高层领导都很重视人力资源管理工作，但仍然有11.3%的公司重视程度不够，具体体现为：

其一，部分公司人力资源管理部门负责人不能充分参与公司重大方针政策的制定，"偶尔参与"和"从不参与"的占18.0%；

其二，在影响公司的人事决策方面，认为人力资源管理部门负责人的影响力"比较小"和"非常小"的占12.6%；

其三，有14.9%的公司在做出重大决策之前，对自身人力资源队伍情况的考虑不太充分，这不仅容易造成决策的失误，而且也反映出部分公司领导对人力资源重要性的忽视；

其四，也是最为关键的一点，尚有19.4%的公司处于传统的人事管理阶段，只有11.7%的公司构建了战略性人力资源管理体系。人力资源管理部门地位的尴尬，也影响了其自身的专业化发展和作用发挥。

调研显示，认为人力资源管理部门难以为公司其他部门的工作开展和员工成长提供专业化支持的比例分别为11.3%和27%。造成以上现象和问题的原因是多方面的，一方面是由于制造企业的主要任务是生产产品，企业领导关注的是产品的产量、质量、销售和利润等指标，而人力资源管理作为一种支持性的管理行为，长期以来并没有受到应有的重视；另一方面是因为人力资源管理是一项系统性的工程，涉及人力资源规划、招聘、培训、绩效考核等多个职能活动，想在短期内进行转型和创新面临较大的难度，因此超过2/3的样本企业都处于从人事管理向战略性人力资源管理的转型过程中。

（二）部分企业的组织结构设置有待优化

组织工作是企业管理的基础性工作，建立科学合理的组织架构是制造企业服务化转型的重要组织保障。从调研情况来看，有41.0%的公司采用的是传统的以产品为中心的职能制结构，此种结构有利于发挥各部门的专业化优势，但容易造成相互之间协作不力的问题，不能很好地适应服务化转型的企业经营需要。同时，从组织结构的形状来看，强调授权、快速响应客户需求的扁平化结构应当成为服务型制造企业的转型方向。但调研结果显示，尚有43.2%公司的组织结构依然是金字塔形，公司内部层级多、等级森严，不仅影响上下级之间的沟通效率和质量，而且还会带来下级的工作积极性不高、创新精神受压抑等负面问题。上述现象的存在，一方面是源于制造企业的自身特点，出于产品经营的需要，倾向于按照职能来进行组织结构设计，并自然形成金字塔形的组织形状，这也符合企业高层管控公司的需要。另一方面即便有公司意识到组织结构变革的必要性，但由于涉及产品生产以及上下级之间、部门之间权力的重新分配等复杂问题，并非轻而易举、一蹴而就的事情。此外，就公司各部门的权责划分来看，尽管绝大多数的公司都认为，部门之间的权力和责任界定较为清晰，各个部门也都知晓自身的权责，但是，相互之间在工作中仍然存在责任不清的现象，有24.8%的受访企业认为，扯皮现象"非常多"和"比较多"。这一问题的出现，说明部门之间的权责界定仍然存在重叠或空白之处，而且公司的责任追究机制可能也不够完善或者落实不到位。

（三）部分企业尚未形成关爱利益相关者的良好文化

利益相关者理论认为，一个企业的发展离不开企业的股东、员工等内部利益相关者以及客户、政府、社区等外部利益相关者的参与和支持，故企业应当追求利益相关者的整体利益而不仅仅是部分主体的利益。调研结果显示，绝大多数的公司都已经树立了"顾客就是上帝""一切为顾客服务"的理念，关注产品和服务的质量及其创新，对员工的成长较为关心，并与外部的供应商和分销商之间建立了互利共赢的良好合作关系。然而，仍然有部分样本企业没有建立良性的与利益相关者共享的文化氛围，不符合服务化转型的企业文化建设要求，具体表现如下：

首先，有12.6%的公司认为，自己的员工不太认可"顾客利益至上"的理念，并有 17.6% 的公司认为，当员工自身利益受到损害时难以把顾客利益放在第一位，说明这些公司的"客户至上"理念并没有深入人心、赢得员工的广泛认同。这既与公司领导的重视程度不足有关，也与文化建设的周期长、系统性强的特点相关，需要多措并举、长期推进。

其次，在产品和服务创新方面，有 27.9% 的公司很少邀请客户参与其中，另有 30.2% 的公司很少邀请供应商和分销商参加。事实上，客户、供应商和分销商等是企业创新的重要信息来源和受益者，理应参与其中。但一些企业由于认识不到位或者担心泄密等不太愿意这样做，最终会影响创新的质量和效率。

最后，有 21.6% 的公司不能尽力关心员工的发展，并有 22.5% 的公司表示在与供应商和分销商发生利益冲突时会优先考虑自身的利益，显示出这些公司过于关注自身发展而忽视部分利益相关者。

（四）少数企业的岗位需求分析和人才测评体系亟须改进

在招聘开始前进行科学的岗位需求分析，能够为人才招聘提供依据。从调研情况来看，绝大多数的样本企业都非常重视开展较为充分的岗位需求分析，但其科学性还有待提高，认为自己的岗位需求分析"不太科学"和"非常不科学"的公司占 15.8%，影响了招聘的有效性。例如，在招聘人才的素质要求方面，有 17.6% 的公司不注重应聘者的创新意识、21.6% 的公司不注重考察应聘者的竞争意识、11.7% 的公司忽视应聘者的服务意识等，没有按照企业服务化转型的要求来确定人才需求。这主要是因为岗位需求分析是一个系统性的工程，需要企业从全局性的角度实施，而且技术性要求较高，使不少企业存在畏难情绪，不愿意花大力气去做，而是凭借主观感觉去判断。此外，在人才测评方法使用方面，很多公司都采用了履历分析、综合知识笔试、心理测验、无领导小组讨论、管理游戏和角色扮演等常见方法，取得了较好的效果，但仍然有 14.4% 的公司意识到采用的测评方法不能满足人才招聘要求，在一定程度上导致人才入职后的实际表现与招聘时的测评结果存在一定的偏差（占 16.2%）。这一方面可能与测评人员的使用不当有关，有 10.4% 的公司认为负责招聘人员的素质不能满足工作需求。另一方面有 38.3% 的公司选择将人才招聘业务完全或部分外包给社会中介机构，这些机构的专业化水平以及与公司之间的衔接可能也会对人才招聘的质量产生一定的影响。

（五）一些企业的员工培训方案不尽合理

企业开展科学、合理的培训活动，能够有效地提高员工的素质。调研结果显示，对于员工培训，绝大部分的样本企业都给予了高度重视，并开展了形式多样的培训项目，较好地满足了大多数员工的需求。然而，不少企业的培训方案还存在一些需要完善之处，具体表现在以下几个方面：

首先，有20.3%的公司认为，在培训活动实施前没有进行充分细致的培训需求分析，从而难以根据各个岗位的需求设计具有针对性的培训项目，这样，虽然也能满足一些共性的培训需求，但容易导致培训的盲目性。

其次，在培训的师资安排方面，公司内外相结合是比较合理的配置方式。结果显示，有56.8%的公司很少或从不邀请外面的培训中介机构对员工进行培训，实际上仅仅依靠公司内部的师资很难保证培训的质量。

再次，在培训的内容上，13.6%的公司不太重视培训员工的服务意识和能力，并有28.4%的公司很少或没有开展过专门针对员工服务意识与能力的培训活动，背离了公司服务化转型的人才要求。

最后，及时、有效的培训效果评估是保障培训质量的重要措施，但有多达32.4%的公司很少或从不进行培训效果评估。上述问题的出现，主要还是公司领导层面没有真正重视培训或者对培训存在认识误区，认为没必要请社会上的专业人士参与，甚至认为培训就是传统意义上的集体授课。同时，培训需求分析和效果评估需要大量的精力投入和专业化的技术支持，也使得不少企业的从业人员难以胜任。

（六）不少企业的绩效考核机制不够科学

绩效考核是企业人力资源管理中一项非常核心的工作，对员工行为有着很强的激励和导向作用。调研情况表明，绝大部分的样本企业都很重视绩效考核，设计了形式多样的考核方案，总体上是有效的。但同时，有为数不少的企业建立的绩效考核机制还存在诸多问题，具体分析如下：

首先，从绩效考核的内容来看，有67.6%的公司更加关注员工的工作结果而非工作过程，有37.4%的公司在绩效考核时更关注员工的个人业绩而非团队业绩，有58.6%的公司更关注员工的工作结果而不是其学习和成长情况，另有12.6%的公司没有把服务意识和能力列为员工的基本考核内容。这说明很多公司的绩效考核存在急功近利的导向，并且对服务化的认识存在偏差，没有意识到服务化应当贯穿于公司对内和对外工作的全过程。

其次，从绩效考核的导向来看，有37.8%的公司更加鼓励各个部门追求各自的业绩而不是相互协作，缺乏系统性思维。

再次，在绩效考核过程中，有53.2%的公司很少或从不让客户参与、67.5%的公司很少或从不让供应商和分销商参与，并有20.7%的公司存在着对员工意见考虑较少的情况，忽视了员工在考核中的主体地位。

最后，从绩效考核结果的评定和使用来看，普通员工对考核结果评定的话语权很小，主要是由上级领导来评定，且考核结果主要用于对员工的奖惩，而在帮助员工改进工作绩效、促进员工成长和提高客户满意度等方面的作用尚有较大的提升空间。以上问题的出现，说明这些公司仍然沿用传统的绩效考核思路，没有按照服务化战略的实施要求对考核体系进行优化，并对员工、客户等利益相关者缺乏足够的重视。

（七）企业的人力资源信息化建设普遍滞后

在制造企业实施服务化转型的过程中，包括人力资源信息化在内的信息化体系建设非常重要。从调研情况来看，绝大部分公司都很重视信息化建设，并在生产管理、财务管理、客户管理、销售管理、库存管理和采购管理等方面不同程度地建立了相应的信息管理系统，但在人力资源信息化建设方面还比较滞后，不能满足公司的发展要求。

首先，有13.1%的公司不太重视人力资源信息化建设，仅有48.6%的公司建成了人力资源管理信息系统，该比例远远低于其他模块的信息系统。

其次，从信息系统的内部集成性来看，人力资源信息管理系统与公司其他业务部门的信息系统之间的信息集成情况较差，完全共享的比例只有20.4%。

最后，从信息系统的外部共享性来看，人力资源信息管理系统与外部的供应商和客户之间的信息共享程度也显著低于其他模块的信息系统。诚然，相对于其他部门的业务而言，人力资源管理的独立性较强，很多公司认为没必要或出于保密的需要而将其封闭成信息孤岛，没有将其与公司内外的其他信息系统进行连接，从而导致人力资源信息管理系统的功能得不到充分发挥。

此外，不少公司领导认为制造企业的主要功能是生产产品，没有必要在人力资源管理上加大投入，思想上的不重视也使得人力资源信息化建设落后于公司服务化转型的需求。

第四章　服务化转型中的制造企业
人力资源管理模式

　　服务化转型是制造企业的一种战略变革，有赖于企业各个层面和各种管理职能的有效配合。随着制造企业服务化的深入实施，对企业人力资源管理这一最为核心的工作有了更高的要求，需要人力资源管理逐渐由传统的简单人事管理向更高层次的战略性管理方向发展，并在组织结构、组织文化以及员工的招聘、培训、绩效考核等方面进行创新，构建与服务化转型相适应的人力资源管理模式，保障服务化战略的顺利推进。本章基于第三章的理论探讨和现状分析结果，并结合人力资源管理模式的相关研究文献，探讨提出服务化转型制造企业的四种人力资源管理模式及其判别标准。然后，针对这四种不同的人力资源管理模式，分别选取数家典型制造企业进行案例分析，总结这些企业在人力资源管理方面采取的有益做法与经验，可以为其他制造企业提供较好的借鉴。

第一节　服务化转型中的制造企业人力
资源管理模式界定

一　人力资源管理模式的分类

　　关于人力资源管理模式概念的界定，学者们众说纷纭，其中，北京大学肖鸣政教授提出的观点获得了学界最普遍的认同。他指出，该模式"是一个企业在长期的生产经营实践过程中逐渐形成的，是有关人力资源管理战略、目标、实施方法等方面的归纳与总结，是受到人们认可的一种活动样式"。[①] 人力资源管理模式作为企业人力资源管理活动的基

---

① 肖鸣政：《人力资源管理模式及其选择因素分析》，《中国人民大学学报》2006 年第 5 期。

本样式，它的存在与发展必然有着较大价值。

从目前的文献资料来看，西方学者主要从理论和实践层面对人力资源管理模式进行分类研究。在理论层面，学者们在大量的分析探讨之后将人力资源管理模式分为"哈佛模式、德万纳模式、盖斯特模式、斯托瑞模式以及战略性人力资源管理模式"。[①] 此外，在实践层面，学者们从不同的视角将人力资源管理模式划分为三种：第一种是戴尔（Dyer，1988）提出的"参与型、使用型和投资型模式"[②]；第二种是阿瑟（Arthur，1994）从人性假设的视角提出的"承诺型和控制型模式"[③]；第三种是德莱瑞和多蒂（1996）提出的"内部发展型和市场导向型模式"。[④]

20 世纪 90 年代以来，我国学者也开始注重对人力资源管理模式进行研究，主要包括：于衍平（1997）分析了"人力资源管理激励模式的基本特征及其系统性"。[⑤] 李鹏（2001）通过研究，设计了"战略人力资源管理的 4P 模式，涉及岗位管理、人员管理、绩效管理以及薪酬管理四个方面"。[⑥] 郑海航和吴冬梅（2002）基于中小企业的发展特征，构建了包含决策层、人力资源部门以及一线经理等组织要素的人力资源管理模式。[⑦] 陈晓波（2003）以人力资本的独特性、成长性及其与企业组织战略的相关性为主要分析维度，将企业员工划分为"内核"与"外圈"员工两大类，并提出了"内核—外圈"型人力资源管理模式。[⑧] 王震等（2003）提出了在不断变化的市场环境下基于工作与能力的动态人力资源管理模式。[⑨] 傅志明（2010）鉴于人力资源需求与供给模式

---

① 谢晋宇：《人力资源管理模式：工作生活管理的革命》，《中国社会科学》2001 年第 2 期。

② 肖鸣政：《人力资源管理模式及其选择因素分析》，《中国人民大学学报》2006 年第 5 期。

③ Arthur, J. B., "Effect of Human Resources Systems on Manufacturing Performance and Turnover", *Academy of Management Journal*, Vol. 37, No. 3, 1994, pp. 670 – 687.

④ 肖鸣政：《人力资源管理模式及其选择因素分析》，《中国人民大学学报》2006 年第 5 期。

⑤ 于衍平：《科技人力资源管理与激励模式》，《科研管理》1997 年第 6 期。

⑥ 李鹏：《战略人力资源的 4P 管理模式》，《经济管理》2001 年第 13 期。

⑦ 郑海航、吴冬梅：《中小企业人力资源管理三维立体模式》，《中国工业经济》2002 年第 2 期。

⑧ 陈晓波：《"内核—外圈"型人力资源管理模式研究》，《江海学刊》2003 年第 6 期。

⑨ 王震、冯英浚、孟岩：《基于工作和能力的动态人力资源管理模式》，《中国软科学》2003 年第 9 期。

之间存在差异，总结了企业的几种人力资源管理模式，包括管理模式、经营模式、管理—经营模式、经营—管理模式和人事行政模式。① 童文军和杨彦旭（2010）借鉴人力资源营销理论，划分了人力资源的营销模式，包括人力资源个体需求导向模式、竞争导向模式以及关系导向模式三种类型。② 陈淑妮等（2011）以某公司为例，分析了 HR 共享服务中心这一企业人力资源服务新模式及其建设方法。③ 薛琴（2013）探讨了胜任力模型在招聘、培训、绩效考核、薪酬管理等模块中的应用，进而建立了人力资源管理新模式。④

综上可知，国内外学者从不同的背景、层面和视角探讨了企业人力资源管理模式，得到了各具特色的研究结论。尽管这些人力资源管理模式之间存在较大的差异，有的偏宏观，有的又很微观，且鲜有从制造业服务化转型的背景进行分析。但通过对这些模式的分析和提炼可以发现，企业的人力资源管理模式在宏观层面体现了企业的战略导向，反映出企业如何看待和处理与外界环境之间的互动问题。

此外，企业的人力资源管理模式在微观层面上也反映了企业内部的治理结构以及如何处理企业与员工之间的关系。因此，以上相关学者的研究结果对本书探讨服务化转型背景下的制造企业人力资源管理模式具有较高的借鉴价值。

二　服务化转型制造企业人力资源管理模式的提出

服务化转型是国际制造业的重要发展趋势，也是制造企业在当前严峻的生存和发展环境下的必然追求。从现实来看，国内外很多制造企业都已经迈入了服务化转型的行列。当然，由于各个企业的自身情况以及对服务化的认识不一，不同企业所处的服务化转型阶段以及服务化的范围和方式等有一定的差异，自然对人力资源管理的要求也就有所不同，呈现出形式多样的人力资源实践活动。通常而言，企业人力资源管理活动可以分为操作和战略两个层面。其中，操作层面是指企业日常的、基

---

① 傅志明：《企业人力资源管理模式及其转变趋势分析——人力资源供求管理的视角》，《山东社会科学》2010 年第 12 期。

② 童文军、杨彦旭：《自由企业经济下的人力资源管理创新模式探究——基于人力资源营销理论的视角》，《科技管理研究》2010 年第 23 期。

③ 陈淑妮、谭婷、崔嵩也：《共享服务中心：专业化人力资源管理新模式——以 Z 公司为例》，《中国人力资源开发》2011 年第 11 期。

④ 薛琴：《基于胜任力模型的人力资源管理模式研究》，《价值工程》2013 年第 35 期。

础性的人力资源活动，战略层面则包括企业长期的、全面的、有计划性、整合性和高附加值的人力资源活动。而无论是操作层面还是战略层面，服务化转型过程中的制造企业人力资源实践都已融入了服务的元素，只是服务所占的比重以及体现的形式有所不同。

根据第三章的论述可知，为了深入了解服务化转型背景下我国制造企业的人力资源管理状况，本书在全国范围内对 200 多家制造企业实施了问卷调查。调查结果显示，被调查企业的人力资源活动所处层面各不相同，有些企业处于传统的人事管理阶段，人力资源战略规划并未制定，无论是招聘、培训、绩效考核，还是人力资源活动的其他模块，所做的都是一些常规的、基础性的工作，属于操作层面的人力资源活动；而有些企业的人力资源活动已经处于战略层面，其拥有专门的人力资源部门，会依据企业战略目标制定相应的人力资源战略规划，招聘、培训、绩效考核等模块也大都与服务化战略紧密联系。

此外，在调研中我们还发现，无论是同属于操作层面或者战略层面，这些企业的人力资源活动与效果也不尽相同。例如，同是处于操作层面的企业，有的在招聘、培训、绩效考核等模块会表现出积极的姿态，不仅仅局限于被动地处理常规事务，会提前或主动地进行相关工作的安排与布置，而有的企业则相反。同样地，同是处于战略层面的企业也存在类似的现象。由此可以认为，面对动态变化的企业内外部环境，不同企业的人力资源活动也存在着主动适应与被动应付的差别。

国外学者 Chun 等（2013）通过与通用汽车、可口可乐、IBM 等在内的 66 家国际知名企业就人力资源组织的逻辑、战略结构以及最佳实践等方面访谈后认为："首先，人力资源活动包含操作和战略两个层面；其次，人力资源活动应对环境变化的态度可以分为两种：一种是积极主动型，另一种是反应型。由此，他们得出了人力资源活动竞争优势的矩阵结构图。其中，矩阵的横坐标为反应型和主动型这两个维度，纵坐标为战略层面和操作层面这两个维度。"① 对本书具有重要的参考和借鉴价值。

---

① Chun, J. S., Shin, Y. and Choi, J. N. et al., "How does Corporate Ethics Contribute to Firm Financial Performance? The Mediating Role of Collective Organizational Commitment and Organizational Citizenship Behavior", *Journal of Management*, Vol. 39, No. 4, 2013, pp. 853 – 877.

基于以上论述，本书从人力资源管理活动在企业内所处的层面以及对企业服务化转型的应对态度这两个维度，建立了服务化转型制造企业的人力资源管理模式结构矩阵（见表4-1），将人力资源管理模式细分为战术被动型人力资源管理模式、战术主动型人力资源管理模式、战略被动型人力资源管理模式和战略主动型人力资源管理模式四类。

表4-1　　　　　　　服务化转型制造企业的人力资源管理模式

	被动型	主动型
战术层面	执行基础工作任务	改进基础工作任务
战略层面	适应服务化战略要求	创造服务化战略备选方案

三　服务化转型制造企业人力资源管理模式的界定标准

以上提出了服务化转型背景下制造企业的四种人力资源管理模式，接下来需要明确不同模式的分类标准。鉴于服务化转型的特点及其对制造企业人力资源管理的变革要求，本书主要从人力资源战略、组织设计（组织结构与文化）、招聘、培训和绩效考核等方面对不同类别的人力资源管理模式进行区分。

（一）战术型人力资源管理模式

战术型人力资源管理模式即传统的人事管理模式，着重于执行或是改进基础工作任务。首先，在这种模式下企业没有制定人力资源战略；其次，企业通常倾向于集权，组织架构上属于典型的金字塔结构；最后，企业主要以公司利益为核心，部门本位主义现象突出。

1. 战术被动型人力资源管理模式

在该模式下，企业的人力资源活动主要是根据领导安排开展常规性的活动，用以维持企业的正常运转，不涉及企业战略层面的决策，而且在这一模式下企业一般没有设立专门的人力资源管理部门。在招聘新员工时，大多是根据企业岗位空缺进行临时招聘，很少提前制订招聘计划或者招聘计划的时间跨度很短。在招聘过程中，企业注重应聘者的学历、专业、工作经历等一些表层信息，人员甄选上也主要采用简历筛选、面试等传统的测评手段；在员工培训方面，缺乏系统、有针对性的培训计划，培训内容局限于员工所在岗位的知识与技能，培训手段也较为单一，并且这种培训主要是为了满足企业当前需要，与员工的职业发展关联很小；在绩效考核方面，主要考核员工的平时表现和岗位业绩，考核主体以上级考核为主，员工通常不会参与考核，且考核结果主要用于对员工的奖惩。总体来看，企业的考核制度还不完善。

2. 战术主动型人力资源管理模式

与战术被动型人力资源管理模式相区别的是，战术主动型人力资源管理模式在人力资源活动方面并非单纯只是根据领导安排做事，而是会着重依据企业当前需要主动改进人力资源管理方案，但遗憾的是，仍然"很少涉及组织战略决策，战略处于人力资源活动的边缘地位"。[①] 值得一提的是，该模式下企业通常会设立专门的人力资源管理部门，由他们去主导完成各项人力资源活动；在招聘员工时，人力资源部门通常会主动预测企业的人才需求情况，并制订年度招聘计划。此外，他们还会根据以往的招聘效果改进人才招聘方案，但不足的是他们依然看重应聘者的学历、专业、工作经历等表层信息；在对员工进行培训时，会根据企业当前需要提前拟订培训计划，并依据实际情况积极改进培训方案。但同被动型人力资源管理模式一样，培训依然缺乏针对性，且与员工的职业发展关联不大；而在对员工考核时，企业会依据当前需要不断完善考核制度、改进考核方案，但考核结果主要还是用于对员工的奖惩，很少将其与员工的培训及职业发展等联系起来。

（二）战略型人力资源管理模式

战略型人力资源管理模式相比战术型模式而言，它的先进之处在于该类型的人力资源管理模式重在适应服务化战略要求，甚至力求创造服务化战略的备选方案。首先，企业人力资源战略会融入企业服务化战略中；其次，该模式下的组织结构已由典型的金字塔结构转变为扁平化结构，公司权力较为分散，管理层次逐渐减少，并且会根据服务化战略或是未来服务化转型需要优化组织结构设置和权责分配；最后，该模式下的组织文化注重以客户利益为核心，强调全员、全方位、全过程的客户服务理念以及不同岗位和部门间的团结合作。

1. 战略被动型人力资源管理模式

在该种模式下，企业会制定和实施有效的人力资源实践活动，用以

---

① 陈忠卫、魏丽红、李庆九：《战略性人力资源管理与传统人力资源管理的差异及发展评析》，第八届中国管理科学学术年会论文，南京，2006年10月，第722页。

推动企业服务化目标的实现。在员工招聘方面，根据企业服务化战略拟订人才招聘计划，时间跨度通常在一年以上。在招聘过程中，注重应聘者的综合素质以及员工与岗位的匹配度，人员甄选时一般采用多种测评方法与手段。在员工培训方面，会基于企业服务化战略拟订相应的培训计划，培训内容较为丰富，包括价值观、员工所在岗位的知识与技能以及上下游环节的相关知识等，并针对员工的不同需要量身定制培训方案。

此外，企业非常重视培训效果的评估，培训结果也会与员工的职业发展紧密关联。在绩效考核方面，会根据企业服务化战略拟定考核方案，考核内容包括员工的平时表现、岗位业绩以及对上下游环节的配合情况等。考核主体不同于以往单一的上级考核为主，员工和客户都会参与其中，考核结果也不仅用于奖惩，还会和员工的培训与职业发展密切相关。

2. 战略主动型人力资源管理模式

与战略被动型人力资源管理模式有所区别，战略主动型人力资源管理模式，在人力资源活动方面，注重对未来环境的预测，主动实施人力资源战略变革，并从人力资源的视角为企业服务化战略的制定和实施提供备选方案与决策建议。在组织文化建设方面，会基于对未来市场环境和客户需要的预测，积极推动企业文化变革。在员工招聘方面，会根据对今后服务化趋势的预测拟订未来较长时期的人才需求计划，并且在以往基础上不断改进人才甄选手段。在对员工进行培训时，通过预测企业未来服务化转型的人才素质需求，拟订培训计划，持续改进培训方案。在绩效考核方面，该模式基于企业未来服务化转型的需要，不断改进考核方案，弥补了其他模式的不足。整体而言，该模式力求积极、动态地实现人力资源管理战略与企业服务化战略的匹配。

通过上面的分析与探讨，本书总结了服务化转型中制造企业人力资源管理模式的分类标准，具体如表4-2所示。

需要说明的是，表4-2显示的人力资源管理模式分类标准，是从一般性的角度进行的理论分析。由于涉及人力资源战略、组织结构、组织文化、招聘、培训和绩效考核等多个衡量维度，使每一种人力资源管理模式的衡量标准都较为复杂，现实中并非每一个企业都能完全符合其对应的判别标准。因此，在实践中对某个服务化转型制造企业的人力资源管理模式进行判断时，着重考察其主要方面的特点，而并非完全照搬上述标准。以下通过访谈开展的典型制造企业案例分析，也是遵循这一基本思路（访谈提纲见附录Ⅱ）。①

表4-2　　服务化转型中的制造企业人力资源管理模式的分类标准

	人力资源战略	组织结构	组织文化	员工招聘	员工培训	绩效考核
战术被动型	无人力资源战略规划，开展常规性人力资源管理活动	金字塔形结构，通常没有人力资源管理部门	以公司利益为核心，存在部门本位主义	通常是临时招聘，注重应聘者的表层信息，甄选手段传统	缺乏计划性，培训方案单一，满足企业当前的发展需要	考核员工的岗位业绩，上级考核为主，考核结果用于奖惩
战术主动型	无人力资源战略规划，根据需要主动改进人力资源管理方案	金字塔形结构，通常设有人力资源管理部门	以公司利益为核心，存在部门本位主义	制订年度招聘计划，不断改进招聘方案，依然注重应聘者的表层信息	拟订培训计划，积极改进培训方案，培训与员工的职业发展关联很小	不断改进考核方案，上级考核为主，考核结果用于奖惩
战略被动型	制定与服务化战略一致的人力资源战略，采取有效的人力资源实践推动企业服务化目标的实现	扁平化结构，根据服务化战略设计组织结构，设有人力资源管理部门	以客户利益为核心，强调企业内不同岗位和部门间的团结协作	根据服务化战略拟订招聘计划，注重应聘者综合素质，采用多种测评方法	基于服务化战略拟订培训计划和方案，培训与员工的职业发展相关	根据服务化战略拟订考核方案，员工和客户等参与考核，结果与员工的职业发展相关
战略主动型	注重对未来环境的预测，实施人力资源战略变革，为服务化转型提供备选方案	扁平化结构，根据未来服务化转型需要不断优化组织结构	以客户利益为核心，积极推动企业文化变革	根据未来服务化转型趋势拟订较长时期的招聘计划，不断改进甄选手段	预测未来服务化转型的人才素质需求，持续改进培训方案	预测未来服务化转型需要，不断改进考核方案

---

① 为了保护企业的商业秘密，对每个案例中的企业名称进行匿名处理，用英文字母代替，并删除了企业的关键特征信息。

第二节　战术被动型人力资源管理案例分析

一　A公司

（一）公司简介及其服务化特色

A公司是一家专业从事汽车、工程机械的涂装、总装、焊装生产线的设计、制造、安装、调试和售后服务的专业公司，下辖的设计院拥有多个大型涂装和总装项目设计的经验，是目前国内汽车制造业中规模最大、实力最强的民营设计院。A公司成立20多年来，坚持为客户创造价值，为企业树立商誉，精益求精，矢志不渝，始终向着打造中国汽车装备第一品牌的目标奋进。一直以来，公司奉行以产品为中心的职能制，坚守为客户创造价值、对社会承担责任的经营理念，力求将公司打造成"军队、学校、大家庭"式的现代化企业。

由于A公司是以项目为主导，所有工作都围绕项目展开，因此其服务化工作大都贯穿于每一个项目中，将项目与服务相融合也是公司服务化特色的一个重要体现。一般情况下，现场生产线安装调试完成交付甲方客户投入使用后，就直接进入了质保期，在此期间公司会派服务部人员到生产现场服务，也就是所谓的售后服务。当然，在售前、售中也都会提供服务，但最主要的还是售后的服务工作。

（二）公司的人力资源管理实践

1. 人力资源战略模块

公司制订了人力资源规划，通常短期规划为1—2年，长期的规划为5—8年，且无论是长期还是短期的规划，都基本与公司发展战略相吻合。因为公司是一个私人企业，正常情况下公司的战略决策由家族人员起主导作用，如董事长、总经理。而人力资源部不怎么参与公司战略决策，只做一些事务性的工作，如人员的招聘、离职、员工工资核对、员工保险、职称考级等。公司人力资源管理主要以事为中心，关注常规性事务多些。

2. 招聘模块

通常情况下，公司的员工招聘计划会提前大半年就开始制订，在人才测评方面主要关注应聘人员的学历、专业、工作经历等表层信息，一般采用简历筛选、面试等传统的甄选手段，有效性不高。

3. 培训模块

员工培训活动前两年比较多，最近相对较少。培训计划通常会提前半年制订，培训内容局限于员工所在岗位的知识与技能，主要以专业知识为主，正常以听课的形式呈现。培训的侧重点会根据企业发展需求而变化，但主要着眼于当前企业的发展需要。对新员工的培训经常以组织文化教育和军训为主，与员工的职业发展关联很小。

4. 绩效考核模块

公司绩效考核体系并不完善，考核中员工常常是被动的，主要由公司内部管理者进行考核，不会邀请公司以外的其他人员参与进来。主要考核员工的平时表现和岗位业绩，考核结果也基本上作为对员工奖惩的依据。

（三）总体评述

综合以上论述，并通过深入访谈得知，该公司的组织结构较为传统，内部时常出现沟通缓慢、信息失真的现象。虽然公司奉行客户至上、为客户创造价值的理念，但其服务化的范围还主要局限于传统意义上的售后服务环节，客户参与的程度较低。人力资源部门的作用发挥有限，主要开展一些战术层面的常规工作。在招聘和培训过程中，公司主要是根据短期内的需要进行招聘和培训，人才测评和培训的形式较为单一，针对性不强。在绩效考核方面，员工不参与其中，考核结果主要发挥奖惩的作用，绩效考核体系并不完善。因此，总体上可以认为，该公司的人力资源管理模式属于战术被动型。

二　B 公司

（一）公司简介及其服务化特色

B 公司是一家集酚醛树脂及其摩擦材料的研发、生产、销售为一体的现代化企业，拥有完善的 ISO9002 质量体系认证、ISO14001 环境管理体系认证、OHSAS18001 职业健康安全管理体系认证等。公司建立了先进的技术研究开发中心，拥有先进的研发体系、强大的研发团队和完善的检测制度，已具备较强的开发新产品和可供客户来样试制研发新产品的能力。

自公司成立以来，B 公司就建立了金字塔式的组织结构。但不管是上层董事会还是基层员工，公司上下一直遵守"客户至上，质量第一"

的宗旨，在"以客户为中心"的企业文化的熏陶下，企业员工竭诚为国内外客户提供优质的产品和服务，希望通过大家的共同努力，与广大客户携手共进，真诚合作，共同发展。

在服务化方面，公司目前已建立了专门的技术团队与客户现场进行交流，为客户定制产品并实时沟通改进。产品指标以客户适用为准，建立客户资料库，每个订单严格按照接单、制单、议单、生产、发货、回访、回款的流程进行，充分体现了客户的重要性。

（二）公司的人力资源管理实践

1. 人力资源战略模块

公司目前还没有制定相应的人力资源规划，但是，已经在建立一个高新企业所需的学历人才招收及培养计划。人力资源部门主要根据公司领导安排开展常规性的人力资源管理活动，以维持公司的正常运转。公司人力资源经理很少参加公司的战略决策，也极少提出建议。公司的人力资源管理活动主要以事为中心，重点关注短期的常规性事务。

2. 招聘模块

公司在进行员工招聘时，普通劳务人员基本上都是根据岗位空缺进行的临时招聘，很少提前制订招聘计划，大学生也是近年才开始积极引进，应该说招聘制度目前并不是很完善。对于大学生求职者，主要关注他们的工作态度、学习及动手能力。招聘时主要是由技术总监和总经理直接面试，素质测评则主要依靠实习期间的信息反馈。

3. 培训模块

公司对员工的培训不多，并且也不固定，缺乏良好的计划性，主要根据相关人员的工作时间确定。公司中层会参加相应的社会技术研讨以及行业相关的技能培训，着眼于公司的未来发展；普通员工大多参加厂内安全、技能培训，主要是为了满足目前公司的发展需求。培训机会的多少取决于个人能力，能力强的员工培训机会多些，能力弱的员工则很少有机会得到培训。

4. 绩效考核模块

公司并未建立健全有效的员工绩效考核体系，有待进一步完善，主要从工作态度、遵守纪律情况以及对公司发展的贡献三个方面对员工的绩效进行考核。目前员工还没有参与到考核中，公司也没有邀请客户参与其中。考核结果会应用到对员工的奖惩以及个人发展中，一般而言，普通员工是直接体现在工资上，中层则更注重今后的发展。

（三）总体评述

综上可知，该公司重视客户服务工作，但其组织结构还是传统的金字塔形，没有随着服务化战略的实施进行相应的变革。人力资源部门主要关注短期的日常事务，按照领导的安排行事，没有人力资源规划，且在公司内部的决策权很小。在人力资源管理模块中，招聘和培训环节缺乏计划性；绩效考核体系也不完善，员工和客户这两类重要的利益相关者均不参与考核，考核结果主要用于奖惩，与普通员工的培训和职业发展关联甚小。因此，总体上可以认为，该公司的人力资源管理模式属于战术被动型。

三　C公司

（一）公司简介及其服务化特色

C公司主要负责所属集团的华东三省（苏、皖、浙）方便面的生产销售业务，迄今已发展成为拥有多条方便面生产线及配套的粉、菜包和包装材料的生产车间，并具备了完整的以方便面为主轴，包括容器面、袋面、干脆面及挂面的方便面产品生产系列的大型企业。目前公司有员工2000多名，其中70%以上的职员为大专以上学历。公司强调以人为本的经营方式，引进各种先进的管理技术和方法，每一位员工都被视作企业的财富，潜能得到不断的挖掘。

公司在组织结构上属于以产品为中心的职能制结构，权力较为集中，各部门负责人对各自负责模块有较大的决策权力，且对下属员工的考核、发展等方面的影响也较大，高层一般都不会驳回各部门的日常提案。虽然公司的管理层次多，但各部门的职责都比较清楚，相互之间合作程度很好，有需要协助的地方通常都不会推脱。公司确立了"诚信、务实、创新"的用人理念，较好地贯彻了"一切为客户服务的理念"。公司的优势在于营销渠道，而渠道又意味着更多的人力和更多的服务，可以保证每位业务员每日在每家商店的拜访时间，做好售前及售后服务和咨询。

（二）公司的人力资源管理实践

1. 人力资源战略模块

集团总部每年7月开始制定下一年度的人力资源规划，经过不断修改，8月结束作业，正式下发新年度的人力资源规划，与集团的发展战略基本吻合。尤其是在人力资源预算上，由用人部门提报人力编制，人力资源部门协助做好增减。整个集团的人力资源制度由总部的人力资源部门做好统计、提报、公告下发。具体到集团下面的各个公司，不涉及规章制度的人力资源决策，一般都会被公司高层核签采纳。该公司的人力资源部门主要负责公司的日常人事作业，招聘专员、人事专员、薪资专员等都以岗位职责为中心进行设置。

2. 招聘模块

集团总部规定员工离职要提前一个月提报，新员工入职即缴纳社保，次月交公积金，需要提前预估新进人数，招聘计划通常提前一个月制订。在招聘测试时，主要看应聘者的技能、学历，除工厂的普通工人外，大部分岗位对学历都有一定的要求。一般情况下，以面谈并佐以统一的评分标准来决定是否录用。而针对人力资源、财务等功能性岗位的招聘，则采用人员素质测评，并有专门的试卷。

3. 培训模块

公司组织的员工培训活动非常多，新员工入职即有新人培训，入职满三个月有"回炉训"，岗位的转变有"转岗训"，主管晋升有"组级训"等。此外，还有针对各部门进行的培训，如推广活力营、人资共识营等。培训计划提前一个月制订，培训内容根据培训目的的不同而有所区别，培训方法主要采用授课法，有内部讲师也有外部讲师，人资共识营则主要以素质拓展为主。培训一般侧重于满足公司的短期发展需要，但是，也会针对员工个人素质的提升设置相应的培训课程，如时间管理等。

4. 绩效考核模块

公司建立了较为完善的绩效考核体系，通常会考核各岗位的 KPI 指标、业绩数据等，没有日常行为指标，均采用结果指标进行衡量。月度考核中的奖金指标由主管直接决定，而年中（终）的考核，员工本人参与自评，考核结果主要用于决定员工的晋升。研发、生产、销售等与客户密切相关岗位的考核，不邀请客户参与，也不会调查客户满意度，都是由直属主管或者更高层主管评定。

（三）总体评述

综合以上论述，并结合访谈可知，该公司的人力资源规划属于一种短期的战术计划，人力资源部门的决策权较小，主要负责日常的事务性工作。组织结构属于集权式的传统职能型结构，在公司内部较好地树立了为客户服务的理念，但当与客户利益发生冲突的时候，还是会以公司利益为先。公司的招聘和培训计划基本上都是提前一个月才开始制订，招聘主要关注应聘者的学历、技能等表层信息，人才测评手段比较单一；培训的形式尽管较为丰富，但培训方法缺乏针对性，且主要是为了满足公司的短期人才需求。此外，在绩效考核方面，考核结果主要是作为对员工实施奖惩的依据，且客户不参与对相关部门的考核。因此，总体上可以认为，该公司的人力资源管理模式属于战术被动型。

第三节　战术主动型人力资源管理案例分析

一　D公司

（一）公司简介及其服务化特色

D公司的母公司是美国最大的家族型冷冻食品制造商，年销售突破了25亿美元，是全球植脂奶油创始者和冷冻食品业的先驱，多年来一直致力于促进食品服务业、饼房及零售市场的发展，竭尽所能为客户提供全面的解决方案。自20世纪90年代初开始在中国开展业务，至今已经发展成为行业的佼佼者，真正做到了立足中国、放眼世界。20世纪90年代末，D公司开始投产，拥有先进的设备和一流的管理体系，并投重金打造亚太研发中心，总投资超过了3000万美元。

D公司在其运营的各个环节都遵守"亲如一家人"的诺言，承诺将用同一种方式对待客户、员工以及社区，将他们都视为自己的亲人，力求在"一起工作，一起学习，一起庆祝"的氛围中开展日常工作。公司的文化、愿景中无不体现"以客户为中心"的理念。此外，公司还利用各种培训、团队建设等机会不断宣传企业的文化，并如实贯彻。公司设有多个部门，且各自权责分明，在日常工作中也能够较好地沟通协作。

（二）公司的人力资源管理实践

1. 人力资源战略模块

公司在制定人力资源规划时一般会考虑公司3—5年的发展，但总体上还是会依据企业当前需要主动改进人力资源管理方案，最终的目的还是实现企业整体战略目标。公司设有专门的人力资源部门,由他们去主导完成各项人力资源活动。公司高层非常重视人力资源部门的建议,并非常认可人力资源部门对公司战略发展的支持。

2. 招聘模块

在招聘员工时,人力资源部门通常会主动预测企业的人才需求情况,并制订年度招聘计划。此外,他们还会根据以往的招聘效果改进人才招聘方案,招聘过程中注重应聘者的综合素质和人岗匹配度,面试时会采用包括性格测试、心理测试等在内的多种测评手段。

3. 培训模块

公司对员工的培训活动较多,但更多的是侧重于公司当前的发展需要,有时也会略微兼顾长远发展,对新员工的培训较为注重工作的适应和文化的融入等方面。员工培训分为通用类、管理类、专业技术类及特殊工种培训,培训方式则以内部培训、内部分享、外部培训为主,但培训的针对性不强。

4. 绩效考核模块

公司会依据当前需要不断完善考核制度、改进考核方案,员工会有明确的 KPI 指标,也能够明确看到自己的指标达成情况。考核时会有部分岗位的考核让客户参与,但绩效考核结果主要还是用在对员工的激励上。

(三)总体评述

综上可知,该公司在组织结构和组织文化上较好地体现了客户服务的理念。公司的人力资源规划虽然会考虑企业未来一段时间内的发展,但总体上还是以当前的发展需要为重点。在招聘和培训过程中,公司会依据当前发展的需求制订相应的招聘和培训计划,人才测评手段和培训形式较为丰富。在绩效考核方面,会积极完善考核方案,并邀请客户参与一定范围的考核,但考核结果主要用于对员工的奖惩,与员工的培训和职业发展关联较小。因此,总体上可以认为,该公司的人力资源管理模式属于战术主动型。

二 E公司

(一)公司简介及其服务化特色

E 公司是一家专业化的铝箔、铝板带生产厂,企业规模居于行业前茅,产品广泛用于各类家电、电子通信、交通运输、医药、食品包装、印刷、建材、装饰等多个行业。

公司一直以来都非常关注客户，奉行客户第一的原则和宗旨，力求以卓越的品质和完善的服务为客户创造价值。由于公司是一家民营性质的企业，所以，在组织结构上还是典型的金字塔结构，组织关系较为复杂，权力主要集中于老板手中。在服务化方面，随着市场的发展，公司注重广泛听取客户的意见和建议，以客户为中心，努力为客户提供满足其个性化需求的各类定制产品，以提高客户满意度为根本，精心制造，体现公司的专业精神和为客户服务的宗旨。

（二）公司的人力资源管理实践

1. 人力资源战略模块

在人力资源规划上，公司每年虽然都会制定相应的规划，但大体都流于形式，在实际中还是会根据公司当前发展的需求在以往的规划上做相应的调整。尤其是近年来，公司着实面临着一些难题——缺少高素质人才。即使有时招到了合适的人才，但流动率较大，尤其是高校毕业生，很难留住他们，导致后备力量不足。公司人力资源规划缺乏实际的指导作用，成了目前的危机所在。

2. 招聘模块

每年初公司人力资源部门会对公司全年人才的总体需求做了大致的预测，制订人才招聘计划。公司每年都通过校园招聘的方式招募一定数量的新员工，招聘对象主要以高校毕业生为主。公司在招聘过程中注重多种方法的综合使用，招聘大致可分为三个程序：一是对应聘人员进行前期的在线测评；二是对通过第一轮测试的应聘者，由人力资源部门进行第二轮测试，主要是无领导小组讨论，考察应聘者的应变能力、语言组织能力、领导能力等综合素质；三是面试，这一轮的考核由具体的业务部门和人力资源部门共同负责，考察应聘者的素质是否与招聘的岗位相匹配。

3. 培训模块

在员工培训方面，公司会提前拟订培训计划，集中于技术与技能方面的培训，一般采取内部培训与外部培训相结合的方式。其中，内部培训是主要的培训方式，包括公司培训、车间培训和班组培训三个等级，从思想意识、知识技能、专业素养等多个方面对员工进行培训。外部培训主要针对车间里的操作者，尤其是在公司准备实施新项目之前，会筛选出大量的车间技工分派到外地分厂进行委培，以将新项目所需要的技术带回企业。相应地，公司也会委托外地分厂对与新项目相关的职能部门管理人员进行培训。

4. 绩效考核模块

公司内部一直强调业绩为王，根据公司实际情况提出管理要求，在对以往绩效体系完善的基础上建立动态的、业绩导向的管控体系，并层层签订业绩目标责任状。在考核内容方面，不仅考核员工所在岗位和部门的业绩，还要考察其对其他岗位和部门的工作支持情况。最终公司会根据考核结果对员工进行必要的奖惩和培训，以不断改善其业绩。

（三）总体评述

综上可知，该公司的组织结构属于典型的集权式结构，营造了较好的客户服务文化。公司虽然每年都会制定相应的人力资源规划，但实际效用不大。在招聘方面，会提前进行人才需求预测，并注重多种测评方法的使用。在培训环节，公司主要根据本年度的实际需求制订相应的计划，当然也会根据今后的发展需要做一些局部的优化。但公司的内训师资尚不能满足要求，培训的实际效果与预期目标有一定距离。在绩效考核方面，强化了服务导向下的协作精神，结果不仅用于奖惩，也兼顾员工的发展需要。因此，总体上可以认为，该公司的人力资源管理模式属于战术主动型。

三 F公司

（一）公司简介及其服务化特色

F公司是我国调味品行业的骨干生产企业，先后在全国多地实施跨区域发展，建立了调味品生产基地，产品广销全国并远销海外数十个国家和地区，先后获得国际金奖、国家质量金奖、"国家级农业产业化重点龙头企业"等多个奖项和荣誉称号。

由于是老牌国有企业，因此公司的组织架构较为复杂，存在多头领导的现象，容易导致权责关系不清，摩擦和冲突时有发生，最终影响了组织效率。但值得称赞的是，公司上下全体员工都牢固树立了造福社会的经营理念，在为客户服务、为社会造福的文化中实现公司的远大目标。

尽管公司没有设立专门的服务化部门，但在其发展举措以及营销策略中体现了独特的服务特色。公司调整其产品结构，在醋的衍生产品上加大投入，开发了多个醋衍生产品，围绕主业开展多元化经营。公司强化营销网络建设，营销网络全面下沉，向人口集中的、影响力比较大的区域继续下沉。出口醋基地的公共服务平台建设项目，包括新建可追溯信息化产品系统和电子商务建设，顺应了当前电子商务营销的潮流，拉近了消费者与服务之间的距离，增加了消费者的服务获取性。投资兴建的醋文化博物馆，以其原汁原味的古朴、小桥流水的恬静、工艺传承的魅力、酸香兼备的醋产品博得各国客人的赞叹。公司不断将"标准"引入景区旅游服务管理，借此保障旅游服务安全，提高旅游服务质量，让客户深入了解企业文化以及产品历史。

（二）公司的人力资源管理实践

1. 人力资源战略模块

人力资源对国有企业的生存和发展起到了不可忽视的重要推动作用。公司一般会制订3—5年的人力资源滚动计划，并在发展期间根据领导层的相关决策作出调整，实现了人力资源管理服务于企业发展。同时，公司的人力资源管理实现了信息化，使人力资源开发与管理的方式、手段、价值观念和理论原则都发生了根本变化，提高了人力资源管理的效率。另外，公司致力于引进优秀人才，对于研发、技术人员的综合素质要求较高，学历必须是"985工程"、"211工程"高校的本科或研究生学历，这就提升了企业产品的创新性以及质量保障，提高了企业的竞争力。

但是，公司在人力资源管理上也存在一些国有企业普遍存在的问题。公司的人力资源管理仍停留在管理职能化阶段，人力资源部往往以事为中心，单纯地负责人才招聘、入职培训、绩效考核等职能工作，缺乏现代化的创新理念，没有将以人为本的管理理念贯穿于企业发展规划。同时，公司对人力资源在企业生存和发展中的地位和作用认识不足，缺乏对人力资源发展的战略研究。公司虽制订了3—5年的人力资源战略规划，但没有将人力资源管理的作用充分发挥出来。

2. 招聘模块

招聘是人力资源获取的主要手段，也是保证人力资源管理实践顺利进行的前提条件，招聘质量的高低直接影响着企业后面的人才开发和管理，最终影响企业的长期发展。公司注重人岗匹配原则，尤其是员工的专业素质与岗位的契合度，尽力避免大材小用、小材大用等不良现象的产生。公司人力资源部会根据其他部门需要的人才类型做招聘计划，往往是"现缺现招"，缺少人才储备。

另外，公司的招聘包括内部招聘与外部招聘两种形式。其中，内部招聘主要针对管理层，由此提高员工士气和对企业的忠诚度，吸引和留住人才。公司会采用企业员工推荐、人才招聘会、网络招聘等途径进行外部招聘，对于不同的岗位，人才素质要求也不一样。对人才素质要求的差异大致可以分为两类：一类是成熟型人才，如证券类资历人才，这类人才要求比较高，需要高水平的专业技能以及丰富的工作经验；另一类是针对高校毕业生的招聘，如研发类技术型人才，对于这种类型的招聘，公司比较看重应聘者的学历、专业等，需要的是"211工程"、"985工程"高校毕业生，学历在本科及以上水平，但销售类人才最低学历要求为专科。

公司的招聘考核流程比较单一，主管部门负责人与通过简历筛选出来的员工仅需进行面谈，了解其专业水平、在校表现、沟通能力、学习能力等素质水平，就可以完成招聘工作，缺少必要的心理测验、情景性测评等流程。

3. 培训模块

公司注重对员工定期培训，人力资源部根据其他部门的需求提前制订培训计划，每年的年底制订明年的培训计划。公司会根据员工的层级差别拟定培训方案，其中对于中层干部的培训，主要目的在于提升其经营管理的能力和素质，以适应公司发展的全新形势，满足公司对管理干部的迫切需要，一般会邀请外部专业人士进行培训，如高校专家、培训机构人员等；对于普通员工的培训，内容主要是公司制度、企业文化、营销技巧、产品知识等。

公司的培训方式多样化。除传统的培训方式，如理论讲授、考试测验之外，公司还通过开展有趣的活动达到培训的目的，例如，"团队共识活力训练课"、员工游览醋文化博物馆等活动，既激发了员工在培训过程中的兴趣，又提升了员工素质。另外，公司也会采用交叉培训的方式，既有利于促进部门之间的协调，又使员工在熟练掌握自己所从事的岗位技能的基础上，获得了另一种职业技能。

4. 绩效考核模块

公司领导层倡导为"幸福生活"而努力，即通过进一步落实提升员工收入、完善社会保障、提高个人幸福感，打造资源节约和环境友好型企业、推进产业升级五大行动计划，全面建设员工的幸福生活。这不仅体现了公司对员工个人幸福感的重视，也说明了员工绩效与企业发展之间的紧密联系。

公司建立了一套绩效考核体系，对于车间员工，主要通过可量化的指标进行考核，如产量、合格率等；而对于管理人员，主要对其工作计划完成情况、创新绩效以及执行力等方面进行考核。

（三）总体评述

综上可知，该公司的组织结构和内部运行关系较为复杂，但在客户服务理念培育和产品开发等方面具有一定的特色。公司的人力资源规划会根据发展需要进行动态调整，但人力资源管理的作用尚处于战术层面。在招聘环节，会根据需要拟订招聘方案，但主要还是关注应聘者的专业、学历、毕业学校的层次等这些表面的信息。在培训环节则会提前制订培训计划，并依据员工层级进行分层培训，总体上满足了不同层次员工的需求。在绩效考核方面，考核主体以公司领导与同事评价为主，考核结果也主要用来对员工进行奖惩。因此，总体上可以认为，该公司的人力资源管理模式属于战术主动型。

四　G公司

（一）公司简介及其服务化特色

G公司始创于20世纪80年代末，历经20多年的探索与拼搏，目前已经成长为国内较有影响的综合文具供应商之一，获得"国家免检产品""中国文具十大品牌""中国出口名牌""中国最畅销文具品牌""中国驰名商标"等多项荣誉称号，先后通过ISO9001、ISO14000等体系认证，并力争创建具有全球竞争力的企业。

公司在组织结构设计上，实施的是以产品为中心的职能制，权力分配偏向于集中，大多由总部管控，管理层次多，但管理制度比较明确，因此沟通出现的问题不多，各部门之间的合作也比较融洽。公司致力于为消费者提供性价比最优的产品，树立了"爱产品""爱客户"的价值理念，"一切为客户服务"的理念在公司的贯彻情况相对较好，在设计、生产文具前会做好市场调查及市场测评，每年固定召开两次新品发布会，在全国设立多家分公司，营销人员遍布全国。近年来，公司实施了品牌战略升级，由"文具"升级为"办公"，从"综合文具供应"向

"办公整体解决方案"转型。凭借全球先进的供应链管理、研发制造能力和完备的全球采购系统，依托中国强大的分销网络和配送体系，不论客户需要何种办公场所的商品和服务，公司都能以合理的价格快速提供给客户全面的解决方案，让客户以简单的方式获得最理想的办公环境、高效的办公硬件和软件支持。

（二）公司的人力资源管理实践

1. 人力资源战略模块

公司制订了人力资源规划，时间跨度一般为半年，主要集中在公司对人才的数量和素质需求、员工发展等方面，且与公司的发展战略吻合。公司的人力资源经理参与公司的人事制度决策，提出的关于人事方面的建议一般都能被公司高层采纳。公司的人力资源部门主要关注日常工作，各个分公司不设人事岗，分公司的财务人员兼一少部分人事工作，其余人事工作均由总部管控。

2. 招聘模块

公司打造形成了全员招聘的文化，人力资源部门的所有人员均兼一部分招聘工作。具体的招聘需求由公司的各个用人部门提前上报，核签结束后开始着手招聘，1个月内完成招聘工作。在人员选拔方面，主要看中应聘人员的能力，大多数情况下主要采用面试加上评分表的形式进行测评，以面试结果为主要依据。针对少部分高端人才的招聘，公司会购买使用招聘网站上的专业测评工具。

3. 培训模块

公司非常重视员工培训，开展的员工培训活动较多，培训计划通常提前一个月制订，主要有新人培训、学历班、储备主管培训等类型。其中，针对生产人员的培训，主要采用师傅带徒弟的形式，对其他人员的培训以授课法为主；对新进员工的培训较少，主要培训课程都是针对老员工的。培训活动不仅为了满足公司当前的需求，而且更加侧重于满足公司长远发展的需要。

4. 绩效考核模块

公司基本上建立了员工绩效考核体系，平时每个月都要对员工进行一次考核，以工作总结为主，考核结果不影响员工的薪资水平，也不汇入年终考核。但每年10月实施的考核结果用于员工的薪酬调整和个人发展，调薪的幅度一般在10%—30%不等，以主管打分为主，评价的主观性较大。在考核过程中，员工基本上不参与，也不邀请客户参与其中。

（三）总体评述

综上论述并结合访谈可知，该公司采用的是传统职能型组织结构，运行较为顺畅，客户服务体系较为完善。公司的人力资源管理工作起步较晚，很多制度都还在发展摸索阶段。人力资源规划的时间跨度很短，人力资源部门的作用主要体现在战术层面，关注常规性的事务。在招聘和培训方面，会提前拟订工作计划，实施全员招聘模式，尤其是培训兼顾公司当前和今后的发展需求。在绩效考核方面，员工和客户不参与其中，考核结果主要用于员工的薪酬调整，同时也服务于员工的培训和发展。因此，总体上可以认为，该公司的人力资源管理模式属于战术主动型。

第四节　战略被动型人力资源管理案例分析

一　H公司

（一）公司简介及其服务化特色

H公司是一家在商用车领域具有较强竞争力的汽车企业，连续多年位居中国上市公司的百强之列。公司在其战略合作伙伴的大力支持下，实施重卡、皮卡、轻卡全系列商用车战略，引入并消化了国际上最新的产品技术、生产工艺以及经营理念，并通过合理的股权制衡机制、高效透明的运作以及高水平的经营管理，建立了科学的运营体制，发展非常迅速。

公司的组织结构大体以职能式为主，但在项目开发上会综合采用矩阵式的组织结构。因此，公司在权力的分配上较为分散。总体而言，公司各层级的沟通还是比较畅通的，但偶尔也会因为个别问题出现沟通缓慢的现象。公司关注客户服务，在"以客户为中心"的企业文化的熏陶下，较为注重顾客的需求，且在大多数情况下能够做到以客户的利益为先。

无论是售前、售中还是售后，无不体现公司服务化的特色。在产品的设计阶段，会有公司员工对样车进行试驾，反馈试驾过程中的问题及解决建议等；在生产阶段，会对下线产品的以客户的眼光（VOCF）进行抽样打分，并进行相应改进；在销售、售后服务环节，则会收集客户试乘、试驾后对产品的改进建议等多方面的信息。

（二）公司的人力资源管理实践

1. 人力资源战略模块

公司制定了期限一般为 5 年的、与服务化转型战略基本相适应的人力资源规划，它是公司获得长期稳定发展不可忽略的重要战略组成部分。就目前发展现状来看，人力资源规划与公司战略计划的吻合度还不是非常高，还有进一步提高的空间。公司设有专门的人力资源部门，且人力资源副总裁经常参与公司的战略决策，就人力资源方面提出的建议也经常被公司采纳。相对"事"而言，公司人力资源部门关注"人"的权重会更多，通常会以"人"为中心。当然，结合公司长远发展的需要，人力资源部门也会同时关注短期的常规性事务。

2. 招聘模块

公司会根据企业服务化战略制订相应的招聘计划，招聘计划一般分为 5 年期的人员需求和年度人员需求。招聘时会综合考虑应聘者的技能、服务、沟通、协调等方面的知识与水平，以面试为主，同时也会根据招聘岗位的特点综合使用"笔试＋面试"相结合的方式。

3. 培训模块

公司比较重视员工的培训，对全员的人均培训课时会有目标要求。培训计划通常为年度制订，每半年更新。培训形式分为外部培训、内部培训、公司级培训、部门级培训等几种。外部培训是把员工送到公司外参加专业的培训，内部培训为公司请外面的专业老师或者公司内部的授课师进行培训。培训内容涉及多个方面，但具体培训内容会根据企业服务化需要来拟定，如技术能力提升、语言能力提升、管理能力提升、服务能力提升、工人技能提升、团队合作等。老员工的培训主要集中在个人能力提升，除此之外，新员工还会有公司规章制度、企业文化等内容。

4. 绩效考核模块

公司有比较完善的绩效考核体系，会根据企业服务化战略要求拟订考核方案，通常对员工的考核主要有两个方面：关键绩效 KPI 和关键能力 KCI，员工本人会参与制订每年度的 KPI。研发、生产、销售等岗位的考核，较少邀请客户参与。此外，在考核结果的运用上，除对员工进行薪酬激励之外，也非常注重促进员工的职业发展。

（三）总体评述

综上可知，该公司在组织运行结构、服务文化和客户参与等方面较好地体现了服务化的要求，并拥有与公司服务化战略目标基本匹配的人力资源战略。在招聘和培训过程中，公司会根据服务化战略要求制订相应的招聘和培训计划，注重多种招聘和培训手段的综合使用，重视对新老员工的培训。在绩效考核方面，公司着重考核员工的关键绩效和关键能力，同时会将考核结果运用于员工的薪酬奖励与个人职业发展上，而员工有时也会参与到绩效考核过程中，充分体现了绩效考核的科学性与合理性。因此，总体上可以认为，该公司的人力资源管理模式属于战略被动型。

二 I公司

（一）公司简介及其服务化特色

I公司专业研发与制造燃（油、气、电、生物质）环保节能锅炉、燃气（气、电）真空热水锅炉，现有9个系列、120个规格的产品，是工业供热和热能综合利用的最佳解决方案提供商。公司拥有一个省级锅炉研发中心，不断开发新产品。此外，公司还拥有数控类激光等离子切割机、数控平面钻、数控卷板机、数控坡口机、喷漆房、燃气锅炉测试调试平台等先进制造设备。

创业初期，公司组织结构偏向于集权的形式，但近些年公司主管开始授权给下属，权力逐渐分散，组织结构向扁平化模式发展。公司引以为傲的是为客户提供平价质优、交货及时、便利采购、快速响应和服务良好五个方面，无不体现了公司"以客户为中心、以奋斗者为本、长期坚持艰苦奋斗"的企业文化。

公司在创业初期，主要考虑产品质量以及功能性，以"自我"为中心，与客户联系不够紧密。随着客户需求层次的提高以及制造业服务化转型的趋势，公司开始转型，重视把客户价值摆在中心位置，将为客户提供个性化服务作为企业的发展主旨。公司服务化转型后在兼顾产品质量和功能性的基础上，尤其注重产品的艺术美观设计。目前已有国外企业委托公司代生产锅炉产品，体现了公司在服务化转型方面取得了一些较好的成绩。在售后服务方面，公司坚持"非此即彼"的理念，一旦产品出现问题，会主动派人进行问题调查，解决责任归属问题。若是由于公司生产不利导致产品故障，公司会自觉承担相应责任；若是顾客的责任，公司也会毫不妥协地要求顾客承担维修费用。

（二）公司的人力资源管理实践

1. 人力资源战略模块

公司的人力资源规划期限通常为 1 年，于每年 12 月制定下一年度的规划，并会随着市场发展对规划做适当的调整。随着客户需求层次的提高，公司近些年来开始逐渐转型升级，人力资源规划的期限不断延长，愈发地与公司整体战略规划相吻合。但是，由于公司处于服务化转型的初期，目前还没有十分完善的机制体制，开发人力资源也一直是公司发展过程中亟待解决的问题。

2. 招聘模块

公司会依据未来发展情况，分年度制订招聘计划。招聘渠道主要有校园招聘、网络广告。公司决策层认为对内部人员比较了解，其价值观比较符合企业的发展理念，因此管理人员通常是通过内部晋升。招聘时，公司比较注重应聘者的价值观，尤其是服务理念。一般通过行为面试，向应聘者提问的方式了解其价值观。

3. 培训模块

公司的培训一般分为外部培训与内部培训。外部培训，主要针对部门经理以上管理人员，一般会邀请相关专家进行现场授课培训，包括公司服务化转型后的经营理念、管理方式、未来市场前景规划、知识技能等；内部培训则侧重于提升员工的工作知识和工作技能。通过考试的形式验收员工的培训效果，并且考试成绩与员工薪资及未来的职业生涯发展挂钩。新员工的岗前培训一般为一个月，主要是公司理念、规章制度以及相关工作技能的培训。

4. 绩效考核模块

公司绩效考核的前提是满足人岗匹配，依据是公司服务化目标分解后的岗位要求。一旦出现不匹配的现象，公司会采取措施让员工自动离职。若因为员工失误造成公司损失，不仅员工个人要承担相关的责任，员工的直接上级以及上级的上级都要承担连带责任，更甚者会影响员工未来的职业生涯发展规划。换言之，就是将员工的绩效考核结果作为对员工进行奖惩与员工未来发展的重要依据。

（三）总体评述

综上可知，该公司在组织结构变革和客户服务上与服务化战略实现了较好的匹配。在人力资源规划的制定上，会与公司未来发展战略与短期内的实际需求相结合。在员工的招聘和培训方面，公司会根据服务化转型需要制订相应的招聘和培训计划。在绩效考核方面，公司会依据服务化转型对员工的要求进行有针对性的考核，考核结果除了作为对员工奖惩的依据外，更是与日后员工的职业生涯发展相结合。因此，总体上可以认为，该公司的人力资源管理模式属于战略被动型。

三 J公司

（一）公司简介及其服务化特色

J公司是我国在"一五"期间重点创办的工程项目之一，经过60多年的发展积累，取得了辉煌的成就，是我国最大的重型机械和低速重载齿轮生产者之一，也是大型铸锻和热处理的核心企业，并成为国际上最大的矿业装备和水泥装备制造商。公司旗下目前共创立了大型球磨机、大型减速机、大型辊压机、大型水泥回转窑4项中国名牌产品，为全球矿山产业、冶金产业、有色产业、建材产业等提供特色产品、工程与服务。

作为一家老国有企业，公司在组织结构上一直有不可避免的弊端。尽管如此，公司各部门、各层次的分工相对比较明确，且有完整的岗位规范和岗位职责，内部沟通与协调也较为顺畅。一直以来，公司将"客户满意是我们永恒的追求"作为其倡导的企业文化与服务理念，且公司也始终本着为客户创造价值、以诚信铸就基业的宗旨行事。

公司始终将为客户提供最佳工程项目解决方案摆在发展战略的核心位置，客户的满意是公司的立足之本。为满足客户的多样化需求，公司利用新型客户服务平台，向客户提供全方位、高质量的保姆式服务。此外，公司还比较关注服务化营销手段，为客户提供全面的服务解决方案。同时，定期召开产品推介会，加快公司的战略转型。

（二）公司的人力资源管理实践

1. 人力资源战略模块

公司人力资源管理部门每年都要根据公司服务化的战略需要，制订今后五年的人力资源滚动计划，与公司发展战略紧密结合。公司的总经理助理兼人力资源部经理，经常参与公司的战略决策，并按照公司战略发展要求，制定相应的人力资源政策，采取有效的人力资源实践推动公司服务化目标的实现。

2. 招聘模块

公司会依据服务化需求拟订招聘计划和方案，一般提前半年左右制定。招聘时，有专门的人才招聘方案及多样化的素质测评方式，比较关注员工的综合素质，如价值观、学历、知识和技能等，以及员工对公司的关注程度。

3. 培训模块

公司有专门的企业大学负责员工的培训管理工作，根据服务化发展需求开展对内和对外的各项培训。企业大学主要提供员工发展的培训平台，同时成为公司的一张名片，彰显公司的品牌。公司有专门的新入职员工培训，老员工分模块、分系统进行相应的岗位技能提升培训。此外，公司还会结合员工的成长发展开设相应的培训，与员工的职业发展紧密相连。

4. 绩效考核模块

公司的绩效考核体系目前正逐渐趋于完善，不同的系统具有不同的考核指标和方法，但基本上都是依据服务化需求拟订考核方案。考核结果除作为对员工奖惩的依据外，还会作为员工的发展衡量标准，与其职业生涯紧密相连。公司每年都会评选出首席员工以及国家、省市、公司级劳模和先进，并对其进行精神激励和物质激励，在公司内弘扬正能量。

（三）总体评述

综上可知，该公司的组织运行机制较为合理，且非常重视客户服务，制定并实施与服务化战略一致的人力资源战略。在招聘和培训过程中，公司会根据服务化发展需求制订相应的招聘和培训计划，注重多种招聘和培训手段的综合使用。在绩效考核方面，公司的考核系统与服务化目标基本匹配，考核结果除作为对员工奖惩的依据外，还会作为员工的发展衡量标准，与其职业生涯紧密相连，充分发挥绩效考核的发展性功能。因此，总体上可以认为该公司的人力资源管理模式属于战略被动型。

四　K公司

（一）公司简介及其服务化特色

K公司是中国领先的自动化与信息化技术、产品与解决方案供应商，是"国家重点高新技术企业""全国优秀民营企业""国家火炬计划电力自动化产业基地核心骨干企业"。凭借在工业自动化领域20多年的深厚积累，公司致力于自下而上的全面解决方案提供，包括自动化仪表、控制系统、优化与先进控制软件、信息管理系统、装备自动化等优质产品。

公司是一家上市企业，有两家分公司，在全国多地设有办事处，不管是总公司还是子公司以及各地办事处，都设置了职能部门，并实行"部门经理负责制度"，即部门经理是所在部门的第一负责人，负责公司上层制定的各项政策的传达。同时，在研发领域的部门，设立"主任工程师"职务，专职研发工作。公司各部门合作非常密切，同时公司也在不断地深化自身内部的管理。例如，将集团内部所有的研发部门划分到"技术中心"领域，方便管理。实践证明，当前公司的管理制度比较清晰透彻。

当前公司正处于由"工业3.0"向"工业4.0"转变的阶段，在产品的研发方面投入越来越大，学习借鉴国外先进产品，并提倡自主创新。对于客户所提出的要求，不再像以前那样一味地遵循，而是会在研发新产品前，充分地调研了解客户的需求，然后深入地分析该需求的市场需求量，进而判断是否值得公司投入资源去创作。同时，公司会将产品在研发以及使用过程中可能遇到的问题，充分地告知客户。当客户的需求与公司的经验在某些方面冲突时，公司会很负责任地告知客户，必要的时候落实到书面合同，避免日后产生纠纷。

公司致力于向客户提供集成控制解决方案、工厂优化方案和面向特定行业的应用程序，涉足的领域包括电力、化工、煤炭等行业。公司成立了服务中心，拥有一支技术过硬、经验丰富的工程师队伍，24小时待命，为客户提供售前、售中、售后服务及增值服务，帮助客户提高资产生产力、降低能耗。同时，公司设有客户培训中心，从客户的角度出发，对客户进行全面、系统的培训，以最大限度地发挥公司产品的功能。自成立以来，已累计为近2000家厂矿企业提供了自动化领域内的各类产品、技术和服务，并每年以30%以上的速度递增，获得了客户的广泛认可。

（二）公司的人力资源管理实践

1. 人力资源战略模块

公司在制订工作计划时注重将长期计划（如员工的成长）与短期计划（如部门内部月度绩效评定）相结合，并一直秉承"以员工为本"的理念，在人力资源管理领域制定了详细的各项政策，例如员工职位的晋升、薪资的调整等。一般情况下，员工职位每2—3年会有晋升的机会，薪资每年会根据当地的物价水平，综合公司上年度的销售额以及员工上年度的个人表现进行调整。公司内部员工的问卷调查显示，公司在人力资源管理方面的各项政策，绝大部分员工都比较认同。公司的人力资源经理全面负责公司人力资源管理方面的工作，例如员工绩效考核、职位晋升考核谈话、职称申请等。公司高层领导对于人力资源部门提出的意见，一般会接纳。此外，公司在技术质量部设置了HRBP，负责集团技术中心、智慧电厂研究中心、执行器中心、供应链中心等部门的人力资源管理专项工作，加强人力资源管理与业务部门的联系。

2. 招聘模块

具有职业道德和职业技能，认同公司文化、德才兼备、能够为公司做出贡献是公司人才识别的基本条件。不盲信学历、资历、经验，能力和潜力是评价人才的首要条件，并秉承"宁缺毋滥"的原则。公司在每年10月组织招聘活动。在招聘时会通过人力资源部门初步了解员工的综合素质，然后将筛选过的应聘人员送至各部门，由各部门经理筛选，研发领域同时还需要主任工程师进行再次面试，从而保证每一位新员工的素质符合公司要求，做到"来之则战"，并能有效地避免公司日后人才的流失。

3. 培训模块

公司坚信教育及培训是最重要的工作，并致力于创造适合员工发展的环境，鼓励支持员工的学习。当前，有各式各样的培训，新员工入职时都会有为期两周的入职培训。同时，在新员工入职后，每个部门都会指定一位老员工作为新员工的入职指导人，全面负责新员工的培养工作。此外，各交叉部门也会不定期地组织培训，例如，知识产权培训、软件编程培训等。

4. 绩效考核模块

当前公司的各项考核制度较为完善，坚持以结果为导向，以业绩论英雄，奖优惩劣。其中，研发领域的考核主要关注其每年度完成的项目质量如何，销售领域主要看其销售业绩，售后领域主要看客户的满意度。公司设有专职部门，会不定期地与客户沟通，了解客户在产品使用过程中的满意度。公司的考核主要是为了促进员工的成长，继而不断推动公司的各项业绩进步。

（三）总体评述

综上可知，该公司制定了与服务化战略目标基本匹配的人力资源战略，在组织结构、组织文化和客户服务等方面也都与服务化战略实现了较好的融合。在招聘和培训方面，公司会根据人才需求制订相应的招聘和培训计划，注重招聘的有效性和培训形式的多样性。在绩效考核方面，公司着重考核各个部门的关键绩效，并充分听取客户的意见和建议，且考核结果主要为员工的发展和公司成长服务，充分体现了发展性绩效考核的特点。因此可以认为，该公司的人力资源管理模式属于战略被动型。

第五节　战略主动型人力资源管理案例分析

一　L 公司

（一）公司简介及其服务化特色

L 公司所属的母公司是一家立足于北欧和美国的钢铁公司，是全球高强钢领先制造商，员工遍及全球逾 50 个国家和地区，通过与客户密切合作，不断开发高附加值的产品与服务，从而创造一个更强、更轻和更加可持续发展的世界。L 公司是其在中国设立的唯一子公司。

公司在发展过程中建立了高度分权的治理体系，组织结构上属于典型的扁平化结构。在全体员工的共同努力下，公司打造了以客户为中心的企业文化，并在经营全过程始终坚持客户利益优先。

公司设有专门的服务中心，重视质量和客户聚焦，以产品为保障，以服务客户为出发点和落脚点。除服务中心外，公司还配有专门的研发团队，针对客户的定制化需求，结合材料性能进行设计研发。公司主要有两个生产车间：一个是批量生产和加工，另一个则是针对客户需求进行个性化的加工。公司非常重视售后服务，除了销售团队外，还按照区域配备了技术支持团队，主要是为客户解决产品性能、材料加工等方面的问题。

（二）公司的人力资源管理实践

1. 人力资源战略模块

人力资源管理部门每年都要根据公司服务化战略的需要，预测未来环境的变化。但由于母公司于 2014 年并购另一家公司，涉及中国区的战略调整和组织结构变化，因此公司近期人力资源规划期限均在 1—2 年。目前，公司人力资源管理部门已经实现智能转型，即从职能导向转变为业务导向。如今公司的 HR 模式正在向 HR BP（Business Partner）转变，从 HR 专业角度出发，成为真正意义上的战略性业务伙伴。公司每年开展一次员工敬业度调查，在培训与发展、沟通、技术、工作与生活平衡、工作保障与职业发展等方面加大投入，增加沟通渠道，结合公司战略规划和人力资源规划，重视长远发展的需要。

2. 招聘模块

公司会根据对今后服务化发展趋势的预测，拟订未来较长时期的人才需求计划，并不断改进人才甄选手段。公司招聘计划一般于年初制订，招聘的侧重点会根据不同的岗位来考量，例如，技术性岗位比较看重应聘者的工作经验、专业知识与岗位技能，销售岗位则较为看重应聘者的沟通协调能力、为顾客服务的能力与意识、团队合作意识等。公司在招聘过程中注重多种测评方法的综合使用，当招聘关键人物时会采用如 360 Feedback & Harrison Assessment（哈里森测评）等有效的测评方式。

3. 培训模块

公司高度重视对员工的教育与培训，每年会在年初设定全年的培训需求计划，培训主要包括一般培训、安全培训、技能培训、技术培训和管理培训等。在具体培训内容上，会综合考虑公司各部门当前和今后一段时期服务化转型的人才素质需求，拟订培训计划和方案，并加以持续改进。此外，公司针对选出的管理候选人，通常会派去总部进行相关管理类培训。

4. 绩效考核模块

公司绩效考核体系相对较为完善，会在每年年初根据当前和今后一段时期服务化转型提出的管理要求设定考核目标，包括组织目标、部门目标和个人目标三个部分。对设定的考核目标，公司会进行年中中期回顾、年底最后审查，且目标的设定和回顾都由员工和经理共同完成。在考核内容方面，不仅考核员工所在岗位和部门的业绩，还要考察对其他岗位和部门的工作支持情况。在考核主体方面，除领导之外，员工和客户也会参与到绩效考核评价的环节。在考核结果应用方面，公司会将最终考核结果直接用于绩效奖金、浮动奖金或销售奖金的发放。此外，公司还会根据考核结果，结合员工个人意愿对员工发展进行描述和备注。

（三）总体评述

综上可知，该公司在组织结构、客户服务、人力资源战略等方面实现了与服务化战略的有效匹配，注重对公司未来环境的预测与发展变革。在招聘和培训过程中，公司会根据对当前和今后服务化趋势的预测提前制订相应的招聘和培训计划，注重多种招聘和培训手段的综合使用，重视对新老员工的培训。在绩效考核方面，公司着重考核员工的岗位业绩及其协作情况，同时对考核结果加以充分利用，而员工与客户也会参与到绩效考核过程中，充分体现了绩效考核的科学性与合理性。因此，总体上可以认为，该公司的人力资源管理模式属于战略主动型。

二　M公司

（一）公司简介及其服务化特色

M公司是一家以家电制造为主的大型企业，拥有中国最完整的小家电产品群和厨房家电产品群，旗下拥有两个子上市公司。公司在多个国家和地区建有生产基地，主要生产空调、洗衣机、冰箱、加湿器、灶具、消毒柜等产品，在全球范围内共拥有60多个境外机构，主要产品远销全球200多个国家和地区。

公司在发展过程中建立了高度的分权体系，实现了集权有道、授权有序、分权有章、用权有度，属典型的扁平化组织结构。在全体员工的共同努力下，公司打造了以客户为中心的企业文化，在经营全过程坚持客户利益优先。

在服务化上，公司一直强调以产品和客户为中心，强调客户利益优先以及高质量的产品和服务，邀请客户联合开发产品，提供全面的售前、售中和售后服务（400客服热线24小时内解决客户问题）；所属营销公司专门对接客户，公司其他的部门和所有资源都要支持营销公司的运作；建有专门的客户研究中心，有一支专业的多元化团队研究顾客的消费需求及偏好；建有自己的电子商务网站，并与国美、阿里巴巴、华为等合作，以更有效地获取客户数据，运用大数据分析法深入分析客户的需求，为公司的决策提供科学依据；公司每年都会委托第三方调查机构，在全球范围内对公司的客户满意度进行调查，将其与竞争对手进行比较，并根据调查结果进行相应的奖惩和改进；公司进行了组织、机制和文化再造，对原先的事业部进行了部分整合，去中间层和部门化，建立扁平化的组织结构，致力于打造经营、专业和支持三个平台，以更好地为客户服务。

（二）公司的人力资源管理实践

1. 人力资源战略模块

人力资源管理部门每年都要根据公司服务化战略的需要，预测未来环境的变化，制订今后三年的人力资源滚动计划，并为服务化战略的调整和实施提供建议方案。目前，公司人力资源管理部门已在宏观层面构建了人力资源三大支柱体系：一是 HR COE（Center of Expertise），定位于 HR 领域的专家，凭借良好的专业技能设计公司的业务导向以及 HR 政策、流程和方案等，并为 HR BP 提供技术方面的支持；二是 HR BP（Business Partner），定位于业务部门的合作伙伴，为公司各个业务部门提供专业化的咨询服务和解决方案；三是 HR SSC（Shared Service Center），定位于 HR 标准服务的提供者，为公司管理人员和员工提供 HR 咨询，帮助 BP 和 COE 摆脱事务性的工作，对客户的满意度和卓越运营负责，通过信息系统解决了员工90%的问题。

2. 招聘模块

公司会根据对今后服务化发展趋势的预测，拟订未来较长时期的人才需求计划，并不断改进人才甄选手段。公司每年都通过校园招聘的方式招募一定数量的新员工，在招聘过程中重点考察应聘者的适应变革能力、快速执行能力和沟通能力。在具体招聘过程中，注重多种方法的综合使用。招聘大致可分为三个程序：一是与北森、翰威特等公司合作，对应聘人员进行前期的在线测评；二是对通过第一轮测试的应聘者，由人力资源管理部门进行第二轮测试，主要是无领导小组讨论，考察应聘者的应变能力、语言组织能力、领导能力等综合素质；三是由具体的业务部门和人力资源管理部门共同负责进行的面试，考察应聘者的素质是否与招聘的岗位相匹配。

3. 培训模块

公司高度重视对员工的教育与培训，建立了专门的培训学院。公司的培训体系主要包括新人层面的培训、事业部层面的培训和集团层面的培训三个方面。其中，新人层面的培训主要是针对新招聘来的员工，公司对他们进行为期一年的系统培训；事业部层面的培训主要是提高事业部中层管理者的专业技能；集团层面的培训旨在提高集团中高层管理者的领导力。在培训内容上，会综合考虑公司当前和今后服务化转型的人才素质需求，拟订培训计划和方案，并加以持续改进，大致涵盖了工程硕士、MBA、EMBA 等学历教育和专业技能培训。此外，公司还通过外部合作和内部开发两个途径建立了 e – Learning 系统，供员工自主学习。

4. 绩效考核模块

公司内部一直强调业绩为王，根据当前和今后一段时期服务化转型提出的管理要求，建立了动态的、业绩导向的管控体系，层层签订业绩目标责任状。在考核内容方面，不仅考核员工所在岗位和部门的业绩，还要考察对其他岗位和部门的工作支持情况。在考核主体方面，除领导之外，员工与客户也会参与到绩效考核评价的环节。在考核结果应用方面，公司会对最终考核结果进行强制分布，处于末位的人员面临被淘汰的风险，考核优秀者则进行有力的激励，激励强度在国内家电企业中最高。此外，公司还会根据考核结果，对员工进行必要的培训，以不断改善其业绩。

（三）总体评述

综上可知，该公司拥有与服务化战略目标相匹配的组织结构、客户服务文化、人力资源发展战略，形成了较为完善的人力资源管理体系。在招聘和培训过程中，公司会根据对当前和今后服务化趋势的预测提前制订相应的招聘和培训计划，注重多种招聘和培训手段的综合使用，重视对新老员工的针对性培训。在绩效考核方面，公司着重考核员工的岗位业绩及其对其他工作环节的协作情况，同时对考核结果加以充分利用，而员工与客户也会参与到绩效考核过程中。因此，总体上可以认为，该公司的人力资源管理模式属于战略主动型。

三 N 公司

（一）公司简介及其服务化特色

N 公司始建于 20 世纪 80 年代末，一直以"创建一流企业，造就一流人才，做出一流贡献"为发展愿景，以装备制造业为主营业务，以"工程"为特色，主要生产混凝土机械、挖掘机械、起重机械、筑路机械等系列化的机械产品，同时生产和销售石油装备、煤炭设备、精密机床等，多个产品获得中国或全球第一品牌的称号，目前已发展成为全球装备制造业的领先企业之一。

长期以来，公司始终贯彻"一切为客户服务"的理念，公司各部门之间合作融洽。近年来，公司更是改变以往一味地强调产品质量的理念，转而追求"产品质量"和"服务客户"齐头并进的企业文化，在各环节都渗透出对客户服务的关注。公司的组织结构实行以产品为中心的职能制，权力分配上实行事业部制、部门长责任制。随着公司的发展壮大，管理层次较多，因此，有时会出现部门职责不清、沟通缓慢等情况，但信息失真情况很少。

在服务化方面，公司注重将服务贯穿于整个营销活动过程中。在售前产品设计方面，公司建立了客户和产品信息库，对产品实施全生命周期的管理模式；在售后服务方面，客服中心定期电话抽查客户，评估客户对产品与服务的建议和满意度。此外，公司层面会定期派出一些"神秘客户"，监督和了解售中、售后服务、提供解决方案等各个环节的真实情况。

（二）公司的人力资源管理实践

1. 人力资源战略模块

公司每年都会制定人力资源规划，一般是滚动规划，周期为3—5年。人力资源管理部门虽然不直接参与价值创造，但会大力支持、协助公司其他各部门战略规划的进一步落实。人力资源管理部门提出的切合实际、符合现状的建议，一般都会被公司采纳。公司人力资源管理部门做的每一件事都坚持服务于公司、服从于公司的业务流程和增值流程，都朝着公司的战略目标迈进。

2. 招聘模块

在充分竞争的行业，公司通常会根据市场和产销的变化来确定招聘需求。招聘计划通常一年制订一次。在公司层面，十分注重应聘者的学历，力求通过学历的门槛最大限度地减少招聘环节的"寻租"和舞弊现象。在招聘时会严格区分"985工程"高校、"211工程"高校、普通高校，以及学历是否为国家统招、自考等。公司在多方了解后得知，许多企业在社会招聘时采用的素质测评方法对整个录用结果并无任何帮助。因此，公司在招聘过程中不采用素质测试的方式，而是从公司目前与未来的服务化需求出发，有针对性地采用情景模拟、无领导小组等测评方法。在部门层面，实行部门长责任制，部门长看重的是该员工能否胜任部门和岗位需求，侧重于完成工作的能力，但这种能力不完全等同于知识与技能。

3. 培训模块

公司注重对员工的培训工作，培训计划一般一年制订一次。在培训内容上，会根据实际情况有所区别。公司层次实施战略理念类的培训，部门层次则实施技能类培训。公司秉持着"赢得了当前，就是赢得了长远"的理念，认为没有当前，就没有长远。因此，一直较为侧重于员工当前的发展需要，注重对员工现阶段的培训，但这种现阶段的培训还是会着眼于员工未来岗位的需要。在新老员工培训上，公司会根据实际情况提供针对性的培训。新员工的入职培训一般会安排在一周左右，主要是对员工进行理念培训，重在培养员工对公司的荣誉感与自信心，以及对公司规章制度的认同感；对老员工则侧重于培训他们解决部门内部事务的能力，即部门业务模式、业务流程等方面的培训，旨在提高老员工的工作效率，为公司的长远发展做打算。

4. 绩效考核模块

公司的绩效考核体系经过近八年运转，趋于完善。对员工采用强制排序法进行考核，采用"业绩＋努力＋能力"的三维考核方式。公司会将所拥有客户的成交率、转介绍率等指标纳入员工的内部评估，作为其工作绩效的一个衡量标准。员工对考核结果拥有充分的知情权。在考核结果利用上，公司强调浅层次的考核主要用于对员工的"奖惩"；在深层次的考核上，公司认为要对员工实行"奖惩＋淘汰"的模式，单纯的奖惩起不到应有的激励效果，要在"奖惩＋淘汰"的驱动下，员工的潜能才能得到最大限度的发挥。

（三）总体评述

综上可知，该公司在客户服务上具有一定的特色，组织结构也可以较好地满足发展需要。针对战略需要制定了人力资源滚动规划，人力资源管理部门扮演了公司战略伙伴的角色。在招聘过程中，公司会根据未来市场和产销的变化来确定招聘需求，并采用了较为独特的招聘理念和方案。培训做到了分层、分类实施，将公司当前和长远的发展需要相结合。在绩效考核方面，公司实施的三维考核方式也很有特色，考核结果不仅作为对员工奖惩的依据，更注重激发员工的潜能，实现员工和公司的更好发展。因此可以认为，该公司的人力资源管理模式属于战略主动型。

第五章　服务化转型中的制造企业
员工胜任力

胜任力作为决定员工能否取得高绩效的内在个人特征，对企业的发展也具有重要影响。根据第三章的论述可知，制造企业的服务化转型对人力资源管理模式提出了变革要求，其中也蕴含着对员工胜任力的要求。事实上，拥有一支高胜任力水平的员工队伍，是制造企业实施服务化转型战略的基本人力资源保障。本章将理论研究与实证研究相结合，探索性地构建了服务化转型制造企业的企业家、研发人员和营销人员三类人员的胜任力模型。

第一节　服务化转型与员工胜任力的关系

与传统的制造企业相比，服务化转型中的制造企业在很多方面都会发生较大改变，如企业的战略决策将会更多地考虑外部环境的变化和利益相关者，工作过程中会面临更多的不可预测性，而且工作本身的复杂度也将会不断提高等。而伴随着这些变化出现的便是对企业员工甚至是企业领导者的胜任力提出了新的、更高的要求。只有从企业高层到基层，都能在思想上充分认识到服务化转型的重要性和艰巨性，并在态度、知识和能力等方面达到服务化战略的实施要求，才能从根本上保障服务化转型的顺利进行。因此，服务化转型与制造企业的员工胜任力之间是一种相互影响、相互促进的关系。

理论上说，服务化转型要求制造企业的所有员工具备全面的服务理念并且全员、全过程参与。因而，每一位员工的胜任力都有着重要的现实意义和理论研究的必要性。但是，如果对所有岗位的员工胜任力都进行研究，不仅会带来理论上的复杂性，而且由于受研究时间和条件等所限，在操作层面也不具有可行性。而如果针对制造企业中几类关键岗位员工的胜任力进行分析，不仅符合理论研究的基本套路，可以较好地实现研究的目标，而且具备实践可行性和经济性。故此，本书着重探讨服务化转型对制造企业部分重要岗位员工的胜任力要求。

一般而言，企业家是整个企业活动的核心。作为企业的重要管理者和领导者，企业家的行为直接影响到企业的前途和发展。为了让企业能够有效地应对复杂的内、外部环境，实现企业的健康、可持续发展，企业家必须能时刻洞察环境变化，并据此果断地做出正确的决策。同时，创新对一个组织而言是至关重要的，不管是组织目标的创新，还是技术、制度、结构、环境的创新，总是与企业家的创新思维和能力密切相关。因此，可以说企业家是企业内部新观念、新思维的主要来源，亦是企业跟上时代步伐不可或缺的"领头羊"。制造业服务化转型是不可逆转的历史潮流，面对这一重要的环境变革，企业家的作用就更为明显。一方面，他要密切跟踪产业环境和市场环境等的变化趋势，对企业的发展战略进行及时调整，使之与服务化转型相匹配；另一方面，他需要对企业已有的组织模式、运作模式、作业方式以及价值实现途径等实施变革，确保和服务型制造网络之间的协同。因此，服务化转型对制造企业的企业家胜任力提出了更高要求。

在制造业服务化转型的背景下，优秀的企业家主要起到战略决策者和领军者的角色。除此之外，在服务化转型过程中，还需要优秀的人才队伍作为支撑。具体来说，从制造企业服务化的本质来看，主要是在产品中融入更多的服务元素，满足客户的个性化需求，为客户提供更多的价值感受，这就要求企业在产品研发这一源头和产品销售这一终端根据客户的需要进行创新。同时，从制造企业的价值链来看，产品的研发设计和销售早已成为企业的两个高附加值环节。总之，在服务化转型的驱使下，一方面，企业要能够不断地开发出新的产品与服务来满足客户个性化的要求，提升客户的满意度；另一方面，企业要在新的营销模式与营销理念的帮助下将这些附加了服务的产品更好地投入市场，增加产品在市场上的占有份额，进而增强企业的获利能力。而要做到这些，势必将会对研发人员与营销人员的胜任力提出更高的要求。

基于以上论述，本书认为，企业家、研发人员和营销人员这三类员工对制造企业服务化转型的成功与否具有至关重要的影响，并主要探讨服务化转型对他们胜任力的要求，进而构建相应的胜任力模型。

第二节　企业家胜任力

一　企业家胜任力的理论分析

在一个企业，企业家拥有的人力资本在企业通常处于主导地位，他们具有丰富的知识和管理经验、较强的创新意识、善于跟踪市场发展动态等。伴随着经济与社会发展的转型，经济发展的决定力量已经从以往的资源投入变成对相关资源的优化配置与有效利用。企业家在社会资源优化配置方面扮演着专家的角色，成为当今知识经济时代经济发展的重要驱动因素。实践证明，国际上每一个成长优秀的企业，都拥有杰出的企业家。相同的社会资源，经过杰出企业家的有效利用，就可能产生巨大的经济社会效益。[①]

随着胜任力理论的发展，企业家胜任力引起了相关机构的关注。20世纪 70 年代，美国管理协会经过长达五年的时间，在 4000 名企业家群体中找出了 1812 名最为成功的企业家，总结得到了 19 项企业家的基本素质特征，包括工作效率高、具有进取精神、逻辑思维能力强、富有创造性等。原中国企业家协会和企业管理协会会长袁宝华研究指出，我国企业家需要具备以下五个方面的基本素质：（1）具有强烈的事业心；（2）可以有效地处理员工、企业和国家之间的利益关系；（3）有能力增强企业的竞争优势，保障企业的市场地位；（4）拥有科学决策、民主决策的能力；（5）作为政治家和社会活动家，能够处理好企业内外部的各种矛盾，善于激发相关主体的工作热情。[②]

此外，国内外学界也围绕企业家的胜任力构成提出了自己的看法。麦克利兰（1987）对成功企业家的行为进行归因，认为"企业家的胜

---

① 柴梅：《基于企业生命周期的企业家胜任力模型研究》，硕士学位论文，青岛科技大学，2008 年，第 1 页。

② 陈万思：《美、日、德、中四国企业家素质标准比较》，《现代经济探讨》2001 年第 8 期。

任力包括前瞻性、成就导向和承诺"①；斯宾塞（1993）总结了以往的管理胜任力结构，从成就动机、解决问题能力、个人成熟、影响力、指导与控制及体贴他人五个方面构建了企业家胜任力模型；时勘等（2002）认为，"企业家应具备十个方面的胜任力特征，包括影响力、组织承诺、信息寻求、成就欲、团队领导、人际洞察力、主动性、客户服务意识、自信以及发展他人"②；苗青和王重鸣（2003）从企业竞争力的视角出发，认为"企业家的胜任力模型包括机遇能力、关系能力、概念能力、组织能力、战略能力以及承诺能力六个方面"③；杜鹃和赵曙明（2008）提出的"服务行业管理者胜任能力模型包含 11 项指标，分别是：决策能力、情绪智力、自我效能、成就动机、创新能力、社交能力、学习能力、沟通能力、领导能力、变革能力和知识应用水平"④；曾智洪（2012）通过实证研究得出，"企业家危机管理胜任力包括危机管理意识、危机管理人格、危机预控能力、危机应对能力和危机转化与利用能力五个要素"⑤；王红军和陈劲（2007）借鉴相关文献，并通过深度访谈、案例研究以及对 93 位科技企业家的问卷调查，建立了"由机会要素、关系要素、概念要素、组织要素、战略要素、承诺要素、情绪要素以及学习要素八个维度组成的科技企业家创业胜任力模型"。⑥由此可见，无论是科技企业家还是其他类型的企业家，他们都需要具备相应的胜任力。

　　综合以上观点，并结合制造业服务化的特点，本书认为，由于制造企业的服务化转型是以客户为导向、以创新为驱动、以服务为核心的一次战略变革。因此，服务化转型更加凸显了对企业家在战略转型、学习

---

　　① McClelland, D. C., "Characteristics of Successful Entrepreneurs", *Journal of Creative Behavior*, Vol. 21, No. 3, 1987, pp. 219–233.

　　② 时勘、王继承、李超平：《企业高层管理者胜任特征模型评价的研究》，《心理学报》2002 年第 3 期。

　　③ 苗青、王重鸣：《基于企业竞争力的企业家胜任力模型》，《中国地质大学学报》（社会科学版）2003 年第 3 期。

　　④ 杜鹃、赵曙明：《服务行业管理者胜任力对绩效的影响研究》，《南京社会科学》2008 年第 5 期。

　　⑤ 曾智洪：《企业家危机管理胜任力构成要素的探索性研究》，《华东经济管理》2012 年第 11 期。

　　⑥ 王红军、陈劲：《科技企业家创业胜任力及其与绩效关系研究》，《科学学研究》2007 年第 S1 期。

创新和客户服务等方面的胜任力要求。根据服务化转型制造企业的经营特点和发展要求，并听取相关企业家和研究专家的意见，本书初步提出了企业家的胜任力结构，主要包括战略能力、变革能力、学习能力、协作能力、成就动机、冒险精神、创新意识以及客户意识八个方面，下面进行具体分析。

（一）战略能力

战略能力是企业家在经营管理过程中根据企业所处的内外部环境变化进行分析、判断和推理，进而做出战略分析与战略选择的能力。项国鹏和王进领（2009）认为，"企业家的战略能力包括三个维度：战略制定能力、战略执行能力和战略变革能力"。① 在服务化转型的背景下，制造企业的企业家要适时调整企业的发展战略，重构企业在服务型制造网络中的发展路径。因此，其战略能力包括以下内容：（1）战略制定能力。制定转型后企业发展的愿景、目标，并拟订具体的执行计划；（2）战略执行能力。利用自身的社会网络获取企业转型所需的资金、技术等资源，监控服务化战略的执行情况；（3）战略调整能力。根据市场环境和客户需求的变化，适时调整企业的战略目标和具体行动措施。

（二）变革能力

随着外部环境的变化，变革已经成为企业发展的常态。"企业家是变革最主要的发起者和主导者，企业高层活动通过层级结构的传递对领导下的组织的生产和管理活动产生重要影响。"② 在服务化转型的背景下，制造企业原有的作业方式、组织模式、运作模式和价值实现方式都要进行不同程度的变革，在这一过程中企业家的变革能力包括以下内容：（1）识别外部环境变化。及时识别竞争对手、员工、客户等企业内外部利益相关者不同于以往的变化；（2）业务调整能力。根据外部环境的变化，调整企业的经营思路和业务重点；（3）组织变革能力。在任何有必要的领域进行变革，以更好地优化资源配置实现与服务型制造网络的协同。

---

① 项国鹏、王进领：《企业家战略能力构成的实证分析：以浙江民营企业为例》，《科学学与科学技术管理》2009 年第 10 期。

② 杨林：《企业家认知、组织知识结构与企业战略变革的关系》，《科技进步与对策》2010 年第 16 期。

（三）学习能力

企业家学习不仅指企业家充实自身的管理知识，在实践中不断积累制定各项决策所需要的知识和技能，还包括确立组织的学习导向、增强整个组织的学习能力。贝克和辛库拉（1999）以 411 家美国公司为样本，证明"学习导向与企业绩效之间存在显著的正相关关系"。[①] 在服务化转型中，市场交易的均匀化和顾客需求的个性化使得企业原有的存量知识已经老化，企业家需要通过内部学习和外部学习完成知识积累。企业家的学习能力包括以下内容：（1）自我学习。树立终身学习的观念，学习制造网络中其他企业的最佳实践，不断积累对自身及企业有用的知识。（2）构建学习型组织。通过研发、员工培训、知识管理、内部合作、经验交流等内外部学习途径确定组织的学习导向，增强整个组织吸收知识的能力。

（四）协作能力

制造业服务化转型的最突出特点就是企业由单纯提供产品转变为提供产品服务系统。在这一模式下，几乎没有一家企业能独立完成整个系统的全部生产流程，而是由众多企业共同形成服务型制造网络，通过相互之间的分工协作、优势互补，共同实现能力的提升。此外，制造企业与供应商、服务商、客户等利益相关者也超越了传统的买卖关系，在产品开发、生产、销售、库存管理等领域的协同与合作也更为紧密。因此，企业家协作能力的重要性日益凸显，其协作能力表现在以下三个方面：（1）同政府部门、金融机构、公众媒体、服务型制造网络中的其他企业、客户等外部利益相关者建立良好的合作关系；（2）同企业各部门管理人员、员工等内部利益相关者建立良好的合作关系；（3）建立通畅的沟通渠道，实现组织内外部信息传递和共享。

（五）成就动机

麦克利兰将成就需要定义为：为了自身的自我实现而希望做好的欲望。在麦克利兰的理论中，提高企业家的成就需要水平可以促进经济的发展。霍纳迪（1982）研究证明，成就导向是企业家行为的关键特征，

他们能从完成的任务和承担的角色中得到满足感。本书认为，企业家的成就动机包括两个方面：一是个人实现的成就动机；二是期望企业成长的成就动机，而个人实现的成就动机往往依赖企业成长得以实现。因此，在服务化转型的背景下，企业家的成就动机主要表现在两个方面：（1）渴望通过服务化转型实现产品的改进和服务的创新，摆脱同质化竞争的局面，增加企业获利；（2）期望通过企业的发展壮大实现自我价值。

（六）冒险精神

制造企业进行服务化转型是不断探索的过程，这一过程由于结果的不确定性企业家必然要承担风险。本书认为，服务化转型过程中企业家承担的风险至少来自以下三个方面：（1）新产品、新服务开发本身所承担的风险。新产品和新服务在理论上是可行的，但由于技术条件或其他相关条件的不足而不能带来预期的收益；（2）市场环境复杂多变，产品进入市场后可能会因为竞争者的模仿或替代品的冲击削弱产品的竞争力；（3）宏观环境变化带来的风险。政治、法律、经济环境等宏观因素发生重大变化时，企业往往无法通过自身努力化解此类风险。因此，服务化转型背景下制造企业的企业家应具备较强的冒险精神和风险承担能力。

（七）创新意识

熊彼特（1921）认为，创新比复制和模仿对企业的成长和竞争行为更有意义，创新是生产函数的变动，其主角是企业家。服务化转型的背景下，制造企业只有通过不断创新才能够满足客户多变的需求，促进自身的可持续发展。制造企业的创新包括生产对象创新和内部过程创新两个方面。其中，生产对象创新不仅包括实体产品功能和形式的创新，还包括不断提供新的增值服务以提高产品满足客户需求的能力；内部过程创新涉及企业组织架构、运作模式、商业模式等领域的创新，致力于从根本上增强制造企业的核心竞争力，摆脱单纯依靠成本或技术领先的模式。因此，对企业家而言，其创新意识表现在：（1）产品服务创新。重视新产品、新服务的开发；（2）内部过程创新。通过企业整体运作模式的创新，构建基于服务化的创新体系。

（八）客户意识

制造业外部环境的明显变化之一就是客户消费行为的转变，客户由传统的对产品及其功能的追求转变为对个性化的消费体验和心理满足的追求。为顺应这一变化，制造企业不能只追求企业利润最大化而更应该关注客户价值的实现。在运作模式上，服务化转型强调主动服务，主动将客户引进产品制造过程，主动发现顾客需求，并基于顾客需求开展针对性服务。库特纳和克里普斯（Kutner and Cripps，1997）提出，"企业的客户管理应该基于四个原则：客户是企业最重要的资产；客户的想法并非相同；客户需求、爱好、购买习惯和对价格的敏感性会变化；企业提供的产品和服务要使客户价值最大化"。① 客户作为企业最重要的战略资源，企业家的客户意识决定了企业的战略导向和经营决策，因此企业家应具备以下客户意识：（1）了解客户的潜在需求；（2）主动寻找能给客户带来利益的产品和服务；（3）关注客户价值的实现，通过满足客户效用实现企业和客户的双赢。

二　调查问卷设计及预调查

本书采用自行开发调查问卷的方式，对以上提出的制造企业企业家胜任力模型进行实证检验。初始问卷包含 26 个测量题项，涵盖了企业家胜任力的 8 个维度。问卷在设计过程中参考了大量相关文献及国内外权威量表，并邀请有关专家对测量题项的内容有效性进行了评估。在大规模调研前，借助 MBA 班学员进行了预调研，结合调研结果对问卷进行修改形成了正式调查问卷，所有测量指标都采用 Likert 5 分值量表。

本书预调研的对象为某高校 MBA 学员，首先对该校历届 MBA 学员登记信息进行筛选，挑选制造企业的企业家及高层管理人员发放调查问卷。本次调研共发放问卷 105 份，回收有效问卷 83 份，有效回收率为 79%。

采用 SPSS18.0 对预调查获得的数据进行探索性因子分析，其中 KMO 值 = 0.732 > 0.7，巴特利特球体检验的卡方统计值的显著性概率是 0.000 < 0.1，说明数据具有相关性，适宜做因子分析。然后，采用主成分分析法提取初始因子，保留特征值大于 1 的因子，转轴方法采用方差最大正交旋转法，共提取八个因子，分别命名为战略能力、变革能力、学习能力、协作能力、成就动机、冒险精神、创新意识和客户意识，八个因子的方差解释量为 80.08%。此外，对调查问卷的各个维度

---

① Kutner, S. and Cripps, J., "Managing the Customer Portfolio of Healthcare Enterprises", *The Healthcare Forum Journal*, Vol. 40, No. 5, 1997, pp. 52 – 54.

进行信度检验，检验结果表明各维度的 Cronbach'α 系数均高于 0.8，说明量表的信度良好。此外，对"成就动机"这一维度进行信度分析时发现，若删除测项"期望提高产品的环境友好性"，α 系数将由0.861 变为 0.885，信度更高，因此将该项删除。因子分析后的结果如表 5-1 所示。通过探索性因子分析（见图 5-1），初步掌握了变量与测量题项之间的结构关系，调整了测量题项的归属关系，形成了正式调查问卷，共包含 25 个题项（见附录Ⅲ）。

表 5-1　　　　　　　　企业家胜任力探索性因子分析结果

序号	因子名称	要素序号	测量条目简称	载荷系数	Cronbach'α 值
F_1	战略能力	X_1	制定服务化转型的发展战略	0.907	0.862
		X_2	战略执行	0.833	
		X_3	战略调整	0.872	
		X_4	监控战略执行过程	0.656	
F_2	变革能力	X_5	识别外部环境变化	0.905	0.910
		X_6	业务调整	0.874	
		X_7	组织变革	0.895	
F_3	学习能力	X_8	自我学习	0.740	0.811
		X_9	学习同行业最佳实践	0.766	
		X_{10}	树立终身学习的观念	0.762	
		X_{11}	构建学习型组织	0.740	
F_4	协作能力	X_{12}	与企业外部利益相关者合作	0.835	0.837
		X_{13}	与企业内部利益相关者合作	0.847	
		X_{14}	沟通能力	0.875	
F_5	成就动机	X_{15}	期望提高企业盈利能力	0.834	0.885
		X_{16}	期望获得企业成长	0.909	
		X_{17}	从企业成长中实现自我价值	0.845	
F_6	冒险精神	X_{18}	鼓励员工大胆冒险	0.899	0.858
		X_{19}	承担失败风险的能力	0.888	
F_7	创新意识	X_{20}	注重新产品开发	0.817	0.872
		X_{21}	注重基于产品的服务开发	0.878	
		X_{22}	创新企业整体运作模式	0.886	
F_8	客户意识	X_{23}	了解客户潜在需求	0.845	0.853
		X_{24}	主动服务	0.854	
		X_{25}	关注客户价值实现	0.889	

总体 α = 0.903，方差解释量为 80.08%

三 正式调查及数据检验

正式调查的对象为长三角地区部分制造企业的企业家和高层管理人员，问卷通过电子邮件发放和电话联系回收的方式进行，本次共发放问卷 150 份，回收问卷 113 份。因部分问卷的缺失值太多判为无效，有效问卷总数为 102 份，有效回收率为 68%。运用 LISREL8.70 软件包对正式调查收集的样本数据进行验证性因子分析，以进一步检验企业家胜任力的因子结构。

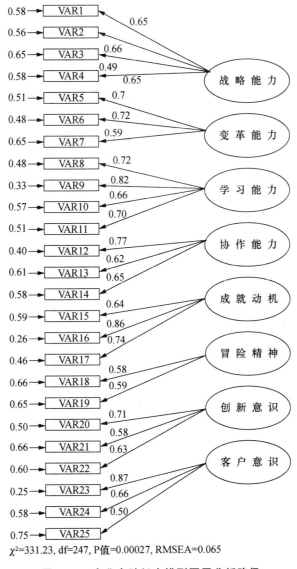

$\chi^2=331.23$, df=247, P值=0.00027, RMSEA=0.065

图 5-1 企业家胜任力模型因子分析路径

采用 LISREL8.70 软件包的验证性分析程序验证模型的有效性和合理性，结果见表 5 - 2。

表 5 - 2　　　　　　　企业家胜任力模型拟合参数

拟合参数	χ^2/df	GFI	CFI	NFI	IFI	RMSEA
结果	1.51	0.91	0.93	0.92	0.93	0.065

一般 χ^2/df 小于 3 即说明模型的拟合度良好，本书 χ^2/df 的值为 1.51，GFI、CFI、NFI、IFI 的值均高于临界值 0.9。根据 McDonald 和 Ho 的观点，RMSEA 小于 0.05 说明契合度理想，小于 0.08 即为可接受水平，本书的 RMSEA = 0.065 为可接受。此外，从图 5 - 1 可以看出，胜任力各个维度的路径系数均通过了 t 值检验并且逻辑关系合理。因此可以认为，本测量模型是有效的。

四　结果分析与讨论

本书以服务化转型背景下制造企业的企业家为研究对象，通过理论分析和实证检验，构建了包含八个维度的企业家胜任力模型，进一步丰富了制造业服务化及企业家胜任力等领域的研究。在此基础上，并结合电话和实地访谈，我们得出以下结论：

（一）企业家能力正替代其他生产要素成为企业成长的最重要推动力

在服务化转型的背景下，制造企业需要根据市场和外部环境的变化，整合、重组、获取和让渡资源，适时调整自身的制造战略模式，在服务型制造网络中重新定位发展模式，形成企业的动态竞争优势。战略能力、变革能力、学习能力、协作能力、成就动机、冒险精神、创新意识和客户意识是对服务化转型中制造企业企业家必备的能力要求，且能力的高低对制造企业的核心竞争力和转型绩效至关重要。

（二）服务化转型背景下，客户已成为制造企业生存、发展及保持竞争优势的关键资源

"顾客导向"的服务理念要求企业家对顾客需求的变化做出快速响应，否则会影响顾客对企业的认知价值，造成客户资源的流失。因此，企业家战略调整和变革要及时。在调研中，我们发现很多制造企业逐渐呈现出组织结构扁平化和管理幅度宽化的趋势，以避免层层汇报造成问题悬而未决的状况，这正是适应服务化转型要求的一种表现。此外，很

多服务业务都采用团队管理的模式，充分授权和资源灵活的工作方式提高了服务的质量和效率。

（三）企业家的变革意识和创新理念有待进一步加强

随着信息技术的发展和客户需求的动态变化，制造企业所提供的基于产品的服务，其内容变得越来越复杂、技术含量也日益提高，这就有可能导致企业的产品和服务创新面临较高的风险。调研过程中发现，部分企业家缺乏变革和创新的意识与决心，以回避服务化过程中可能产生的风险，从而阻碍了企业服务化战略的顺利推进，不利于企业服务化能力的培育和提升。

（四）以企业家胜任力模型为基础开展有效的人力资源管理活动是推动我国制造企业服务化转型的一个重要途径

一方面，相关政府部门和行业协会要顺应制造业服务化趋势，积极做好引导和服务工作，依据企业家胜任力模型组织开展相应的学习和培训活动，提高企业家的胜任力。

另一方面，相关企业家也要结合企业的服务化实践，认真审视和评估自身的胜任力水平，并通过加强学习和实践锻炼等途径不断加以提升。

第三节　研发人员胜任力

一　研发人员胜任力的理论分析

随着科学技术的发展和行业竞争的加剧，制造企业将研发工作摆在十分重要的地位。据统计，制造企业的研发机构数量及研发投入总额占全球的70%。通常而言，研发实力的增强能为制造企业的发展提供不竭动力，贝尔实验室、英特尔实验室及微软研究院等都是制造企业与其研发部门实现互利共赢的典范。然而，企业的研发能力离不开研发人员的能力和表现。与传统制造企业的研发工作相比，服务型制造企业的研发工作具有明显不同的特点。

首先，研发主体呈现多元化的趋势。服务型制造企业的研发活动由多个层次、多个环节构成，并有多个内部和外部的研发主体共同参与，包括企业、客户和消费者、供应商、大学和研究机构等。客户通过参与需求分析、市场调研等活动，将自身需求、对"产品＋服务"的体验等信息传递给研发团队；供应商会根据需要派出研发人员与企业研发团队就产品服务系统的设计进行沟通。此外，服务型制造企业还会将需要大量资源投入的研发工作外包给大学和研究机构等在研发领域更加专业的外部企业或组织，以降低企业的研发风险、节约研发成本、缩短研发周期、增加企业竞争优势。

其次，研发活动以客户需求为导向。服务型制造企业应该积极挖掘客户的潜在需求，主动满足客户需求，进而使客户有效感知，提高客户对企业的忠诚度。

最后，研发活动要与产品服务系统相融合。在服务化转型的制造企业里，研发活动不仅是产品价值创造的一部分，还是整个产品服务系统的一个环节。按照系统论的观点，企业的研发活动不能孤立存在，应该与产品服务系统的开发设计、生产制造、市场营销、售后服务等其他环节相协同，从而达到系统优化。服务型制造企业研发活动的这些特点，对研发人员胜任力的要求日益提高。因此，深入探讨服务型制造企业研发人员的胜任力就显得尤为重要。

目前，对胜任力的研究分为个体胜任力、团队胜任力和组织胜任力三个层次，其中制造企业研发人员的胜任力属于个体层次的胜任力。在个体层次的胜任力研究中，管理胜任力的研究最多，对研发人员胜任力的研究也取得了一定的成果。例如，里夫金等（1999）将研发经理的关键胜任能力定义为"通过技术领先为公司提供竞争优势，将研发作为战略性的商业流程，推动和实施创新，调动内部和外部资源。其具体的胜任能力指标包括工作能力、知识和技能及个人特质三个层面"。[①] Zhang 等（2007）提出，影响研发人员绩效的胜任能力包括"专业知识和技能、创新能力、产品发布前对产品进行改进的能力、按期完成项目的能力、创新能力和对内对外进行沟通的能力"。[②] 徐芳（2003）认为，研发经理的胜任能力模型应包括"影响力、顾客导向、团队协作、专

---

① Rifkin, K. I., Fineman, M. and Ruhnke, C. H., "Developing Technical Managers: First You Need a Competency Model", *Research Technology Management*, Vol. 3, No. 5, 1999, pp. 53 – 57.

② Zhang, Y. S., Zeng, D. M. and Zhang, L. F. et al., "R&D Team Governance and R&D Performance", *Journal of Technology Management in China*, Vol. 2, No. 1, 2007, pp. 71 – 83.

业技术、分析性思维、主动性、开发他人、自信心、信息搜寻、团队领导和概念性思维 11 项要素"。① 曹茂兴和王端旭（2006）的企业研发人员胜任力模型则包括"成就动机、概念性思维和分析性思维、团队协作精神、创新能力、专业知识和技术以及学习能力六项胜任力内容"。② 郑利锋（2007）提出了研发工作特征的五维度模型和研发胜任力的六维度模型，六个研发胜任特征分别为："成就动机、思维能力、团队协作能力、学习创新能力、专业技术能力和需求敏感性"。③ 刘景方（2011）针对网上创新外包这种特殊环境，对研发人员胜任力进行了系统研究，认为该胜任力模型包括六个维度："服务取向、社交能力、成就导向、学习总结能力、研发创新能力和竞争意识"。④

　　由以上分析可知，服务化转型背景下制造企业研发人员的胜任特征与传统研发人员胜任特征在协作能力、责任感、创新能力和学习能力上基本相同，但前者更强调服务意识与市场导向。在此基础上，结合对相关领域专家和制造企业研发人员的深度访谈，本书提出了服务化转型背景下制造企业研发人员胜任力的六维度模型，包括协作能力、责任感、创新能力、服务意识、学习能力和市场导向，下面进行具体分析。

　　（一）协作能力

　　协作能力是指研发人员与他人合作，而不是自己独自或通过竞争的方式来完成工作任务。从目前情况来看，制造企业的研发活动基本上都是运用项目组的形式来实施。因此，研发人员不仅要履行自己的工作职责，还要与自己的上级、同事以及客户等进行有效的沟通。随着研发主体的多元化和研发活动的客户需求导向，协作能力的重要程度不断上升，如何与客户沟通协调，如何在项目组内部汇报工作的进展，如何获得同事的支持等，都是研发任务顺利完成的重要影响因素。本书选择"与本部门同事就研发工作中的问题进行沟通，寻求他们的配合和帮

　　① 徐芳：《研发团队胜任力模型的构建及其对团队绩效的影响》，《管理现代化》2003 年第 2 期。

　　② 曹茂兴、王端旭：《企业研发人员胜任特征研究》，《技术经济与管理研究》2006 年第 2 期。

　　③ 郑利锋：《高新技术企业研发工作特征、胜任特征与绩效关系研究》，硕士学位论文，浙江大学，2007 年，第 107 页。

　　④ 刘景方：《网上创新外包环境下研发人员胜任力研究》，博士学位论文，昆明理工大学，2011 年，第 84 页。

助；与本企业其他部门的人员定期进行交流，使各自清楚彼此的工作进展和资源需要；积极寻求与客户、供应商等外部利益相关者的合作，联合各方的技术创新优势；营造良好的人际关系氛围"作为衡量研发人员协作能力的指标。

（二）责任感

责任感是对研发人员的基本职业道德要求。在服务化转型的背景下，制造企业研发人员不仅要设计出满足客户需求的产品，而且要立足于产品的整个生命周期为客户提供相关的配套增值服务，帮助其实现价值和效用的最大化。而要实现这一目标，研发人员就需要对研发任务和客户具备高度的责任感，尽全力完成设定的任务目标。随着研发活动参与主体的增加，保密性也成为研发人员责任感的重要方面。因此，本书选取"主动承担任务而不是被动地依照指示工作；合理安排工作和时间，提高工作质量和效率；遇到困难时，通过自身努力并借助外部资源予以克服；严格遵循保密条约，不以技术秘密为牟利条件"作为衡量研发人员工作责任感的指标。

（三）创新能力

传统意义上的创新能力是指运用理论知识，在实践活动领域中不断提供有价值的新思想、新理论、新方法和新发明的能力。服务化转型背景下，研发工作的关键在于通过增加产品服务组合的技术含量及价值增值能力提升产品的异质性，以区别于传统的单一产品。研发人员需要针对客户的不同需求，通过客户参与的设计及专业化的技术手段，实现产品服务的创新。本书选择"具备创新精神，敢于打破传统的经验和习惯；勇于承担风险，具备良好的心理素质和抗压能力；能从具体事件中抽象出一般规律和原则，善于发现工作中的新问题；充分发挥技术创新能力，根据市场需求的变化，用新方法解决工作问题"作为衡量研发人员创新能力的指标。

（四）服务意识

服务化转型的核心和重点在于基于产品的服务。在新的消费环境下，客户的需求越来越多样化。为了满足客户需求，研发工作只关注产品是远远不够的，研发人员需要在产品个性化定制的基础上附加深度的技术服务以更好地增加客户效用。研发人员的服务意识就是替客户着想，主动提供服务，以追求客户满意作为工作的核心任务。本书选取

"深入挖掘客户需要，推出有竞争力的产品和服务，满足客户的深层次诉求；主动将客户引进研发过程，展开针对性服务；善于将客户的需求解码为研发项目的技术要求；推动企业研发战略与各项资源的整合，实现研发工作与企业服务化战略匹配"作为衡量研发人员服务意识的指标。

（五）学习能力

学习能力通常指人们基于正式或非正式的学习环境，主动获取信息、知识，并不断总结以获得自身能力的提高。服务化转型背景下，制造企业研发人员的工作依靠的正是其自身精深的专业知识和技能。研发人员不仅要系统地学习专业知识，还需要不断地领悟、总结工作中的经验。唯有如此，研发人员才能应对服务化转型的挑战。本书选择"深入了解当前最新的知识和技术，并能够预知它们在产业界的应用；积极获取和理解相关知识，不断更新自己的知识结构，提高自己的工作技能；善于从工作中总结成功的经验和失败的教训；善于学习和利用成熟的经验和研发成果"作为衡量研发人员学习能力的指标。

（六）市场导向

现在制造业面临的市场环境同以往相比发生了很大变化，统一市场向多元化市场转变的速度明显加快，需求变得不可预测或需付出极大的成本来预测；过去的卖方市场变为买方市场，客户的要求越来越高，已经不满足于接受厂商提供的多样化产品。因此，服务化转型的制造企业在研发过程中必须向市场环境主动获取信息，有效地识别客户的需求以更好地为客户创造价值。本书选取"了解当前市场需求动态；善于分析市场情报，发现客户的潜在需求以及未来产品和服务的需求趋势；主动参与销售过程，及时获取准确的客户需求信息；掌握技术发展对客户需求的影响"作为衡量研发人员市场导向的指标。

二　调查问卷设计及预调查

依据前文的理论分析，本书设计了服务化转型背景下制造企业研发人员胜任特征调查问卷。问卷共有 24 个题项，涵盖了研发人员胜任特征的六个维度，采用 Likert 五级量表由被调查者从"非常不同意"到"非常同意"5 个等级进行评价。问卷在设计过程中参考了国内外研发人员胜任特征测量的权威量表，并听取相关专家的意见对问卷进行了多次修改，以适用于制造业服务化转型的特定背景。最后，经专家共同审定，问卷较全面地反映了服务化转型背景下对制造企业研发人员胜任能力的要求，问卷条目清晰，具备较高的内容效度。

预调查的调查对象为长三角地区制造企业研发人员，问卷的发放通过邮寄和电话联系回收的方式进行。本轮共发放问卷150份，回收问卷138份，其中有效问卷122份，有效回收率为81.3%。本书首先采用SPSS18.0对获得的原始数据进行探索性因子分析，其中，KMO值 = 0.827 > 0.7；巴特利特球体检验的卡方统计值的显著性概率是0.000 < 0.1，说明数据具有相关性，适宜做因子分析。其次，采用主成分分析法提取初始因子，保留特征根大于1的因子，转轴方法选用方差最大正交旋转法，共提取了六个因子，分别命名为协作能力、责任感、创新能力、服务意识、学习能力和市场导向，六个因子的方差解释量为78.584%，因子分析后的结果如表5-3所示。

表5-3　　　　制造企业研发人员胜任特征探索性因子分析结果

序号	因子名称	构成要素	载荷系数	Cronbach' α 值
F_1	协作能力	与本部门同事就研发工作中的问题进行沟通，寻求他们的配合和帮助	0.848	0.803
		与本企业其他部门的人员定期交流，清楚彼此的工作进展和资源需要	0.802	
		积极寻求与客户、供应商等外部利益相关者合作，联合各方技术创新优势	0.683	
		及时化解人际关系中的各种矛盾和冲突，营造融洽的人际关系氛围	0.550	
F_2	责任感	主动承担任务而不是被动地依照指示工作	0.916	0.962
		合理安排工作，提高工作质量和效率	0.911	
		通过自身努力并借助外部资源克服困难	0.924	
		严格遵循保密条约，不以技术秘密为牟利条件	0.937	
F_3	创新能力	具备创新精神，敢于打破传统经验和习惯	0.935	0.975
		勇于承担风险，具备良好的心理素质和抗压能力	0.928	
		能从具体事件中抽象出一般规律和原则，善于发现工作中的新问题	0.926	
		充分发挥技术创新能力，根据市场需求的变化，用新方法解决工作问题	0.949	

续表

序号	因子名称	构成要素	载荷系数	Cronbach' α 值
F₄	服务意识	深入挖掘客户需要，推出有竞争力的产品和服务，满足客户的深层次诉求	0.909	0.971
		主动将客户引进研发过程，展开针对性服务	0.930	
		善于将客户的需求解码为研发项目的技术要求	0.903	
		推动企业研发战略与各项资源整合，实现研发工作与企业服务化战略匹配	0.899	
F₅	学习能力	深入了解当前最新的知识和技术，并能够预知它们在产业界的应用	0.929	0.943
		积极获取相关知识，不断更新自己的知识结构，提高自己的工作技能	0.857	
		善于从工作中总结成功经验和失败教训	0.940	
		善于学习和利用成熟的经验和成果	0.860	
F₆	市场导向	了解当前市场需求动态	0.714	0.786
		善于分析市场情报，发现客户的潜在需求以及未来产品和服务的需求趋势	0.744	
		主动参与销售过程，及时获取准确的客户需求信息	0.743	
		掌握技术发展对客户需求的影响	0.789	

总体 $\alpha = 0.915$，方差解释量为 78.584%

通过对初始调查问卷的探索性因子分析，得到研发人员胜任特征六个维度的 24 项测量条款，形成正式调查问卷中研发人员胜任特征六个维度的内容。初始问卷数据分析的结果表明，六个因子的 α 系数均在 0.7 以上，表明初始问卷的信度较好。此外，通过探索性因子分析初步掌握了变量与测量题项之间的结构关系，调整了测量题项的归属关系，形成了正式调查问卷（见附录Ⅳ）。

三　正式调查及数据检验

正式调查的调查对象为长三角地区部分制造企业的研发人员，共发放调查问卷 200 份，回收有效问卷 163 份，有效回收率为 81.5%，符合调研的基本要求。为了进一步验证服务化转型背景下制造企业研发人员胜任力模型的有效性与合理性，利用 LISREL8. 70 软件包对该模型进行验证性因子分析，验证模型的标准化路径及参数估计如图 5 - 2 所示，拟合效果如表 5 - 4 所示。

表 5 - 4　　　　　　　制造企业研发人员胜任力模型拟合参数

拟合参数	χ^2/df	GFI	AGFI	CFI	NFI	IFI	RMSEA
结果	1.826	0.756	0.783	0.935	0.867	0.935	0.083

图 5 - 2 和表 5 - 4 显示，模型的拟合指标值均比较理想，χ^2/df 的值为 1.826，低于上限参考值 5；GFI、AGFI、CFI、NFI 和 IFI 等参数的值均大于 0.7；RMSEA 的值是 0.083，尽管高于理想值 0.05，但低于 0.10 这一上限参考值。所以可以认为，该测量模型具有有效性。

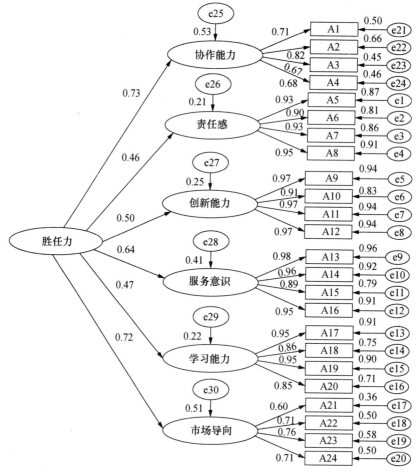

图 5 - 2　制造企业研发人员胜任力模型验证标准化路径及参数估计

四　结果分析与讨论

本书分析了服务化转型背景下制造企业的研发特征，进而通过实证研究构建了制造企业研发人员胜任力的六维度模型，分别是协作能力、责任感、创新能力、服务意识、学习能力和市场导向。这六个方面互为联系、相互影响，共同构成了完整的研发人员胜任力特征体系。

与以往的相关研究结果相比，本书得到的研发人员胜任力特征在主要内容上具有较大的一致性，这是因为，无论制造企业是否进行服务化转型，其研发工作之间仍然具有很大的相似性。同时，与传统的研发工作相比，服务化转型背景下的制造企业研发工作具有新的特征，更加强调客户导向和服务意识，自然对研发人员提出新的、更高的要求，这也得到了本书的实证支持。

本书构建的研发人员胜任力模型，不仅丰富了制造业服务化和员工胜任力的理论研究，具有一定的理论新意。同时，可以为服务化转型中的制造企业更好地开展研发人员的甄选、培训和考核等人力资源管理实践提供理论指导。此外，还能为研发人员客观评价自身的胜任力水平、加强自我学习和成长等提供参考，促进自我培养与组织培养的有机结合。

第四节　营销人员胜任力

一　营销人员胜任力的理论分析

随着客户需求的改变和企业市场竞争强度的不断增加，制造企业普遍树立了市场营销的观念，非常重视产品和服务的营销工作。在很大程度上，营销工作可以说已经成为制造企业的生命线，而这些生命线则主要把握在众多的营销人员手中。当前，我国制造企业基本上都已经建立了庞大的营销队伍和机构。尤其是在制造业服务化转型后，企业更加需要及时准确地了解客户的需求、与客户保持良好的交互关系，这就使集产品销售与客户服务于一身的营销人员在企业中的地位变得越来越重要。因此，着力提高营销人员的胜任能力，建设一支高素质的营销队伍，便成了制造企业服务化转型的重要保障。

在理论研究方面，营销人员胜任力作为胜任力研究的一个具体方面，最具代表性的是斯宾塞（1993）从一般意义上建立的营销人员胜任力模型，包括人际洞察力、影响力、成就欲、客户服务意识、主动性、分析思维、信息搜索、自信、权限意识、建立人际资源、概念思维11 项特征。此外，也有很多学者针对营销人员的胜任特征展开了研究。例如，克罗斯比等（Crosby et al.，1990）探讨了服务业中的营销人员胜任力，指出"同理心、人际关系、销售技巧以及专业水平等能显著预测营销人员的工作绩效，进而建立了营销人员的胜任力模型"。① 博亚兹（1994）认为，"营销人员的胜任力模型由客观知觉、自我调控、持久性以及适应性等几个部分构成"。② 桑德伯格（Sandberg，2000）构建了计算机营销经理的胜任力模型，认为其应该包括"人际知觉、专业知识、关系建立维护、信息收集和交流沟通五个方面"。③ 凯多（2000）认为，"顶尖水平的销售经理需要掌握以下八个方面的新技能：建立战略愿景、调配组织资源、影响组织的发展战略、战略性的训导、诊断绩效、挑选有潜力的营销人员、借助于技术以及表明个人的销售有效性"。④ 万斯（Vence，2003）经过两年的系统研究，认为"B to B 公司未来的营销经理需要具有几个方面的胜任特征：适应性、顾客导向、预测的能力、对销售的认可以及培养销售团队的能力"。⑤ 国内关于营销人员胜任力的研究虽然晚于国外，但依旧取得了丰硕的成果。其中，李峰和朱燕（1995）通过自编的"营销人员心理品质评定量表"开展实证分析，认为"成功的营销人员需要具有以下七个方面的心理特质：自我控制能力、社会适应性、自信、成就导向、营销技巧、创造性以及职业兴趣"。⑥ 卿海龙（2006）基于对中国银行广东省分行营销人员的深度访谈和问卷调查，得出结论认为，"他们应当具备十项胜任特征，

---

① Crosby, L. A., Evans, K. R. and Cowles, D., "Relationship Quality in Services Selling: An Interpersonal Influence Perspective", *Journal of Marketing*, Vol. 54, No. 3, 1990, pp. 68 – 81.

② Boyatzis, R. E., "Rendering to Competence the Things that are Competent", *American Psychologist*, Vol. 49, No. 1, 1994, pp. 64 – 66.

③ Sandberg, J., "Understanding Human Competence at Work: An Interpretative Approach", *Academy of Management Journal*, Vol. 43, No. 1, 2000, pp. 9 – 25.

④ Kaydo, C., "The New Skills of Top Managers", *Sales and Marketing Management*, Vol. 152, No. 5, 2000, pp. 16 – 17.

⑤ Vence, D. L., "Best Practices", *Marketing News*, Vol. 37, No. 3, 2003, pp. 13 – 14.

⑥ 李峰、朱燕：《营销人员心理品质的研究及其测评》，《心理科学》1995 年第 5 期。

包括沟通能力、成就欲、人际洞察力、主动积极、顾客导向、协调能力、自信坚韧、市场敏锐度、思考力、知识技能"。[①] 蔡俊（2007）分析了国内 IT 业营销人员的胜任力，认为"一名优秀的营销人员需要具有：成就导向、影响力、人际理解力、客户服务和主动性等胜任特征"。[②] 通过对上述文献的分析可知，尽管不同学者的观点之间存有差异，但一名优秀的营销人员通常需要有效地把握客户需求、与客户建立良好的人际关系，并为之提供优质的服务。

基于以上对服务化转型、胜任力等相关理论和文献的分析，本书认为，与一般意义上的营销人员相比，服务化转型背景下制造企业的营销人员需要有更敏锐的观察与发现市场的能力、良好的沟通谈判能力以及乐于为客户服务的精神。在此基础上，结合对相关领域的理论研究专家和营销人员的深度访谈，本书初步提出了服务化转型制造企业营销人员的胜任力模型，包括客户洞察力、客户沟通力和客户服务力三个维度，下面进行具体分析。

（一）客户洞察力

客户洞察力不仅指营销人员在拜访客户的时候要细心观察、留意客户的一举一动，以便能够洞悉客户的心理并了解他们的真正需求。更重要的是，它是指营销人员应在这之前就充分了解市场信息，以便准确地挖掘目标客户，因为营销人员只有找准了目标客户才能将下一步的交流沟通顺利地进行下去。本书选择"我能迅速将从市场上获得的信息加以分类、整理和组织，并应用于新客户的开发；我会事先尽可能详细地收集客户的资料，了解客户真正的需求；我十分关注与客户交谈过程中的细节，以便能够洞悉客户的心理"等作为衡量营销人员客户洞察力的指标。

（二）客户沟通力

沟通能力的强弱是营销人员能否与客户顺利签订合同的一个重要因素。因此，营销人员在与客户沟通的时候应根据客户的不同个性特征巧妙地运用各种沟通技巧，以达到良好的沟通效果。一个优秀的营销人员

[①]　卿海龙：《中国银行营销人员胜任力结构研究》，硕士学位论文，暨南大学，2006 年，第 52—53 页。

[②]　蔡俊：《IT 业销售人员胜任特征要素研究》，硕士学位论文，河海大学，2007 年，第 39 页。

除在沟通时运用各种技巧之外，还有一个值得注意的地方，就是在与客户交流的时候要学会倾听并适时地给予客户一定的回应。这样，才能更加清楚地了解客户的真正需求。本书选择"我能够清楚地告知客户公司产品会给他带来的价值；在与客户的沟通中，我能够进行有效的引导和控制；我善于聆听和把握客户的需求，对任何客户均能迅速掌握与之沟通的切入点"等作为衡量营销人员客户沟通力的指标。

（三）客户服务力

在科技日益发达的今天，企业单纯靠产品质量已很难取胜于竞争对手。在这样的情况下，服务能力的高低就成为一个企业能否赢得竞争优势并长久发展的关键性因素。现在营销人员的服务不仅体现在与客户沟通交流的时候要有好的态度和产品技术知识，而且还体现在营销人员要经常与老客户保持联系，及时为他们提供相应的售后服务，以解决客户的问题。而要想拥有较强的服务能力就必须在工作之余不断地为自己'充电'，这样在工作的时候才能够尽善尽美。本书选择"在拜访客户之前我总会做足功课，以便为他们提供最优质的服务；我会经常与老客户联系，持续地为他们提供售后服务；工作之余我会不断地给自己'充电'，以便能够非常专业地向客户介绍公司的产品"等作为衡量营销人员客户服务力的指标。

二　调查问卷设计及预调查

基于以上理论分析，初步设计了服务化转型背景下制造企业营销人员胜任特征调查问卷。该问卷涵盖了营销人员胜任特征的三个维度，采用 Likert 五级量表由被调查者从"非常符合"到"非常不符合"五个等级进行评价。问卷在设计过程中参考了国内外营销人员胜任特征测量的权威量表，并根据相关专家的意见对问卷进行了多次完善，以适用于制造业服务化转型的特定背景。最后，经专家共同审定，认为问卷较全面地反映了服务化转型对制造企业营销人员胜任能力的要求，问卷条目清晰，具有较高的内容效度。

本书的数据资料是通过发放问卷来获取的。为了使研究结果具有科学性和可信度，不仅需要采用合适的测量量表、正确使用数据处理方法及软件，还要保证数据来源的质量。本书的调查对象为制造企业营销人员，问卷的发放形式以邮寄为主、电子邮件为辅。为了确保问卷顺利地发放与回收，并尽可能保证问卷数据的质量，通过老师、同学、朋友等途径与多家处于服务化转型中的制造企业取得联系，委托他们进行问卷发放。预调查共发放问卷 180 份，回收 163 份，其中有效问卷 154 份，有效回收率为 85.6%。运用 SPSS20.0 首先对获取的原始数据进行探索性因子分析。其中 KMO 值 = 0.823 > 0.7；巴特利特球体检验的卡方统计值的显著性概率是 0.000 < 0.1，说明数据具有相关性，适宜做因子分析。其次，采用主成分分析法提取初始因子，保留特征根大于 1 的因子，转轴方法选用方差最大正交旋转法，共提取了 3 个因子，分别命名为客户洞察力、客户沟通力和客户服务力，3 个因子的方差解释量为 83.221%，因子分析后的结果如表 5 – 5 所示。

通过对初始调查问卷的探索性因子分析，得到营销人员胜任特征三个维度的 19 项测量条款，形成正式调查问卷中营销人员胜任特征三个维度的内容。初始问卷数据分析的结果表明，3 个因子的 α 系数均在 0.9 以上，表明初始问卷的信度很好。此外，通过探索性因子分析初步掌握了变量与测量题项之间的结构关系，调整了测量题项的归属关系，形成了正式调查问卷（见附录 V）。

表 5 – 5　　　　制造企业营销人员胜任特征探索性因子分析结果

序号	因子名称	构成要素	载荷系数	Cronbach' α 值
F₁	客户洞察力	我会事先尽可能详细地收集客户资料，了解客户真正的需求	0.978	0.976
		我在与客户交流时，能够利用倾听和观察的方法了解客户对产品的具体需求	0.972	
		我十分关注与客户交谈过程中的细节，以便能够洞悉客户的心理	0.815	
		我经常借助本公司的网站、培训等平台了解市场的供求状况以及竞争对手的详细信息	0.976	
		我能迅速将从市场上获得的信息加以分类、整理和组织，并应用于新客户的开发	0.957	
		当面对一个新客户时，我能够迅速弄清他的地位、收入状况等	0.968	

续表

序号	因子名称	构成要素	载荷系数	Cronbach'α值
F₂	客户 沟通力	我能够清楚地告知客户公司产品会给他带来的价值	0.957	0.984
		我会积极、热情地与客户交谈，以最快的速度消除客户对我的抵触心理	0.964	
		我会通过不断接触的方式获得客户的认可与信赖	0.966	
		我会通过翔实的资料来增强客户对公司产品的认同	0.959	
		我善于聆听和把握客户的需求，对任何客户均能迅速掌握与之沟通的切入点	0.953	
		在与客户的沟通中，我能够进行有效的引导和控制	0.944	
F₃	客户 服务力	我会经常与老客户联系，持续地为他们提供售后服务	0.818	0.910
		在拜访客户之前，我总会做足功课，以便为他们提供最优质的服务	0.810	
		我会真诚地与客户交流，以爱心对待客户，先讲求奉献而不是回报	0.827	
		我对客户承诺过的事情，从来没有半途而废	0.832	
		我能够细心地关注客户的点点滴滴，使客户感受到尊重	0.932	
		工作之余，我会不断地给自己"充电"，以便能够非常专业地向客户介绍公司产品	0.821	
		我尽可能扩大自己的知识面，以便能有效地回答客户提出的问题	0.821	

总体 α = 0.882，方差解释量为 83.221%

三　正式调查及数据检验

正式调查共在江苏、浙江等地的制造企业发放问卷 250 份，回收有效问卷 210 份，有效回收率为 84%，符合调研的基本要求。为了进一步验证服务化转型背景下制造企业营销人员胜任力模型的有效性与合理性，利用 LISREL8.70 软件包对该模型进行验证性因子分析，验证模型的标准化路径如图 5 - 3 所示，拟合效果如表 5 - 6 所示。

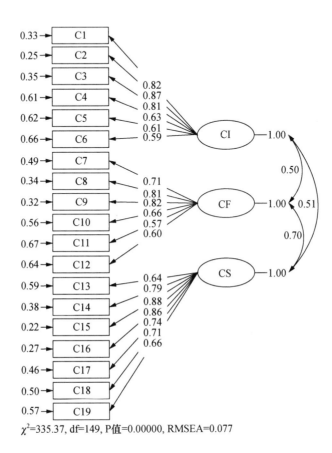

χ^2=335.37, df=149, P值=0.00000, RMSEA=0.077

图 5 - 3　营销人员胜任力验证性因子分析标准化路径

表 5 - 6　　　　　营销人员胜任力验证性因子分析拟合参数

拟合指数	χ^2/df	GFI	AGFI	CFI	NFI	IFI	RMSEA
结果	2.25	0.86	0.82	0.97	0.94	0.97	0.077

　　图 5 - 3 和表 5 - 6 显示，模型的所有拟合指标值均比较理想。其中，χ^2/df 的值是 2.25，低于上限参考值 5；GFI、AGFI、CFI、NFI 和 IFI 等参数的值均大于 0.8；RMSEA 的值是 0.077，尽管高于理想值 0.05，但低于 0.10 这一上限参考值。因此，可以认为该测量模型具有有效性。

四 结果分析与讨论

关于营销人员的胜任力特征，国内外学者已经进行了卓有成效的研究，取得了很多有价值的研究成果。归结起来看，营销人员的胜任力主要包含人际关系技能、沟通交流能力、服务意识、成就欲和影响力等几个维度。本书在借鉴相关研究成果的基础上，从理论层面分析制造业服务化转型对营销人员胜任力要求，建立了制造企业营销人员的胜任力结构模型，并通过探索性因子分析和验证性因子分析进行了检验。

与已有的营销人员胜任力模型相比，本书建立的制造企业营销人员胜任力模型虽然存在一定的共性，但是，由于研究背景和分析视角的不同，更加凸显了制造企业服务化转型对营销工作提出的全过程、全方位服务客户的要求，进一步拓展了营销人员胜任力的相关理论研究。此外，对服务化转型中的制造企业优化营销人员的选拔、培养和绩效考核机制等也具有较好的实践参考价值，从而有助于推动企业营销工作的更好开展，提升企业的经营业绩。

第六章 服务化转型中的制造企业人力资源管理模式、员工胜任力与绩效关系

制造业服务化的本质是企业在增加客户价值与实现客户体验的同时，获得利润增长并提升自身的核心竞争力。普拉哈拉德和哈默尔（Prahalad and Hamel）两位学者开创性地建立了企业核心竞争力的有关理论，他们对核心竞争力的内涵进行了界定：“有助于公司给顾客创造特别利益且为公司所特有的技能和技术。同时，他们认为，在一个组织中长期积累下来的知识，尤其是那些可以协调和有机融合不同生产技能的知识，成为公司核心竞争力的主要源泉”。[①] 一个组织中的人力资源不仅仅创造和使用了该组织特有的知识与技能，而且也是这些知识和技能的最为重要的载体，从根本上决定了组织的核心竞争力。因此，企业要提升核心竞争能力，必须要以员工的胜任力为基础。目前关于胜任力的研究，在胜任力要素的确定及胜任力模型的构建方法方面比较成熟，而针对员工胜任力与绩效的关系，也有一些学者进行了卓有成效的研究。例如，德莱尼和休塞里德（1996）在对人力资源管理实践活动的研究中得出结论认为，“员工技能和知识、激励以及工作结构影响组织绩效”[②]；杨德（1996）和李癸（2009）认为，“组织成员所具备的技能、知识和能力等形成的人力资本是具有经济价值的，高质量的人力资

---

① Prahalad, C. K. and Hamel, G., "The Core Competence of the Corporation", *Harvard Business Review*, Vol. 68, No. 3, 1990, pp. 79 – 91.

② Delaney, J. T. and Huselid, M. A., "The Impact of Human Resource Management Practices on Perceptions of Organizational Performance", *Academy of Management Journal*, Vol. 39, No. 4, 1996, pp. 949 – 969.

本可以为企业带来高绩效和持续竞争优势"①；张兰霞等（2008）认为，"员工的工作态度对工作绩效有显著的正向影响"。② 此外，也有一些学者认为，"胜任力与工作绩效、生活中其他重要成果等变量之间具有一定的联系"。③ 基于以上论述可知，现有研究基本上都是从个体层面探讨员工胜任力对其工作绩效或组织绩效的影响，而从组织层面将员工胜任力作为一个整体变量，探讨其对企业绩效影响作用的研究还很少。同时，相关研究主要关注员工胜任力对企业市场绩效和财务绩效的影响，很少涉及企业与顾客之间的关系绩效。

随着制造企业服务化的深入实施，对企业人力资源管理这一最为核心的工作有了更高要求，需要人力资源管理活动由传统的人事管理逐步转变为战略性人力资源管理，并在组织结构、文化以及员工的招聘、培训、绩效考核等方面进行创新，构建与服务化转型相匹配的人力资源管理模式。根据第四章的研究可知，服务化转型制造企业存在四种不同的人力资源管理模式。那么在不同的人力资源管理模式下，企业的招聘、培训、绩效考核等职能活动以及对客户关系的认识等呈现不同的特点，自然会对员工的胜任力水平以及企业的财务绩效和与客户的关系绩效等产生不同的影响。鉴于此，本章基于制造业服务化转型这一现实背景，通过理论分析和实证研究，探讨在不同的人力资源管理模式下制造企业员工胜任力与企业绩效之间的关系。

---

① Youndt, M. A., Snell, S. A. and Dean, J. W., "Human Resource Management, Manufacturing Strategy, and Firm Performance", *Academy of Management Journal*, Vol. 39, No. 4, 1996, pp. 836 – 866.

Riki, T., Chen, G. and Lepak, D. P., "Through the Looking Glass of a Social System: Cross – level Effects of High – performance Work Systems on Employees' Attitudes", *Personnel Psychology*, Vol. 62, No. 1, 2009, pp. 1 – 29.

② 张兰霞、刘杰、赵海丹等：《知识型员工工作态度与工作绩效关系的实证研究》，《管理学报》2008 年第 1 期。

③ McClelland, D. C., "Testing for Competence Rather than for 'Intelligence'", *Journal of American Psychologist*, Vol. 28, No. 1, 1973, pp. 1 – 14.

Parry, S. B., "Just What Is a Competency? And Why Should You Care?" *Training*, Vol. 35, No. 6, 1996, pp. 58 – 64.

第一节　理论模型

一　员工胜任力的概念及维度

麦克利兰（1973）认为，"胜任力是指能够有效地将在一定工作环境中的不同工作表现加以区分的一种个人特征，可以是认知、价值观或者行为技能，并提出了著名的胜任力冰山模型，将其划分为知识、技能、角色定位、品质、价值观、自我认知等方面"。[①] 帕里（Parry，1996）认为，"胜任力是影响个体工作开展的最为重要的因素，主要包括知识、态度和技能等，与个体的工作表现之间紧密关联"。[②] 彭剑锋（2003）指出，胜任力可以使员工在工作中表现优异，体现为员工的知识、技能、个性以及内驱力等个体特征。总结以往学者关于胜任力的研究，本书将员工胜任力界定为：受任务情景影响，可以预测员工未来工作绩效，并能够区分绩效优异者与一般者的个人特征。

沃克（1994）指出，"人力资源专业人员需要具有三个方面的胜任特征：建立人力资源管理制度的能力、管理企业目标和相关信息的能力、对企业变革进行管理的能力"。[③] 王重鸣和陈民科（2002）研究指出，"管理胜任力主要包括两个维度的内容：管理素质与管理技能"。[④] 斯宾塞（1993）提出了营销人员通用胜任力模型，包括人际洞察力、影响力、成就欲、客户服务意识、主动性、分析思维、信息搜索、自信、权限意识、建立人际资源、概念思维 11 项。马夸特（Marquardt，1993）将人力资源管理人员的胜任力划分为态度、技能和知识三大类。

---

① McClelland, D. C., "Testing for Competence Rather than for 'Intelligence'", *Journal of American Psychologist*, Vol. 28, No. 1, 1973, pp. 1 – 14.

② Parry, S. B., "Just What Is a Competency? And Why Should You Care?" *Training*, Vol. 35, No. 6, 1996, pp. 58 – 64.

③ Walker, J. W., "Integrating the Human Resource Function with the Business", *Human Resource Planning*, Vol. 17, No. 2, 1994, pp. 59 – 77.

④ 王重鸣、陈民科：《管理胜任力特征分析：结构方程模型检验》，《心理科学》2002 年第 5 期。

余维臻等（2014）研究表明，"营销知识是制造企业服务创新的核心知识"。[1] 何筠和王萌（2016）总结得到了我国国有企业 HRBP（HR Business Partner，人力资源业务伙伴）的岗位胜任力要求，包括"学历、专业、知识、经历、能力以及个人特性六个方面"。[2] 孙文清（2016）认为，"高新技术制造企业的员工胜任力包括知识、技能和态度三个方面"。[3] 借鉴胜任力冰山模型以及相关学者的研究结论，本研究将制造企业员工的胜任力划分为态度、知识和能力三个维度。

二　企业绩效的概念及维度

企业绩效是一个可以反映企业的发展现状和未来发展趋势的比较综合的概念，尚未有统一的定义。福泰因（1988）认为，"基于一系列测量指标的企业绩效反映了企业的运行效率和能力，借助于组织管理方式的优化，能够改善企业的绩效"。[4] 袭荣津（2001）研究指出，企业绩效在本质上体现为企业发展目标的实现程度。李和崔（2003）指出，"一个企业的绩效可以通过市场占有率、利润成长率、组织成长率、创新度以及成功率等指标来反映，并需要与市场中的主要竞争对手进行比较"。[5] 西肖尔（1965）认为，"如果想系统性地评估一个组织的绩效表现，应当关注三个方面：一是体现当前绩效的指标，具体有员工的工作积极性、人员流动率、生产率和生产进度、组织的凝聚力等；二是反映短期绩效的一些指标，主要包括员工和客户对组织的满意度、利润率、业务增长率以及市场销售额等；三是组织长远发展目标的实现情况"。[6]

卡普兰和诺顿（Kaplan and Norton，1996）研究指出，企业绩效主

---

① 余维臻、李文杰、黄秋波：《制造企业服务创新过程中核心知识及量表开发研究》，《科研管理》2014 年第 12 期。

② 何筠、王萌：《基于互联网招聘的 HRBP 岗位职责和胜任力研究》，《企业经济》2016年第 8 期。

③ 孙文清：《高新技术制造企业服务化绩效研究——基于员工胜任力和顾客参与水平的调节效应》，《华东经济管理》2016 年第 7 期。

④ Fortuin, L., "Performance Indicators – Why, Where and How", *European Journal of Operational Research*, Vol. 34, No. 1, 1988, pp. 1 – 9.

⑤ Lee, H. and Choi, B., "Knowledge Management Enablers, Processes, and Organizational Performance：An Integrative View and Empirical Examination", *Journal of Management Information Systems*, Vol. 20, No. 1, 2003, pp. 179 – 228.

⑥ Seashore, S. E., "Criteria of Organizational Effectiveness", *Michigan Business Review*, No. 17, 1965, pp. 48 – 69.

要体现为市场份额、客户满意度、顾客的增长和流失情况等。冯卫红和胡建玲（2016）认为，"企业绩效是指一定经营期间的企业经营效益和经营者业绩，分为三个维度：成长绩效、创新绩效和管理绩效"。① 胡查平等（2014）认为，"制造企业的服务化绩效主要体现在四个方面：产品销售量、市场份额、销售利润率、投资回报"。② 本书借鉴以往学者的研究成果，并考虑制造企业服务化的特点，把企业绩效分为两个维度：以顾客为基础的关系绩效、与组织收益相关的财务绩效。其中，财务绩效不仅包括总的经营收益，而且也包括直接的服务性收益。

三　人力资源管理模式

肖鸣政（2006）认为，"人力资源管理模式是企业在长期发展实践中形成的，是对企业人力资源管理战略、目标、实施方法等方面的归纳与总结，是受到人们认可的一种人力资源活动样式"③，这一观点在学术界最具代表性。关于人力资源管理模式的划分，学者们众说纷纭。前面我们从人力资源管理活动在企业内所处的层面以及对企业服务化转型的应对态度这两个维度，建立了服务化转型制造企业的人力资源管理模式矩阵，将人力资源管理模式划分为战术被动型、战术主动型、战略被动型和战略主动型四种。其中，战术被动型人力资源管理模式即传统的人事管理，着重于执行或是改进基础工作任务；战术主动型人力资源管理模式在人力资源活动方面并非单纯依照领导安排行事，而是会根据企业需要主动改进人力资源管理方案，但战略依然处于人力资源活动的边缘地位④；战略被动型人力资源管理模式下，企业会采取有效的人力资源实践推动服务化目标的实现；战略主动型人力资源管理模式更加注重对未来环境的预测，主动实施人力资源战略变革，为企业服务化战略的制定和实施提供备选方案与建议。

基于以上分析，本书建立了服务化转型制造企业四种人力资源管理模式下的员工胜任力与企业绩效的关系模型，如图6-1所示。

---

① 冯卫红、胡建玲：《旅游产业集群网络结构与企业绩效关系研究》，《经济问题》2016年第2期。

② 胡查平、汪涛、王辉：《制造业企业服务化绩效——战略一致性和社会技术能力的调节效应研究》，《科学学研究》2014年第1期。

③ 肖鸣政：《人力资源管理模式及其选择因素分析》，《中国人民大学学报》2006年第5期。

④ 陈忠卫、魏丽红、李庆九：《战略性人力资源管理与传统人力资源管理的差异及发展评析》，第八届中国管理科学学术年会论文，南京，2006年10月，第722页。

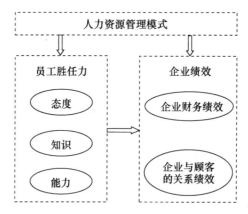

图 6 – 1　员工胜任力与企业绩效关系模型

第二节　研究假设

一　员工胜任力与企业财务绩效

企业核心竞争力的形成与维持，根本上依赖企业员工所拥有的核心专长与技能。忠诚的顾客有多种途径改善自身与企业的关系并保障企业的经营收益，例如，帮助企业节约拓展新业务的支出、减缓市场需求的波动程度、接受较高的购买价格等（Reichheld and Sasser，1990；Reichheld，1996）。"一个企业能够依靠顾客数量的增加来拓展市场占有率，或通过培养顾客忠诚度增加原有顾客的购买量及购买金额，以提升企业财务绩效。而顾客的忠诚度取决于员工的行为（服务态度、技能、知识等）。"[1] 福内尔和拉斯特（Fornell and Rust，1997）研究表明，员工的服务水平和顾客满意度以及企业的总收益是正相关的。恩戈等（1998）研究认为，"员工的技能水平与企业绩效之间有着正向关系，企业的人力资本投资可以增强员工的技能，进而改进员工的劳动生产率"。[2] 夏霖和陆

---

[1]　Hallowell, R., "The Relationship of Customer Satisfaction, Customer Loyalty, and Profitability: An Empirical Study", *International Journal of Service Industry Management*, Vol. 7, No. 4, 1996, pp. 27 – 42.

[2]　Ngo, H. Y., Turban, D. and Lau, C. M. et al., "Human Resource Practices and Firm Performance of Multinational Corporations: Influences of Country Origin", *The International Journal of Human Resource Management*, Vol. 9, No. 4, 1998, pp. 632 – 652.

夏峰（2006）基于实证研究发现，"企业家的胜任力水平对企业绩效（销售额、利润）有着显著的效应"。① 孙文清（2016）通过实证研究，得到结论认为"员工熟练的工作技能以及良好的工作态度可以对制造企业的绩效（市场份额增长率、销售利润率、投资回报率）产生积极的影响"。② 因此，本书提出以下假设：

H1：员工胜任力对企业绩效有显著的正向影响。

H1a：战术被动型管理模式下，员工胜任力对企业绩效有显著的正向影响。

H1b：战术主动型管理模式下，员工胜任力对企业绩效有显著的正向影响。

H1c：战略被动型管理模式下，员工胜任力对企业绩效有显著的正向影响。

H1d：战略主动型管理模式下，员工胜任力对企业绩效有显著的正向影响。

二　员工胜任力和企业与顾客的关系绩效

因为服务是通过企业员工与顾客的深度接触而得以生产和消费的，关系绩效自然就是双方接触而形成的副产品。顾客对企业的忠诚来源于其与企业员工的有效沟通，因此，员工具备的服务态度、知识和技能等都会影响企业与顾客的关系绩效。一旦员工不具备相应的技能，服务质量难以得到保证，会导致顾客对企业功能质量的感知水平下降。"服务化转型下的制造企业比以往传统制造业的制造系统更加柔性，允许更多的顾客参与"③，"对企业员工的服务化意识要求更高，提升了员工与顾客交互作用而产生的关系绩效，这也是企业一个重要的价值创造来源"。④ 张玮（2007）的研究表明，"不可习得胜任力（员工的个人特

---

　　① 夏霖、陆夏峰：《创业导向与企业绩效：胜任力和资源的影响》，《应用心理学》2006年第3期。

　　② 孙文清：《高新技术制造企业服务化绩效研究——基于员工胜任力和顾客参与水平的调节效应》，《华东经济管理》2016年第7期。

　　③ Coffey，W. J. and Bailly，A. S.，"Producer Services and Flexible Production：An Exploratory Analysis"，*Growth Change*，Vol. 22，No. 4，1991，pp. 95 - 117.

　　④ Gebauer，H.，"An Attention - based View on Service Orientation in the Business Strategy of Manufacturing Companies"，*Journal of Managerial Psychology*，Vol. 24，No. 1，2009，pp. 79 - 98.

质、动机等）与基于企业利益的顾客忠诚有正相关关系"。① 陈青兰等
（2013）研究了物流领域收派员的胜任力，认为"一个优秀的收派员应当
让顾客获得良好的感受，尽量不发生或者少发生负面事件"。② 张爱莲和
黄希庭（2014）实证研究发现，"心理健康服务人员的胜任特征总分与来
访者的满意度之间具有正相关关系"。③ 因此，本书提出以下假设：

H2：员工胜任力对企业与顾客的关系绩效有显著的正向影响。

H2a：战术被动型管理模式下，员工胜任力对企业与顾客的关系绩
效有显著的正向影响。

H2b：战术主动型管理模式下，员工胜任力对企业与顾客的关系绩
效有显著的正向影响。

H2c：战略被动型管理模式下，员工胜任力对企业与顾客的关系绩
效有显著的正向影响。

H2d：战略主动型管理模式下，员工胜任力对企业与顾客的关系绩
效有显著的正向影响。

第三节　研究方法

一　研究样本

本书采用问卷调查的方法收集数据。通过对服务化转型中的制造企
业员工进行深度访谈，结合文献阅读的结果设计出最初的调查问卷，并
选取部分员工当面试填，对问卷的内容和形式进行了修正。本书着重探
讨四种人力资源管理模式下制造企业员工胜任力与企业财务绩效的关
系，因此，在问卷设计中标明了四种人力资源管理模式并对其进行描
述，以方便被调查者进行选择，由此确定了调查问卷的最终形式（见
附录Ⅵ）。

---

① 张玮：《服务企业员工胜任力与顾客忠诚关系研究》，《北京市财贸管理干部学院学报》
2007 年第 2 期。

② 陈青兰、林云志、林萍：《顾客视角下的收派员岗位胜任特征模型建构》，《厦门理工学
院学报》2013 年第 1 期。

③ 张爱莲、黄希庭：《心理健康服务人员胜任特征与服务满意度的关系》，《心理与行为研
究》2014 年第 5 期。

　　由于从员工个体层面测量胜任力难以反映企业整体的员工胜任力水平，不能进行企业之间的比较，且本书的因变量为企业绩效而非员工个体绩效。因此，本书是从整体上测量企业的员工胜任力水平。其中，员工胜任力的调查问卷由企业人力资源经理负责填写；企业绩效的调查问卷由企业财务部门和营销部门的相关人员填写。以邮寄、电子邮件或实地调研的方式对全国范围内多家服务化转型中的制造企业进行了问卷调查。为了保证四种人力资源管理模式比较分析结果的准确性，在前期研究的基础上有目的性地选取调研对象，尽量将每种人力资源管理模式的样本数维持在平均水平。共计发放 200 份问卷，回收 150 份问卷，其中有效问卷 122 份，有效回收率为 61%。调查对象的描述性统计结果如表 6 - 1 所示。

表 6 - 1　　　　　　　　样本基本情况数据统计分析

背景变量	选项	频数	百分比（%）
企业性质	国有企业	14	11.48
	民营企业	54	44.26
	股份制企业	43	35.25
	中外合资企业	11	9.01
企业成立时间	1—5 年	4	3.28
	6—10 年	21	17.21
	11—15 年	59	48.36
	16 年及以上	38	31.15
企业人数	100 人及以下	7	5.74
	100—300 人	34	27.87
	301—500 人	52	42.62
	501 人及以上	29	23.77
企业所属行业	汽车制造业	47	38.52
	纺织业	9	7.38
	家具制造业	7	5.74
	医药制造业	8	6.56
	仪器仪表制造业	8	6.56
	金属制品、机械和设备修理业	8	6.56
	食品制造业	5	4.09
	橡胶和塑料制品业	3	2.46
	其他制造业	27	22.13

二　测量工具及其因子分析

(一) 探索性因子分析

本书对变量的测量工具主要包括：第一，对企业员工胜任力的测量以冰山模型为理论基础，并借鉴辛枫冬（2010）[①] 和余维臻等（2014）[②] 的研究，通过小范围预试后改编而成，共有 13 个题项，其中态度 4 个题项、知识 4 个题项、能力 5 个题项。第二，企业绩效的测量量表是在 Homburg 等（2003）[③] 和 Gebauer 等（2010）[④] 的研究基础上通过小范围预试后改编的，共有 9 个题项，其中，企业与顾客的关系绩效 5 个题项、企业财务绩效 4 个题项。上述变量均按李克特五点量表法度量，按照符合程度从 1—5 计分，1 表示非常不符合，5 表示非常符合。

本书运用因子分析方法来检验测量的效度。首先，基于 KMO 样本充分性测度以及巴特利特球体检验，来考察数据是否适宜作因子分析。一般认为，若 KMO 值大于 0.9，说明量表的信度很好；若 KMO 值在 0.5—0.9，说明信度在可接受的范围内；如果 KMO 值低于 0.5，则表明信度不可以接受，此时应当对量表进行修改。同时，当巴特利特球体检验的卡方统计值显著性概率小于或等于显著性水平时，适合进行因子分析。其次，运用主成分分析法，并采用正交法进行因子旋转，抽取特征值大于 1 的因子。此外，Cronbach's α 系数是描述内部一致性信度的一种方法，最常用于李克特式量表。α 系数越高，代表量表的内部一致性越佳，因此可用 Cronbach's α 值检验问卷信度。

由表 6-2 和表 6-3 可知，员工胜任力量表和企业绩效量表的 KMO 值分别为 0.825 和 0.911，均可继续进行因子分析。在因子分析过程中，发现员工胜任力特征值大于 1 的公共因子共有 3 个，企业绩效特

---

① 辛枫冬：《知识密集型服务企业服务创新能力的研究》，《宁夏社会科学》2010 年第 2 期。

② 余维臻、李文杰、黄秋波：《制造企业服务创新过程中核心知识及量表开发研究》，《科研管理》2014 年第 12 期。

③ Homburg, C., Fassnacht, M. and Guenther, C., "The Role of Soft Factors in Implementing a Service - oriented Strategy in Industrial Marketing Companies", *Journal of Business to Business Marketing*, Vol. 10, No. 2, 2003, pp. 23 – 51.

④ Gebauer, H., Edvardsson, B. and Gustafsson, A. et al., "Match or Mismatch: Strategy - structure Configurations in the Service Business of Manufacturing Companies", *Journal of Service Research*, Vol. 13, No. 2, 2010, pp. 198 – 215.

表 6 - 2　　　　　　　　　　**员工胜任力量表探索性因子分析**

维度	项目简写	因子负荷			Cronbach's α 值
		F1	F2	F3	
态度	A1	0.086	0.830	0.077	0.851
	A2	0.271	0.732	0.054	
	A3	0.305	0.784	0.049	
	A4	0.190	0.851	0.074	
知识	A5	0.115	0.086	0.824	0.865
	A6	0.082	0.056	0.883	
	A7	0.163	0.207	0.804	
	A8	0.058	- 0.067	0.821	
能力	A9	0.837	0.110	0.036	0.834
	A10	0.781	0.258	0.102	
	A11	0.600	0.396	0.109	
	A12	0.661	0.232	0.231	
	A13	0.783	0.111	0.068	
解释变异（%）		22.931	22.480	22.131	总计：67.542

注：KMO 值为 0.825，员工胜任力 Bartlett 统计值显著异于 0（$P < 0.001$）。

表 6 - 3　　　　　　　　　　**企业绩效量表探索性因子分析**

维度	项目简写	因子负荷		Cronbach's α 值
		F1	F2	
企业财务绩效	B1	0.200	0.816	0.800
	B2	0.241	0.826	
	B3	0.223	0.847	
	B4	0.199	0.848	
企业与顾客的关系绩效	B5	0.829	0.317	0.927
	B6	0.865	0.216	
	B7	0.857	0.200	
	B8	0.859	0.184	
	B9	0.847	0.208	
解释变异（%）		42.424	36.350	总计：78.774

注：KMO 值为 0.911，Bartlett 统计值显著异于 0（$P < 0.001$）。

征值大于 1 的公共因子共有 2 个。因子分析结果表明，每个项目的因素负荷均大于 0.6，总方差解释率分别为 67.542% 和 78.774%，说明分别提取的 3 个因子和 2 个因子对员工胜任力和企业绩效中的信息描述是比较合理的。此外，两个量表中每个分维度的 α 系数都达到了 0.8 及以上，说明各个维度下所有项目的一致性较好，表明员工胜任力量表和企业绩效量表均具有较高的信度。

（二）验证性因子分析

本书在探索性因子分析的基础上，应用结构方程理论，采用 AMOS 21.0 软件，进一步对员工胜任力和企业绩效的三维度结构及二维度结构的拟合优度进行分析。分别构建两个变量的因素结构模型，得到员工胜任力和企业绩效的模型标准路径分别如图 6 - 2 和图 6 - 3 所示。

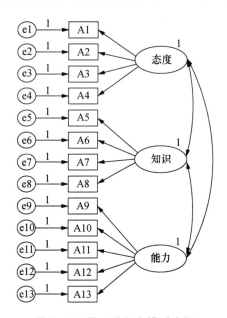

图 6 - 2 员工胜任力模型路径

两个模型的拟合指数如表 6 - 4 所示。从表 6 - 4 显示的结果来看，员工胜任力与企业绩效模型的 χ^2/df 的值均小于 5，均达到模型适配指标值；RMSEA 的值均小于 0.08，而且企业绩效模型小于 0.01，根据休格瓦拉和麦克卡姆（Sugawara and MacCallum，1993）的研究结果可知，RMSEA 值在 0.01 以下时，代表模型有相当理想的适配；两个模型的 GFI、CFI、NFI、AGFI 值均大于 0.9，达到适配标准。因此可以认为，员工胜任力与企业绩效测量模型均具有有效性。

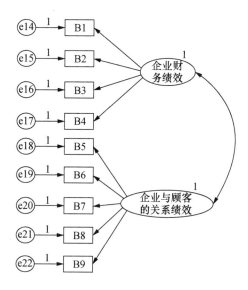

图 6 - 3　企业绩效模型路径

表 6 - 4　　　　　　　变量验证性因子分析结果（N = 122）

模型 　　　　　拟合指数	χ^2/df	GFI	CFI	NFI	AGFI	RMSEA
员工胜任力三因素模型	1.481	0.903	0.958	0.910	0.902	0.063
企业绩效两因素模型	0.822	0.961	1.000	0.975	0.933	0.000

第四节　研究结果

　　本书主要探讨服务化转型中制造企业四种人力资源管理模式（战术被动型、战术主动型、战略被动型和战略主动型）下的员工胜任力与企业绩效的关系，并进行比较分析。因此，本书根据问卷中人力资源管理模式的题项，将问卷数据分为四部分进行分析，即分别对战术被动型、战术主动型、战略被动型和战略主动型这四种人力资源管理模式中企业员工胜任力与企业财务绩效的关系进行相关性分析和回归分析。

一　相关性分析

采用 SPSS19.0 软件对四种人力资源管理模式下的五个变量（企业成立时间、企业员工人数、员工胜任力、企业财务绩效、企业与顾客的关系绩效）进行相关性分析，变量之间的相关分析结果（见表 6 - 5）表明：战术被动型管理模式下，员工胜任力对企业财务绩效（$\gamma = 0.626$，$p < 0.01$）及企业与顾客的关系绩效（$\gamma = 0.547$，$p < 0.01$）显著正相关；战术主动型管理模式下，员工胜任力对企业财务绩效（$\gamma = 0.352$，$p < 0.05$）及企业与顾客的关系绩效（$\gamma = 0.941$，$p < 0.01$）显著正相关；战略被动型管理模式下，员工胜任力对企业财务绩效（$\gamma = 0.465$，$p < 0.01$）及企业与顾客的关系绩效（$\gamma = 0.703$，$p < 0.01$）显著正相关；战略主动型管理模式下，员工胜任力对企业财务绩效（$\gamma = 0.822$，$p < 0.01$）及企业与顾客的关系绩效（$\gamma = 0.850$，$p < 0.01$）显著正相关，假设 H1a、H1b、H1c、H1d、H2a、H2b、H2c、H2d 得到初步支持。

表 6 - 5　　　四种人力资源管理模式下变量间的相关性分析结果

模式	变量	企业成立时间	企业员工人数	员工胜任力	企业财务绩效	模式	企业成立时间	企业员工人数	员工胜任力	企业财务绩效
战术被动型 (N = 27)	企业成立时间	—				战术主动型 (N = 32)	—			
	企业员工人数	0.659**	—				0.598**	—		
	员工胜任力	0.360	0.362	—			-0.114	0.245	—	
	企业财务绩效	-0.073	-0.039	0.626**	—		0.747**	0.861**	0.352*	—
	企业与顾客的关系绩效	0.776**	0.873**	0.547**	0.030		-0.064	0.307	0.941**	0.417*
战略被动型 (N = 31)	企业成立时间	—				战略主动型 (N = 32)	—			
	企业员工人数	0.001	—				-0.513**	—		
	员工胜任力	0.089	0.564**	—			-0.469**	0.340	—	
	企业财务绩效	-0.060	0.331	0.465**	—		-0.247	0.243	0.822**	—
	企业与顾客的关系绩效	0.120	0.850**	0.703**	0.275		-0.232	0.396*	0.850**	0.720**

注：*表示 $p < 0.05$，**表示 $p < 0.01$，***表示 $p < 0.001$。

二　假设检验

采用多元回归分析检验假设，表 6 - 6 给出了分析结果。对员工胜任力、企业财务绩效和与顾客的关系绩效三个变量进行中心化处理。以战术被动型管理模式下的变量间关系研究为例，首先，企业财务绩效作为因变量，结果显示：企业成立时间和企业员工人数对财务绩效的作用不显著（$\beta = -0.249$，n.s；$\beta = -0.154$，n.s），但是，员工胜任力对企业财务绩效的正向作用显著（$\beta = 0.771$，$p < 0.001$），H1a 得到支持。其次，企业与顾客的关系绩效作为因变量，结果显示：企业成立时间及企业员工人数均对企业与顾客的关系绩效作用显著（$\beta = 0.307$，$p < 0.001$；$\beta = 0.590$，$p < 0.01$），而且员工胜任力对企业与顾客的关系绩效有显著正向影响（$\beta = 0.223$，$p < 0.001$），H2a 得到支持。其余三种管理模式下的数据处理也都依据类似的方式进行，分析结果进一步支持 H1b、H1c、H1d、H2b、H2c、H2d。

表 6 - 6　　　　　　　　　　多元线性回归分析结果

因变量	企业财务绩效				企业与顾客的关系绩效			
人力资源管理模式	战术被动型	战术主动型	战略被动型	战略主动型	战术被动型	战术主动型	战略被动型	战略主动型
企业成立时间	-0.249	0.475***	-0.097	0.194	0.307***	-0.014***	0.091	0.329**
企业员工人数	-0.154	0.508**	0.094	0.036	0.590**	0.090	0.671***	0.252*
员工胜任力	0.771***	0.282**	0.421*	0.901***	0.223***	0.917***	0.316**	0.918***
R^2	0.507	0.891	0.232	0.701	0.875	0.892	0.804	0.805
ΔR^2	0.442	0.879	0.147	0.699	0.859	0.880	0.782	0.784
F	7.872**	76.314***	2.726+	21.929***	53.893***	77.025***	36.907***	38.517***

注：*表示 $p < 0.05$，**表示 $p < 0.01$，***表示 $p < 0.001$。

三　四种人力资源管理模式比较

通过方差分析 p 小于 0.05，说明四种模式下的均值达到显著性差异，继而通过 SNK（Student - Newman - Keuls）法比较四种人力资源管理模式之间的差异，模式之间的差异性都达到了显著水平，结果如表 6 -7 所示。由表 6 -7 可以看出，战术被动型管理模式、战术主动型管理模式、战略被动型管理模式、战略主动型管理模式下的员工胜任力、企业财务绩效、企业与顾客的关系绩效以及企业总体绩效的均值依次递增。这说明在制造企业服务化转型过程中，随着人力资源管理模式的不断优化，员工胜任力和企业财务绩效水平会得到持续改善，人力资源管理成为影响制造企业服务化转型的一个重要内在因素。

表 6 - 7　四种人力资源管理模式下员工胜任力及企业绩效比较分析

变量＼模式	员工胜任力		企业财务绩效		企业与顾客关系绩效		企业总体绩效	
	平均值	标准差	平均值	标准差	平均值	标准差	平均值	标准差
战术被动型（N = 27）	3.31	0.36	3.28	0.76	3.10	0.67	3.18	0.51
战术主动型（N = 32）	4.00	0.07	3.49	0.84	3.74	0.68	3.63	0.63
战略被动型（N = 31）	4.23	0.06	4.08	0.55	4.12	0.78	4.11	0.55
战略主动型（N = 32）	4.43	0.10	4.56	0.17	4.54	0.14	4.55	0.14

第五节　结果分析与讨论

本书以制造业服务化转型为背景，探讨了员工胜任力与企业财务绩效的关系，并对四种人力资源管理模式下企业的员工胜任力和企业绩效水平进行了比较分析，具体结论如下：

（1）员工胜任力对企业财务绩效有显著的正向影响，并且在四种人力资源管理模式下均有显著的正向影响。一方面，"胜任力的本质是潜藏在员工体内的人力资本"[1]，"人力资本本身是具有经济价值的并且对企业财务绩效有积极的影响，这与高素英等人的研究结论是相一致的"。[2] 另一方面，胜任力高的员工既降低了企业的管理成本，又能通过自身的工作态度、知识、能力将专业服务嵌入供应链的各个环节，这

[1]　周红云：《基于绩效和胜任力的员工价值评估与激励——以 K 公司为例》，《中国人力资源开发》2010 年第 5 期。

[2]　高素英、赵曙明、张艳丽：《人力资源管理实践与企业绩效关联机制研究》，第四届中国管理学年会论文，北京，2009 年 11 月，第 289 页。

就形成了一个完整的服务导向策略实施的流程，由此提升了企业财务绩效。

（2）员工胜任力对企业与顾客的关系绩效有显著的正向影响，并且在四种人力资源管理模式下均有显著的正向影响。员工具有良好的工作态度、知识和技能，可以为顾客提供优质的服务，进而促进顾客对企业满意度的提高和消费额的增长，为企业赢得忠诚的顾客，提升企业与顾客的关系绩效。再次，相同行业的服务缺乏统一的质量标准，而顾客对无形的服务了解不多，面临一定的消费风险。因此，具有良好的服务态度并掌握丰富的知识与技能的员工，能够帮助顾客免受风险的侵害，提高顾客的忠诚度。

（3）人力资源管理模式会对企业员工胜任力及绩效产生重要影响。本书在确定样本时，选取了规模相当的样本企业，将归属不同人力资源管理模式的企业样本进行归类和删减，以使四种人力资源管理模式的样本数大致相同。研究结果显示，战术被动型、战术主动型、战略被动型和战略主动型四种人力资源管理模式下的员工胜任力、企业财务绩效、企业与顾客的关系绩效以及企业总体绩效的均值依次递增。根据四种人力资源管理模式的特点可知，战略主动型人力资源管理模式与制造企业的服务化战略匹配度最高，其次是战略被动型、战术主动型和战术被动型。实施战略主动型人力资源管理模式的制造企业，在员工招聘、培训、绩效考核等方面建立了比较完善的机制。一方面，"基于服务型制造供应链所需要的知识地图，来选拔在价值观、知识和技能等方面符合要求的节点企业成员，以保障服务型制造供应链可以实现对客户个性化需求的及时响应和价值共创。另一方面，在满足必备胜任力的前提下对具有较强的沟通能力和发现新事物能力的员工进行有针对性的培训，使其在与顾客接触时能够更加敏锐、准确地获得客户的潜在需求。再者，将知识共享、信息交流、薪酬激励以及职务晋升等有机结合，以增进服务型制造供应链各节点企业之间的相互协作，从而高效率、高质量地实现服务型制造相关环节提出的工作目标"。①

---

① 席晶：《支持服务型制造的人力资源管理策略研究》，《中小企业管理与科技》2013年第6期。

第七章　人力资源管理促进制造企业
服务化转型机理

　　制造企业的服务化转型是一次重要的战略层面的组织变革。在服务化转型中，作为企业核心的且具有异质性的一种战略性资源，只有深度参与服务化全过程并进行协同变革，才能确保服务化转型目标的成功实现。本书的第三章较为全面地探讨了制造企业的服务化转型对人力资源管理系统提出的变革需求，第四章总结了服务化转型进程中的制造企业采取的几种典型人力资源管理模式，第五章分析了服务化转型对制造企业的员工胜任力提出的适应性要求。总体而言，这三章的内容侧重于剖析服务化转型对制造企业人力资源管理带来的影响。第六章则通过实证研究，分析了制造企业的人力资源管理模式、员工胜任力对其服务化绩效的影响。接下来，本章将从理论层面深入分析制造企业的人力资源管理理是如何推动服务化转型的，以更好地诠释服务化变革与制造企业人力资源管理之间的相互作用机制。

第一节　制造企业服务化转型演进阶段

　　服务化转型是国内外制造企业为了应对市场竞争和消费者需求的变化而实施的组织变革。例如，任和格雷戈瑞（2007）认为，"制造业服务化是制造企业的一次变革，在此变革过程中企业树立了以服务为导向的理念，通过向顾客提供更多、更优秀的服务来满足顾客的需求，增强企业的竞争优势和经营业绩"。[①] 贝恩斯等（2009）指出，"制造业服务

---

　　① Ren, G. and Gregory, M. , "Servitization in Manufacturing Companies", Paper Presented at 16th Frontiers in Service Conference, San Francisco and CA, 2007.

化是指企业从原先仅仅销售产品转变为向顾客提供产品服务系统，从而促进组织能力的提升和业务流程的革新"。① 总之，服务化转型会引起制造企业在战略、组织结构、组织文化、运营流程等多个方面的创新与变革。关于制造业服务化的模式，来有为（2009）归纳总结了制造企业服务化的三种典型模式，即"从销售产品发展为提供产品、服务和成套解决方案；依托制造业拓展成为生产性服务业；从单纯的制造企业转型为服务提供商"。② 而针对制造业服务化的阶段划分，仅有少数学者进行了探讨，比较经典的是凡德默维和拉达等提出的三阶段论，他们认为"制造企业服务化的演变过程包括提供物品、提供物品和附加服务以及提供物品—服务包三个阶段"。③

关于组织变革的类型，本书第二章第一节已经进行了分类，可根据不同的分析视角，划分成不同的类型。而关于组织变革的过程，国内外学者也进行了较多的探讨，形成了多种有效的理论分析模型。归纳来看，在学界产生较大影响的经典模型主要有：卢因（Lewin）的三阶段变革模型、弗里蒙特·E. 卡斯特（Fremont E. Kast）的六阶段组织变革过程模型、约翰·P. 科特（John P. Kotter）的八阶段组织变革模型以及沙因（Schein）的六阶段适应循环模型等。具体而言，卢因（1951）认为，有效的企业变革应包括解冻、变革和再冻结三个步骤：（1）解冻过程是要激发员工渴望变革的动机；（2）变革是向组织成员指明变革的方向和方法，使他们接受变革；（3）再冻结就是强化已经执行的战略，使战略变革趋于稳定。卡斯特是系统管理学派的重要代表人物，他在1973 年将组织变革的过程划分为六个阶段：（1）对组织进行反省和检查，为实施变革做好准备；（2）分析组织中现存的问题，指出实施变革的紧迫性和必要性；（3）剖析组织发展与预期之间的差距，指明变革的方向；（4）找出问题的解决办法；（5）执行变革；（6）对变革的效果进行评价，并寻求不断地改进。科特于 1995 年提出的组织变革模

① Baines, T. S., Lightfoot, H. W. and Benedettini, O. et al., "The Servitization of Manufacturing: A Review of Literature and Reflection on Future Challenges", *Journal of Manufacturing Technology Management*, Vol. 20, No. 5, 2009, pp. 547 – 565.

② 来有为：《"制造企业服务化"的发展路径和典型模式》，《中国发展观察》2009 年第3 期。

③ Vandermerwe, S. and Rada, J., "Servitization of Business: Adding Value by Adding Services", *European Management Journal*, Vol. 6, No. 4, 1988, pp. 314 – 324.

型包括八个阶段：（1）在组织内部营造紧迫感；（2）建立领导联盟；（3）设计新的愿景与战略；（4）沟通变革愿景；（5）对组织成员进行授权；（6）系统计划并获取短期收益；（7）巩固已有成绩并继续推动变革；（8）把建立的新行为模式植入组织文化。艾德加·施恩（Edgar Schein）认为，组织变革是一个适应循环的过程，并将其分为六个阶段：（1）洞悉组织内外部环境产生的变化；（2）为组织内部的相关部门提供明确的变革信息；（3）基于输入的情报资料对组织内的生产过程加以变革；（4）降低或管控变革给组织带来的负面影响；（5）输出因变革而产生的新产品、新服务等；（6）对变革成果进行反馈和评估。[①]

通过以上对几种组织变革模型的分析可知，虽然各个模型描述的组织变革过程有所差异，但其在本质上均大致包含从刚开始的分析变革必要性，然后执行变革，最后对变革效果进行评估并构建新的行为模式这样一个过程。相对而言，卢因最早提出了组织变革模型，该模型较为精练，也是迄今为止最具有影响力的组织变革模型，得到了学界的广泛认同。从某种意义上说，其他三种模型可以视为对卢因三阶段模型的扩展和延伸，且彼此之间差异不大。此外，凡德默维和拉达等针对制造业服务化提出的三阶段模型，主要是从制造企业的功能视角进行分析的，较为微观，没有上升到组织变革的层面。因此，基于以上分析观点，并考虑到研究的便利性，本书借鉴卢因的组织变革模型，对制造企业服务化转型的过程进行分析，并探讨相应的人力资源管理促进策略。

一　解冻阶段

根据卢因的观点，解冻是组织变革的首要阶段。就制造业服务化转型而言，该阶段的主要任务包括三个方面：一是激发组织内部管理者和员工的变革动机。需要企业的高层将企业的发展现状、与行业内领先企业存在的差距以及面临的发展危机等告知广大管理人员和普通员工，让他们充分意识到原有经营模式的弊端、风险以及实施服务化转型的现实紧迫性，需要对原有的工作态度和行为模式等加以改变。二是明确组织变革的目标和方向。服务化转型有多种模式和途径，要结合企业自身的实际情况设计科学、可行的服务化愿景、目标和实现路径，并让企业内

---

① 蒙钢：《基于分工理论的组织变革模型研究》，硕士学位论文，中南大学，2008 年，第 21—26 页。

部成员知晓，让他们树立对服务化变革的信心。三是营造组织内部的安全氛围。服务化转型会打破制造企业原有的经营方式，对管理人员和员工来说也必然要求改变他们长期形成的观念和行为方式。因此，会对他们的心理造成压力，产生一种不安定的感觉。此时，需要加强企业内部的沟通，打消他们的思想顾虑，克服变革的心理障碍。

二　变革阶段

卢因指出，变革是一个认知的过程，需要借助于新的概念和信息才能完成。对制造业服务化转型来说，这是采取有效措施逐步实现服务化转型目标的过程。在这一过程中，企业一方面要从发展战略、组织结构、运营流程、组织文化、产品和服务等多个方面的创新和转型入手，并加强各部门之间的协作，把服务化的目标进行层层分解并确保落到实处，通过提供更好的产品和服务来增强顾客的价值感受。另一方面需要根据企业需求，加大优秀人才的引进力度，优化人才队伍的结构。与此同时，可以针对态度、知识、技能和行为规范等多个方面开展形式多样的培训，提高企业各部门尤其是研发、生产、销售等关键岗位的管理人员和员工对服务化的认知水平，增强他们的相关知识和技能以及对组织文化的认同。此外，还可以通过建立合理的岗位流动机制以及科学的绩效考核和激励机制等，调动广大管理人员和员工的积极性，引导他们参与创新和变革。

三　再冻结阶段

卢因指出，在组织变革的再冻结阶段，需要借助一定的强化手段，使组织通过变革而形成的新的态度与行为得以固定，确保组织变革处于一种稳定状态。制造业服务化是一个长期的过程，企业需要采取必要措施巩固先前取得的成果。

首先，在前期服务化的基础上，要总结经验和教训，结合企业实际和未来愿景，进一步完善内部的规章制度，优化运营流程和工作方式，从制度层面确保组织变革的相对稳定性。

其次，服务化转型是一个动态的过程，需要企业不断紧跟顾客需求和竞争对手的变化进行持续改进和创新。这就要求企业激励管理人员和员工探索新的态度与行为，发挥他们的主人翁精神。

最后，企业需要加强思想引导，不断强化企业以顾客为中心的核心价值观，防范一些管理人员和员工可能出现的思想和行为上的退化，保障再冻结的效果。当然，需要强调的是，在通常情况下，经过长期的发展，制造企业的服务化可能会出现员工思想、行为等方面的固化现象，此时需要进行再次解冻，从而形成一个循环上升的过程。

第二节 服务化解冻阶段的人力资源管理策略

"无论是以人为中心进行的组织变革，还是以技术和任务为中心抑或以组织结构为中心实施的组织变革，均和人力资源管理之间有着密切的关联"。[①] 对于制造企业来说，解冻阶段是其服务化转型的起始阶段，也是困难和挑战最大的阶段。然而，企业本身不可能去适应服务化转型，应当适应这一变革的是员工。事实上，"任何形式的组织变革都会涉及对组织当前利益格局的改变，会对员工的切身利益构成直接影响，员工对变革的态度认知以及能够接受变革将对变革的结果产生很大影响"。[②] 因此，这一阶段也是员工思想的解冻和转变阶段。从人力资源管理的视角来看，在解冻阶段的主要任务就是要消解员工思想上的顾虑，减少服务化变革的阻力，并设计相应的人力资源战略规划，以保障服务化转型的顺利实施。

一 消融服务化变革的阻力

一般来说，组织变革可能会遇到各个层面和多种形式的阻力。有研究表明，"组织变革的阻力主要源于两个层面：一是员工个体层面，涉及员工的个性特征和经济利益；二是组织层面，包括基础管理和组织文化两个方面的阻力，对变革的影响力更大"。[③] 为此，制造企业的人力资源部门需要切实扮演好企业的战略伙伴和变革推动者的重要角色，采取多种举措减少服务化转型面临的阻力。

首先，可以通过翔实的经营数据，将本企业的发展情况与行业内的标杆企业或竞争对手等进行比较，找出企业自身的优势和劣势，明确存

---

① 陈桂仙：《组织变革中的人力资源管理职能》，《人力资源管理》2010 年第 7 期。

② 曾贱吉、欧晓明：《组织变革认知对企业员工工作态度的影响及其作用机制》，《企业经济》2015 年第 4 期。

③ 柯健、裴亮亮：《组织变革中的人力资源管理对策》，《中国人力资源开发》2008 年第 6 期。

在的发展差距。同时，通过企业内部网络、宣传册、会议等多种途径，让企业内的各层管理人员和员工知晓企业的真实情况以及今后可能面临的发展危机，增强他们的危机意识和变革紧迫感，使其深刻理解服务化转型对企业参与市场竞争和赢得客户的重要意义。现实中存在不少负面的典型案例，例如，国际知名的飞利浦、施乐和西门子等公司，在实施组织变革的过程中，都曾有过因为没有唤醒员工的危机感而导致变革出现延缓甚至失败的经历。

其次，无论服务化转型采取的是渐进式还是激进式的变革，都会遇到一定的阻力。为此，企业人力资源部门应当充分发挥自身的专业优势，在得到企业高层领导支持尤其是一把手授权的情况下，从企业内部挑选具有较大影响力的人员组建一支强有力的服务化变革团队，尤其要注重吸收非正式组织中的意见领袖，以更有效地争取员工的支持。此外，"对于渐进式变革，企业人力资源部门可以培养具有优秀的人格魅力和工作业绩的精神领袖，通过精神领袖来发起变革，可以减小遇到的阻力；对于激进式变革，则可以引入企业外部的咨询专家作为变革代言人"。① 通过邀请企业外部的权威专家到企业开设讲座或座谈，对企业的发展现状和变革方案等进行把脉，可以有效地消除员工对变革必要性的疑惑以及对变革能力的不信任感。

最后，通过召开企业各个层面的员工代表座谈、正式会议以及内部培训等多种途径，加强与管理人员和员工之间的沟通，及时、清晰地告知他们关于企业服务化转型的方向、可能产生的成本和带来的益处等，塑造良好的服务化愿景，从而激发广大员工的主人翁精神以及对服务化转型的期待，增强他们对变革的认同感。有研究表明，"组织变革认同感就是员工对组织变革的接受和认可的一种主观感觉，员工对组织变革的认同感越强烈，那么就会越有利于组织变革的顺利进行"。②

二 积极参与企业服务化战略制定

制造企业的服务化转型是一次战略层面的组织变革，牵涉到企业的方方面面，影响深远，尤其需要得到企业人力资源这一最为核心的战略

---

① 柯健、裴亮亮：《组织变革中的人力资源管理对策》，《中国人力资源开发》2008 年第6 期。

② 毛忞歆、龙立荣：《变革型领导与员工对组织变革认同感的关系研究》，《管理学报》2009 年第 5 期。

资源的支持。因此，作为企业的战略核心部门，人力资源部门应当从企业战略发展的高度积极参与到服务化变革中来，充分发挥战略支持者的作用。

首先，可以通过对国内外服务化转型成功企业的调研，重点了解这些企业的人力资源状况以及为了支持服务化变革而采取的人力资源实践，并与本企业的情况进行对比分析，从中吸取有益的经验。在此基础上，从人力资源的专业化视角，就企业服务化转型的方向、实施方案和关键点等向企业高层提出合理化的建议，并让高层管理者充分了解企业的人力资源管理系统，协助企业高层制定科学可行的服务化战略，为服务化变革的顺利进行提供指引。

其次，人力资源战略是企业服务化战略最为重要的组成部分。为了保障服务化转型的顺利实施，人力资源部门需要对服务化战略进行深入、细致的解读，准确把握服务化转型对企业人力资源管理带来的变革需求，牵涉组织结构与组织文化、员工的胜任力、管理制度与运营流程等多个方面。在此基础上，设计相应的人力资源战略规划，以更好地匹配和支持服务化战略。

第三节　服务化变革阶段的人力资源管理策略

尽管制造企业的服务化转型是一个长期、动态的过程，但从卢因的组织变革模型来看，变革阶段是服务化转型具体实施的过程，也是挑战性最大的一个阶段。根据第三章第二节的分析可知，服务化的实施会引起人力资源管理一系列的变化。因此，在变革阶段，人力资源部门需要继续加强与员工的沟通，强化与其他部门之间的协作，并对原有的组织结构以及人才的选拔、培养、配置和绩效考核等进行创新，以适应服务化变革的要求。

一　创新企业的组织结构

企业的组织结构在本质上是一个企业为了保障战略目标的实现而设计的一套分工协作系统。因此，当企业的发展战略发生改变时，组织结构也应当随之改变。根据前面第三章和第四章的调查研究可知，有相当比例的服务型制造企业采用的是金字塔形的传统组织结构，主要是以产品为中心的职能制结构，难以满足服务化发展的需要。同时，也有不少企业采用矩阵制或事业部制结构，较好地适应了市场竞争的需求。从当前组织结构的变革趋势来看，能够快速响应客户需求成为组织结构的一个主要特征。例如，我国的联想、华为等著名服务型制造企业，为了更好地满足客户服务的需要，在组织结构上均从早期的职能型结构逐渐变革为如今较为完善的立体多维矩阵式结构。

因此，在制造企业服务化的变革时期，企业的人力资源部门可以根据企业的实际情况，评估现有的组织结构是否符合当前和今后一段时期的服务化发展需求。如果不能满足，则可以基于客户中心化的基本思想，借鉴有关企业的先进经验，向企业高层提出建议，优化企业内部的机构设置，并重新对各个部门、中心的权责关系进行调整。例如，南京科远自动化集团股份有限公司成立了专门的客户服务中心；美的集团不仅实现了组织结构的扁平化，还专门建立了客户研究中心等。当然，需要强调的是，组织结构的转变是一个长期、动态的过程，在企业不同的发展时期具有不同的特征，关键是要与企业所处的发展阶段相匹配。虽然服务化转型要求制造企业能够更有效地回应客户需求，但可以满足这一需求的组织结构并不是唯一的，而是有多种不同的形式。企业的人力资源部门不能一味地照搬其他企业的组织结构，而是要结合自身的实际需求进行设计和优化。

二 提升员工队伍的胜任力

组织变革通常会导致员工组织角色的改变，这就需要员工能够有效地适应这一转变。因此，通过优秀人才引进、组织员工培训、鼓励员工自主学习等方式，提高员工对组织变革的适应能力，是组织变革过程中人力资源部门的一个重要任务。基于第三章第二节和第五章的分析可知，制造企业的服务化转型对各层面员工的胜任力都提出了新的、更高的要求，需要企业不断创新人才引进和培养机制，以更好地适应变革需求。

为此，制造企业的人力资源部门首先可以根据服务化转型的需要和人力资源战略规划，重新进行岗位工作分析，科学确立企业内部各个岗位对人才的胜任力要求。在此基础上，结合相关岗位的人才数量需求，制定相应的人才招聘方案。要改变传统的以笔试和面试为主的招聘方式，根据不同岗位的招聘需要，灵活采用笔试、面试、心理测试、情景模拟等多样化的人才测评手段，大力引进一批在价值观、知识、技能等方面符合企业服务化转型要求的人才。尤其是应当重点"招募服务意识强、具有协作精神、敢于挑战现实和勇于创新的现代化人才，并充分发挥他们在企业中引领工作观念转变、提高员工危机意识以及促进岗位技能更新等方面的影响力，为企业发展注入新鲜血液和新的思维"①，有效激发企业人才队伍的活力和创造力。

其次，强化对员工的培训，包括新引进员工的培养和老员工培养两个方面，以动态地满足服务化变革的人才素质需求。例如，"IBM 公司开展了全方位的'蓝化'培训，既有针对新员工的'新蓝'培训，也有面向老员工的'成蓝'培训。借助于系统化的'蓝化'培训，不仅增强了员工的知识与技能、扩充了公司的人才储备，而且把公司的核心价值观植入员工的脑海中"。② 因此，企业的人力资源部门应当认真进行员工培训需求的分析，针对新员工和老员工的不同需要开展形式多样的培训活动。在培训内容的设置上，新员工培训除了岗位知识和技能外，要突出对组织文化和企业发展愿景的了解与认同；老员工培训除了常规的岗位胜任力，重在激发他们的变革意识和对变革的认同感。在培训形式和方法的选择上，要灵活多样，注重实效，做到企业内部培训与外部培训相结合、离岗培训与在职培训、理论培训与实践培训相结合。

最后，建立完善的岗位流动机制，促进员工的成长。服务化转型要求员工具有较高的综合素质和较强的协作精神，除通过人才引进和培训加以满足外，合理的岗位流动也可以有效地提升员工的素质，也是员工培养的一个重要途径，并能优化人才资源的配置。就理论而言，"岗位流动包括横向的岗位轮换和纵向的职位升降两个方面。其中，岗位轮换可以防范'疲钝倾向'，促进各部门、员工之间的沟通和理解，有助于培养复合型人才和技能'多面手'"。③ 通过岗位轮换，丰富员工的工作内容，培养员工对关联岗位的工作内容、职责以及胜任力要求的了解，

---

① 柯健、裴亮亮：《组织变革中的人力资源管理对策》，《中国人力资源开发》2008 年第6 期。

② 白光林、彭剑锋：《IBM 的人力资源管理演变》，《中国人力资源开发》2014 年第 14期。

③ 杨国福：《岗位轮换：企业内部员工合理的横向流动》，《中国人力资源开发》2005 年第 10 期。

有助于拓宽员工的视野，培养员工的大局观念，并激发员工的工作热情，而这正符合服务化变革期人才的培养要求。当然，岗位轮换要基于工作需要的原则，并做好管理人员和员工的沟通工作。此外，基于绩效考核结果实施纵向的职位升降，奖优罚劣，可以起到较好的激励作用，尤其是晋升能够促进人才的培养。

三　加强人力资源部门与其他部门的协同

在现代企业，大多都设立了人力资源部门，主导企业内外相关人力资源的管理和开发活动，是企业最为核心的部门之一。然而，人力资源管理不仅仅是人力资源部门一个部门的工作职责，而且更是企业的各层级、各部门管理人员的共同职责，每一位管理者都肩负着人力资源管理的责任。因此，在制造企业服务化变革的过程中，人力资源部门需要加强与企业其他部门尤其是业务部门之间的协作，充分发挥人力资源的效益。首先，"在企业的战略层面上，人力资源总监将发挥与部门经理之间的信息沟通桥梁的作用，通过定期和不定期的交流，强化各部门员工对企业服务化战略及其目标分解的认识"①，从而有助于服务化战略目标的顺利落实。其次，在战术层面上，企业的人力资源部门要在日常工作中加强与业务部门之间的交流与合作，尤其是在员工的选拔、培养、使用、激励、绩效考核等方面通力协作，做到分工明确、各司其职、相互配合，共同做好企业的人力资源管理工作。随着服务化转型的逐步深入推进，人力资源部门将更多地发挥业务专家的作用，为业务部门的人力资源管理提供专业的咨询和服务。这就要求人力资源部门不断提升专业素养，转变观念，加快自身的转型升级，实现从传统意义上的监督者向服务者的转变。

四　建立绩效导向的薪酬激励机制

制造企业的服务化变革会引起企业各个层面的反应，影响到员工的切身利益，在变革过程中必然会遇到一定的阻力。因此，为了保障变革的顺利进行，企业需要根据服务化转型的特点和自身实际情况，建立相应的绩效考核和薪酬激励体系。

首先，企业人力资源部门要打破常规的绩效考核模式，在考核周期上，可以根据岗位特点，采取定期考核与不定期考核相结合；在考核内

---

① 晋永星：《组织变革中人力资源管理的匹配性研究》，《中外企业家》2011 年第 10 期。

容上，不仅要注重员工的工作结果，而且也要关注结果实现的过程和日常的行为表现，尤其是员工对其他关联岗位的协作情况，打造团队意识与合作精神；在考核主体上，除了直接上级、同级的同事和下级，还要切实保障考核对象的参与权，更应当根据岗位特点引入内部客户和外部客户参与考核，以更加全面客观地衡量绩效，在企业内部营造尊重员工以及客户中心化的良好氛围。同时，对于少数特殊岗位和特殊人才的考核，可以制定个性化的考核方案。

其次，人力资源部门要基于绩效考核结果，构建激励性的薪酬激励机制。在激励手段上，可以根据员工的不同需求，灵活采用物质激励与精神激励相结合、以物质激励为主的激励方式；在激励对象上，以员工个体激励为主。同时，针对一些诸如研发类的工作，可以实行个体激励与团队激励相结合的模式，以培养团队合作精神；在付酬模式上，"可以实行创造性奖励报酬计划、利润分享或员工持股计划等，尽力改善员工的工资和福利待遇"[1]，让员工能够真正体会到服务化变革给他们带来的好处，以激发他们的工作热情和对变革的认同感。

第四节　服务化再冻结阶段的人力资源管理策略

经过了前期的服务化变革阶段，制造企业的服务化转型已经取得了阶段性的成果。尽管制造业服务化是一个永无止境的演进过程，但从卢因的组织变革模型来看，变革之后就进入了再冻结阶段。在此阶段，企业人力资源部门需要采取措施巩固业已取得的成绩，将其固化，防止出现倒退。同时，还需要继续强化员工的危机意识和创新精神，进行持续改进，推动服务化转型的深入实施。

一　建立完善的与服务化匹配的制度体系

经历了解冻和变革阶段，制造企业在服务化转型过程中，已经积累了一些比较好的做法，并在管理制度建设上进行了一定的探索和创新。

---

① 柯健、裴亮亮：《组织变革中的人力资源管理对策》，《中国人力资源开发》2008 年第6 期。

进入再冻结阶段，企业人力资源部门需要按照服务化战略的目标要求，对现有的组织架构、各项规章制度、操作流程和工作说明等进行认真梳理，找出其中存在的不合理之处，并将那些与服务化愿景相违背的规章制度和流程等加以改进，建立较为完备的变革支持机制、激励机制、反馈机制和员工成长促进机制等，形成与战略目标相一致的制度体系。此外，应当对企业前期的各项服务化实践活动进行总结，识别服务化变革的支持力量和阻力，提炼出其中较为典型和成功的实施方案、工作方法和行为范式等，并将其程序化、制度化，在企业进行推广应用，植入企业的组织文化，确保变革成果的稳定性。

二　激发员工的危机感和持续改进意识

基于卢因的组织变革思想，再冻结阶段是企业总结和巩固变革成果的阶段，也是庆祝胜利的阶段。然而，在成果固化之后，随着时间的推移，制造企业原先成功的制度、结构和经验等，"可能会演变成组织模式中不易改变的特性，也即组织惰性，且其强度会随着企业的年龄、规模和复杂性等不断变大"[1]，进而成为企业可持续成长的障碍。一些曾经辉煌的企业如宝丽来公司、柯达公司等，通过变革不仅没有成功反而最终衰败，原因是多方面的，但未能很好地克服组织惰性就是其中一个重要因素。因此，企业的人力资源部门应当通过会议、内部网络和宣传资料等有效途径，加强与各层次管理人员和普通员工的沟通，用大量负面的典型案例警示企业员工不能满足于当前的阶段性成就，而是要居安思危，树立深刻的危机意识，更不能持有变革阶段论的思想而出现工作态度和行为上的倒退，导致前期取得的成果付之东流。与此同时，需要紧跟国际制造业服务化的趋势和消费者需求的变化，以一种审慎和挑剔的眼光，对现有的组织结构、规章制度和行为规范等进行持续改进，并借助于有效的激励手段，鼓励员工开展产品和服务创新活动，进入下一个解冻阶段，从而实现良性循环。

---

[1] 白景坤：《组织惰性视角下组织变革对企业持续成长影响研究——以柯达公司历史上的5次重大组织变革为例》，《财经问题研究》2014年第11期。

第八章 服务化转型中的制造企业人力资源管理改进对策

服务化是制造企业的战略转型，要求企业从以往主要关注产品转变为关注"产品＋服务"，从传统的以产品为中心转变为以客户为中心。尤其是在"互联网＋"背景下，制造企业拥有了近距离面对面地为消费者提供服务的机会，但也面临全新的商业环境和竞争规则。互联网的互联互通、大数据和免费模式等，通过引导人们消费方式的变革实现了对传统产业的颠覆，用户已经成为产品和服务的主导力量。因此，制造企业的服务化转型是其顺应互联网时代商业模式创新的必然趋势，要求企业树立真正意义上的用户思维，实现全方位的客户中心化。

要想真正落实客户中心化的要求，作为制造企业核心战略手段的人力资源管理系统就必须加速进行全方位的变革。具体来说，就是要提升人力资源管理的战略地位，实施战略型的人力资源管理模式；设计具有柔性的扁平化组织结构，并营造服务型的企业文化；基于用户思维对原有的招聘、培训和绩效考核体系等进行重塑和创新。根据以上论述，并结合前面第三章到第七章的研究结论，本章有针对性地探讨提出制造企业人力资源管理体系的改进对策，以更好地满足服务化转型的需求。

第一节 促进人力资源管理从战术型向战略型转变

制造企业的服务化转型是一次战略层面的变革，必然要求企业进行全方位的转型，人力资源管理系统也不例外。理论而言，人力资源管理系统只有从传统的战术型人事管理逐步升级为战略型的人力资源管理，才能从根本上保障服务化变革的顺利推进。同时，通过第六章的实证研究也发现，随着人力资源管理模式的不断优化，制造企业的员工胜任力和绩效水平得到了持续改善。此外，由第三章的调研分析可知，只有少数制造企业建立了战略型人力资源管理体系，大部分企业都处于人事管理阶段或从人事管理向人力资源管理和战略型人力资源管理的演变过程中。因此，制造企业的领导层应当从观念、制度和举措等方面综合推进人力资源管理的变革。

一　增强领导对战略性人力资源管理的认知

战略性人力资源管理的理念已成为企业人力资源管理体系设计的灵魂所在，该理念将员工视为企业的战略资源，且是企业各项资源中最为重要的资源，企业的发展与员工自身能力的提升是密不可分、相辅相成的。该理念认为，对人力资源进行有效开发能够增加企业的价值。因此，企业需要给员工创造一个有利于发挥自身作用的公平环境，为他们配备必需的资源，让员工在承担责任的同时对他们实施相应的授权，以保障他们能够自如地完成工作任务，并借助于科学、有效的激励体系激发他们的工作热情。基于对员工全方位、公平公正的绩效评价结果，采取必要的物质激励和精神激励手段，让员工在自我价值和企业价值的实现方面达到有机统一。"战略性人力资源管理集中于关注企业组织结构和文化的改变、经营效率和业绩、特殊能力的开发以及管理变革等"[①]。因此，战略性人力资源管理理念的确立是企业制定战略规划、调整组织结构和企业文化以及优化员工招聘、培训和绩效考核体系的前提与基础，也是企业领导者先进领导理念的体现，更是企业打造核心竞争力的重要资源。

根据第三章的调研可知，之所以很多制造企业没有随着服务化的实施建立战略性人力资源管理体系，除客观上存在困难和时间跨度长之外，领导者思想上的不重视也是一个重要的主观制约因素，尚没有跳出传统的产品思维。因此，在制造企业服务化转型的过程中，企业领导者首先需要根据服务化的需求树立"以客户为中心"的服务理念，进而从战略的高度认识人力资源在企业客户服务体系中的重要地位以及人力资源管理对推动服务化变革的核心作用，并把人力资源管理战略作为服

---

① 李广斌：《战略人力资源管理实践与企业绩效的影响关系研究》，博士学位论文，厦门大学，2009年，第38页。

务化转型战略的重要组成部分。其次，在机制保障方面，要将人力资源管理部门负责人提升为企业的高层管理者，使其进入企业的核心决策层，成为企业服务化转型战略委员会的重要成员，能够充分参加企业的战略决策。尤其是在制定服务化战略决策时，要尽可能多地吸收人力资源管理部门的意见及建议，并充分考虑当前和今后一段时间内的企业人力资源与战略的匹配程度。此外，要给人力资源管理部门提供更多的支持，保障他们有效地制定战略性的人力资源规划，而且企业其他领域的业务规划都应当和人力资源规划保持一致，以便最大限度地发挥人力资源规划对企业全局的引领和支持作用，从而树立并不断巩固人力资源管理部门在企业内的核心和战略地位。

二　注重人力资源规划与服务化战略相结合

战略性人力资源管理的首要原则是要根据企业的战略规划对当前的人力资源状况进行评价，在此基础上，结合企业今后的发展需求，精心制定有效的人力资源战略规划。人力资源战略规划按照战略管理的一般分析框架，对战略层面的内容非常关注，并充分借鉴了当今企业战略管理方面的理论研究成果和实践经验。该规划不仅融合了以往关注人员供给与需求的人力资源规划，而且更为凸显人力资源规划与企业发展战略之间的一致性。通过对企业所处内外部环境的科学评估，分析企业当前的人力资源管理系统存在的缺陷和遇到的挑战，建立未来的人力资源发展愿景以及与企业今后的发展战略相容的人力资源管理体系，确立有效举措保障工作目标能顺利地转化为行动，并对目标的执行过程进行科学的评价和监控，进而构建一套完善的人力资源战略系统。

在企业服务化战略制定后，人力资源管理部门要根据"客户服务导向"的理念拟订企业层面的人力资源战略规划，明确组织服务化战略所包含的对各类人力资源数量、胜任力及其他影响企业经营效益的能力要求，并基于对企业现有人力资源状况的评估，确定当前及未来一段时期内的人力资源净需求情况。在此基础上，人力资源管理部门要做好人员供需平衡的规划、人员补充与培养的规划以及人员的分配、晋升、退休、解雇规划等，进而拟定相应的人员招聘、培养、使用和绩效考核等方案。此外，需要根据服务化的发展要求，对企业现有的组织结构和组织文化进行动态调整和优化，为服务化战略的实施提供强有力的组织保障。总之，人力资源管理部门唯有将客户中心化的理念和服务的元素融入人力资源战略规划的各个环节，形成支持性的人力资源管理系统，才能为服务化转型的深入推进提供根本的人力资源支撑。

三　加快人力资源管理部门的转型

人力资源管理部门是企业最为核心的部门之一，其作用的有效发挥对企业的发展和战略变革具有十分重要的影响。在制造企业服务化转型的过程中，企业需要制定与服务化战略相匹配的人力资源战略规划，并指导和支持其他部门的行动，为客户提供全面的服务。而要扮演好这一角色，就需要人力资源管理部门对自身进行变革，不断加强自身能力建设。第三章的调研发现，有部分企业的人力资源管理部门不能为其他部门的工作开展和员工成长提供专业化的支持，并在岗位需求分析和人才招聘等方面存在难以胜任的情况。

鉴于此，制造企业的人力资源管理部门应当顺应服务化转型趋势，认识到加快自身转型的紧迫性。处于互联网时代的服务化转型制造企业，"成为一个有机生态圈，企业内部的部门之间、员工之间以及上下级之间紧密围绕客户价值创造形成了不同的工作团队，打破了原有的部门界限和部门职责界限，流程化和团队化管理成为常态，这就要求企业的人力资源管理部门具备跨界思维"。[①]

首先，要能够对接企业服务化转型的战略需求，从企业全局的视角来审视人力资源管理规划和行为，努力成为企业的战略业务伙伴和服务化变革推动者。

其次，人力资源管理部门要加强自身信誉和专业化能力建设，强化业务素养培训，具备较强的服务意识以及人际关系能力、问题解决能力和创新能力，以适应从过去的权力中心向服务中心的转变。可以借鉴IBM、海尔等企业的经验，视内部的业务部门和员工为客户，利用互联网，建立人力资源专家中心（HR Center of Expertise，HR COE）和人力资源共享服务中心（HR Shared Service Center，HR SSC），积极加强与企业研发、生产、销售等相关部门的密切联系，为各部门的业务开展和员工发展提供专业化的咨询服务，成为企业的职能专家以及员工的需求满足者和成长支持者。

---

① 黄东琦：《"互联网＋"时代，人力资源转型要做减法》，《人力资源》2015年第13期。

最后，对于自身不太擅长或非核心的业务，可以委托其他企业或中介服务机构来协作完成，共同打造内外结合的人力资源价值创造网络，支持企业服务化转型战略的顺利实施。

第二节　建立与服务化战略相一致的组织结构

大量理论研究表明，战略的成功实施需要良好的组织结构与之相匹配。对于"互联网＋"时代的制造企业来说，实施服务化转型有利于直接面对客户，更加精准、快捷地为客户提供服务。同时，企业也面临复杂多变的竞争环境，需要作出快速反应。这就要求服务型制造企业基于客户中心化的理念，建立支持性、适应性的组织结构。

一　基于客户导向打造扁平化组织结构

随着服务经济的飞速发展，越来越多的制造企业进入了服务型制造的行列。但在转型的过程中有不少企业落败，"即在实施服务化战略后企业的绩效不升反降，深究之后得知这种服务化悖论的出现与'企业组织的调整和服务化战略不一致'不无关系"。[①] 传统的企业组织结构多为正三角形，存在上下级之间沟通缓慢、信息失真、对变化应对不及时等问题。本书调研显示，尚有 43.2% 的公司的组织结构依然是金字塔形，对服务化形成了制约。由此可知，要想顺利实现制造企业服务化转型的目标，就要高度重视企业组织结构的灵活性，使之与服务化战略一致。

在服务化转型过程中，为了能够快速适应外界环境的变化和客户需求，势必要对企业内部的资源与流程加以重新整合，使组织结构能够随着业务流程的再造与整合做相应的调整与改变，扁平化已成为目前较为普遍采用的组织结构类型。例如，小米公司非常强调管理的扁平化，认为这样才能把事情做到极致；海尔集团打破常规提出了"人单合一"的管理模式，建立了倒三角形的组织结构，处于一级经营体的是大量的

[①] 张雅琪、陈菊红、李兆磊：《基于匹配和调节一致性分析的制造企业服务化战略与组织结构关系研究》，《软科学》2015 年第 5 期。

一线经理，他们直接面对客户并满足他们的需求；公司领导则主要负责战略规划、发掘新的市场机会以及支持各层级部门和员工的工作。因此，实施服务化转型的制造企业，可以借鉴海尔等知名公司的典型经验，积极推动客户服务导向下的组织结构变革。张雅琪等（2015）研究指出，"随着制造企业服务模式的深入实施，企业要尽可能实现组织结构的扁平化"。① 为此，企业一方面要尽可能减少企业内部的层级设置，精简上层组织，并把大量的资源充实到一线，逐步形成类似倒三角形的扁平化结构。另一方面要根据客户服务化流程，科学设置部门，明确各部门的工作职责和权力，并通过考评机制的建立促进部门之间和上下层级之间的沟通和服务信息共享。此外，考虑到客户需求的多元化和易变性，要建立对一线服务员工的授权机制，允许他们在不违背组织原则的前提下能够灵活地应对客户需求，以实现对客户需求的快速反应。

二　实现组织结构与服务化策略动态匹配

制造企业的服务化转型是从原先的单纯提供产品向提供产品与服务转变的动态过程。凡德默维和拉达（1988）最早提出了制造业服务化的概念，认为服务化转型包括三个演进阶段：在第一个阶段，企业仅向顾客提供高质量的产品；到了第二个阶段，企业除提供物品之外，还有诸如售后之类的附加服务；而到了第三个阶段，企业则向顾客提供物品——服务包，二者构成了一个完整的问题解决方案。借鉴这一观点，怀特等（White）提出了服务化的四阶段论，包括物品、物品和附加服务、物品——服务包、基于物品的服务四个阶段，其中前三个阶段与凡德默维和拉达的观点相似，而在第四个阶段，他们认为，所谓基于物品的服务，就是把现有的实物产品作为平台，向顾客提供与物品有关联的服务。②

根据以上论述可以看出，制造企业的服务化转型通常会经历一个演变过程，不管中间包含几个阶段，每个阶段的特点都有所不同。自然地，在不同阶段，企业的服务所占比重、形式以及采取的服务化策略也会有所差异，进而会对企业的管理方式和组织结构提出不同的要求。因

① 张雅琪、陈菊红、李兆磊：《基于匹配和调节一致性分析的制造企业服务化战略与组织结构关系研究》，《软科学》2015 年第 5 期。

② 李松庆、梁碧云：《制造业服务化概念和演进阶段的研究综述与展望》，《商业时代》2012 年第 35 期。

此，为了实施服务化战略，除在管理型的组织架构上要逐步实现扁平化之外，还需要在项目型的组织架构上与服务化策略进行动态的匹配。张保军（2013）"根据服务在企业主要业务中所占比例及客户需求的变化，将制造企业的服务化策略演变分为：产品＋附加服务、增值服务、整体解决方案和去制造化四种模式，并通过实证研究指出：在'产品＋附加服务'以及'增值服务'模式下，企业宜采取混合产品和服务的混合 SBU（Strategical Business Unit）；在'整体解决方案'模式下，企业应成立独立的服务 SBU；在'去制造化'模式下，企业已演变为纯粹的服务提供商，此时关注客户 SBU 是最佳选择，不仅有独立的服务部门，而且更加注重培养员工的服务意识"。[①] 基于以上观点可知，制造企业在服务化的项目实施层面，需要考虑与具体的服务化策略相匹配的组织结构形式，并随着服务化的不断演进，通过对服务要素的整合设立专门的服务部门，如典型的服务事业部，并确保服务部门资源的专用性，以更加有效地支持服务化战略的实施。

三　加强学习型组织建设

学习型组织是美国学者彼得·圣吉提出的一种管理理念，认为企业在其发展壮大的过程中不可避免地会遇到各种风波，对此企业一方面要精简机构、精减人员实行扁平化的组织结构；另一方面企业还要不断地自我成长、自我发展，以维持企业的竞争力，这就要求企业要建设学习型组织，以备企业不时之需。在服务化转型的背景下，企业更应该建设学习型组织，用新的思维方式促进企业的成长。在这个学习型组织中，每个员工都要参与进来，共同识别在服务化转型过程中企业面临的问题，探讨问题的解决方案。

第一，企业应建立共同的愿景，即共同致力于服务化转型的成功。只有思想上达到一致，有服务的意识，才能引领行动上的一致，才能促使企业上下在工作过程中都朝着全心全意为客户服务的这个方向奋斗。

第二，要强化团队的力量，提升团队凝聚力。一个人的服务方法或技巧可能略显单薄，但集合团队的智慧与力量，共同探索服务的方法与技巧，以促使领导者做出正确的组织决策，引领企业服务走向正规。

---

① 张保军：《制造企业组织结构与服务化策略匹配研究》，硕士学位论文，华中科技大学，2013 年，第 18—21、35—38 页。

第三，改变思维逻辑，创新服务方式。企业服务化转型过程中的障碍主要来源于员工思维逻辑的阻碍，对新知识、新方法的抵触，对新事物的反感。唯有依靠团队的力量，通过团队学习，标杆学习，才能在服务方式上有所改变，有所突破与创新。

第四，超越自我，专研服务技巧。企业服务化转型工作的顺利实施，战略目标的成功实现，离不开员工的辛勤工作，更离不开员工的创造性思维。深化服务理念、专研服务知识、创新服务技能，将个人的利益与企业服务化转型的愿景融合在一起，不断提升自我、超越自我，为企业服务化发展奋力拼搏。

第五，系统思考，全盘统筹。从企业全局出发，看清服务化转型过程中的本质问题，从企业实际情况入手，针对性地建设学习型组织，依靠企业自身的力量解决转型过程中的问题，提高组织绩效，带动组织的生命力。

关于学习型组织的组织结构，著名学者陈国权（2004）提出了学习型组织的组织结构的五个职能特征："信息/情报职能、创新职能、学习/培训职能、知识管理职能、变革/危机管理职能，以及4个形态特征：团队/网络化、扁平化、市场/客户导向性、弹性/可重构性"。[①] 当然，需要指出的是，制造企业服务化的深入推进要求企业不断学习以更好地满足客户需求，打造学习型组织是一个必然趋势。但在具体的结构形态上，由于不同企业在产品特点、所处的服务化阶段以及组织文化等方面存在差异，因此，其组织结构也会有所不同，并且会随着企业内外环境的发展呈现动态变化。

第三节　营造以客户为中心的服务型组织文化

制造企业的服务化转型，不仅需要从战略层面设计人力资源规划，建立与服务化战略相适应的组织结构，而且也要求企业树立用户思维和

---

① 陈国权：《学习型组织的组织结构特征与案例分析》，《管理科学学报》2004年第4期。

客户服务导向，营造以客户为中心的组织文化，并得到企业领导和员工的认同与实践。第三章的调研结果显示，部分企业尚未形成关爱员工、客户及其他利益相关者的良好组织文化，阻碍了服务化战略的真正落地。因而，只有实现了观念上的转变，制造企业的服务化转型才能顺利推进。

一 树立客户利益至上理念

在市场竞争日益激烈的今天，很多企业已经形成了一切始于客户需求、一切终于客户满意的价值理念。对于实施服务化转型的制造企业而言，更是应当树立用户思维和客户利益至上的理念。当然，由于组织文化的形成是一个漫长的过程，要想真正实现这一目标并非易事。从第三章的调研结果来看，一些制造企业虽然标榜"一切为客户着想"，但并没有真正落实到位，还停留在宣传层面上，这其中既有领导不重视的原因，也与员工自身的意识有关系。因此，首先，在企业的领导层面就要达成共识，充分认识到企业与客户是一个利益共同体，应当形成一个价值共创网络。只有客户获得了价值和满意，企业才会实现更好的发展。其次，要通过企业内部的刊物、网络、会议等多种有效途径，宣传客户利益至上的思想，让广大员工知晓企业的价值理念，并在内心深处加以认同，进而体现为日常工作中的自觉行动。再次，需要加强企业内部的制度建设，尤其是要在员工培训、绩效管理和岗位聘任中强化客户服务的思想，用制度的约束力增强员工对客户理念的尊重和认同，保障观念文化落地生根、深入人心。最后，企业领导要努力创设关爱员工的良好氛围，要把员工视为企业的内部客户，从情感、待遇、职业发展等方面加以关心，增强他们的满意度和敬业精神，这样他们才可能全心全意地为外部客户服务。

二 强化员工的创新意识和精益思想

创新是企业发展的永恒主题，是企业获得核心竞争优势的法宝。在"互联网＋"时代，客户的需求呈现多样化、易变性和个性化的特点，给企业的生产经营带来了很大的挑战。在服务化战略的实施过程中，制造企业需要直面客户的需求，并快速、精准地加以满足。因此，在企业内部需要大力弘扬创新精神。海尔、戴尔等国内外知名制造企业的服务化转型实践，无不弥漫着创新永无止境的思想。为此，要针对客户的需求，从产品的人性化设计、原材料、生产工艺和流程、产品销售及售后服务等方面不断地进行创新，并加大服务创新的力度，提高客户的价值感知和满意度。

此外，为了更好地服务客户，服务化转型制造企业还应当在全体员工中宣传贯彻精益生产的思想。该思想源于 20 世纪 80 年代日本丰田发明的精益生产方式，但并不局限于生产领域，而是应用到了企业经营的各个方面，强调消灭浪费和精准地定义价值。国内企业要依靠制度创新、技术革新、工作流程优化等途径将精益思想加以落实，在所有岗位倡导新时期的"工匠精神"，做到尽善尽美。这样不仅可以有效地降低企业的生产耗费，提高产品质量与成本的比值，为客户提供物美价廉的产品和服务。同时，也有利于企业及时跟踪不断变化的客户需求，真正做到按需生产、准时生产，为客户创造更多的价值。

三　弘扬协作型的组织精神

制造企业的服务化转型是一项系统工程，在企业内部不仅关系到企业的产品研发设计、原材料采购、生产组织、销售以及售后服务等多个价值链环节，同时也需要得到人力资源管理、财务管理等职能部门的支持。应当说，客户利益无小事，客户中心化要求企业做到"三全"，即全面的客户服务理念、全方位的客户服务、全员参与客户服务，全体员工都充当"服务员"的角色。基于这一认识，为了更好地服务客户，企业所有部门和岗位都要树立客户服务人人有责的意识，在履行好各自职责的同时，打破部门之间的樊篱，加强相互之间的协作。而要做到这一点，除组织设计上的保障之外，还需要企业在组织文化建设方面强化团结协作、企业一家人的意识。此外，也需要加强企业信息化建设，实现各业务模块信息系统之间的集成，提高协作效率。

同时，企业还需要做好与客户、供应商、经销商之间的协作。从第三章的调研结果来看，在产品和服务创新方面，有 27.9% 的公司很少邀请客户参与其中，另有 30.2% 的公司很少邀请供应商和分销商参加，影响了企业的创新质量和效率。事实上，在开放式创新背景下，服务化转型制造企业应当秉承开放创新的思想，根据客户中心化的原则积极邀请客户参与产品的研发设计、原材料采购、生产等环节，充分倾听他们的意见和建议，实现全流程的客户参与。此外，企业的供应商和分销商也是影响企业产品和服务创新的重要利益相关者，企业也要吸收他们的参与，实行多主体参与的创新模式。当然，要实现与外部利益相关者的有效协作，要求企业做好相关制度方面的设计，打造开放式的创新文化和协作氛围，并建立企业内外部的信息共享系统。

第四节　构建服务导向的人力资源管理机制

人力资源管理是企业最为核心的管理系统，对企业的健康、可持续发展具有举足轻重的影响。根据第四章和第六章的研究可知，在不同的人力资源管理模式下，服务化转型制造企业的员工招聘、培训、绩效考核等也会有所差异，进而影响员工的胜任力和企业绩效。同时，从第三章的调研分析可知，有不少企业的人力资源管理机制尚不健全，达不到服务化的要求。因此，有必要建立并完善客户服务导向下的人力资源管理机制，在战术层面支持服务化战略的顺利实施。

一　基于服务化需求优化人才选聘方案

人才选拔是人力资源管理的重要环节，对企业的人才素质具有重要影响。第三章的调研发现，部分服务化转型制造企业在人才选拔方面存在不少问题，滞后于企业的发展要求。因此，有必要针对服务化转型的人才需求，完善企业的人才甄选方案。第三章第二节从一般性的角度阐述了服务化转型背景下的人才素质要求，在实践中各个企业需要结合自身情况进一步做好岗位需求分析。在进行人才素质需求分析时，要邀请客户参与，除了各个招聘岗位传统意义上的要求外，还要凸显对员工服务意识、协作意识和服务技能等方面的要求，为人才招聘方案的制定提供科学依据。

其次，企业人力资源管理部门要根据不同类型人才的特点，有针对性地选择相应的人才获取途径，如校园招聘、网络招聘、猎头招聘等，多渠道选拔人才。在此基础上，企业要优化人才测评手段与方法。由于服务化转型制造企业更加注重员工的综合素质。因此，企业可通过心理测验、情景模拟、无领导小组等方法对应聘人员进行全方位的考核与评价。在使用这些测评方法的时候，可适当多增加一些服务化的元素，多角度考察应聘人员的服务化意识与能力。当然，为了达到预期的测评效果，企业一方面需要提高负责招聘人员的专业化素养；另一方面也可以适当吸收客户以及社会中介机构的参与。

再次，在完成人才选拔之后，企业还要做好新进人才的岗位聘任工作。岗位聘任的一个基本原则就是人尽其才、知人善任，把合适的人放在合适的位置，最大限度地利用人才的优点，尽量避免人才浪费。要加强对新引进人才的轮岗工作，尽可能让其在实习期内得到多个岗位的锻炼，充分熟悉企业的情况，有效地培养其全局思维和协作意识。同时，对企业原有的员工，也要根据个人意愿、企业需要以及绩效考核的结果，对其岗位做机动性的调整，激发他们的工作热情，并让他们能够熟悉各相关环节的工作内容，有意识地培育跨部门的虚拟合作团队，发挥团队在完成项目化工作中的重要作用。

二　注重培训从任职资格向胜任力转变

与传统的制造企业相比，服务化转型制造企业面临的经营环境发生了较大的变化，蕴藏了更多的不确定因素，这就需要企业具有较高的灵活应变能力。这一能力的获得，有赖于高素质的员工队伍，除在招聘环节把好关之外，更需要抓好常态化的人才培训工作。第三章的调研分析结果显示，有部分服务化转型制造企业在员工的培训需求分析、师资安排、培训内容选择以及培训效果评估等方面尚存在一些不完善之处，难以为服务化战略实施提供可靠的人才队伍保障。为此，需要针对服务化转型下的人才素质需求以及企业的人才队伍现状，设计相应的人才培训体系。

首先，企业要做好培训需求分析，这也是培训实施的基本前提。现实中很多企业在对新老员工的培训方面主要涉及企业背景和文化、产品知识、学历教育、工作知识和技能等，这些大多属于员工任职资格的范畴。根据胜任力的理论可知，任职资格尽管也包含对员工素质的要求，但并不能有效地区分不同绩效水平的员工。因此，对服务化转型制造企业来说，一定要基于胜任力的思想，并结合企业自身的实际情况，系统构建不同岗位的员工胜任力模型，并通过员工自我反馈、座谈、客户调查、绩效考核等方式发现员工在胜任力上存在的差距，据此确定不同岗位员工的培训需求。

其次，在明确员工培训需求的基础上，要为他们量身定制最为合适的培训项目。培训的内容要尽量丰富，除传统的培训内容外，更要注重对员工的客户服务意识、态度、技能的培训。需要强调的是，所谓的客户不仅包括企业的外部客户，而且也包括企业内部上下游相关环节的内部客户。当然，企业在制定这些培训内容时，要摆脱固有的思维模式，根据时代发展的要求，及时更新培训内容，增强培训内容的实用性和前瞻性。为了保证培训的效果，培训的形式可以多种多样，但要根据培训内容的需要灵活安排，比如可采用理论讲授法、演示法、案例讨论法、角色扮演、岗位轮换等培训方法，以充分调动员工的培训积极性，提高培训效果。

最后，在培训师资的配备方面，也要结合培训的实际需求。比如，可以安排企业内部经验丰富的人员，也可邀请客户、供应商、经销商、社会专职培训机构人员、高校专家等来企业讲授，甚至可以将员工送到外面的相关机构进行脱产进修。在培训结束之后，企业还要对培训效果进行评估，可灵活采用笔试、情景模拟、角色扮演、工作观察、绩效考核等方法，了解受训者在接受培训后对服务知识的了解程度、对服务方法与技巧的掌握程度以及为客户服务的意识是否有所增强等，并根据评估结果对相关员工的岗位进行调整。

三　实施基于目标管理的绩效考核

绩效考核是企业人力资源管理的核心环节之一，可以为员工的培训、岗位调整、薪酬确定等提供依据。从第三章的调研结果来看，不少服务化转型制造企业在绩效考核方面不同程度地存在一些问题，涉及考核的导向、内容、主体、客体、结果应用等多个方面，说明相关企业的绩效考核与服务化转型不够匹配。对服务化转型制造企业而言，其核心导向与业绩体现在基于客户满意的企业成长，而客户服务涉及所有员工和所有业务流程。因此，企业需要根据客户中心化的要求给每个部门、岗位设定相应的目标，并据此实施基于目标管理的绩效考核。

首先，在考核的导向上，既要鼓励个人努力，同时更要强调团队协作以及相关工作环节之间的配合，实行个体考核与团队考核、项目化考核相结合；在考核的内容上，既要包括反映人力资本特征的知识和技能，也要包含反映员工的工作过程和结果的客户服务态度和满意度等，此外也要体现对上下游相关环节也就是内部客户的支持情况。但就不同的部门和岗位而言，需要结合实际情况进行确定。在考核的周期安排方面，需要根据考核对象的工作特点和目标完成期限等灵活确定，不搞"一刀切"。

其次，在考核的过程方面，要坚持客观、公正的原则，实施 360 度绩效考核。考核主体可以是直接领导、本部门同事、下级，也可以是合作部门的同事，并让考核对象也参与其中，尊重他们在考核中的主体地位。此外，考核的目的是更好地改进工作，为客户提供更加优质的服务。因此，企业要根据各部门、员工的工作特点，邀请客户、供应商、经销商等参与考核，充分听取这些外部利益相关者的意见，以更加全面地了解考核对象的绩效状况。

最后，在考核结果的使用上，要充分发挥结果的导向作用与预警机制，做到赏罚分明、重在改进。对绩效表现突出的部门或员工，要给予适当的物质奖励，或进行提拔重用，激发他们的工作热情；而对考核成绩不理想的员工要通过绩效反馈面谈，认真分析具体的成因。除对其进行相应的负强化之外，更要充分发挥考核的发展性功能，探讨绩效改进建议，通过培训提高员工的岗位胜任力，促进企业服务化绩效的不断改善。

第九章　研究结论与展望

第一节　主要研究结论

本书将理论研究与实证研究、定性研究与定量研究相结合，较为系统、深入地探讨了我国制造企业服务化转型中的人力资源管理问题，主要得到以下几点研究结论：

一　服务化转型有助于促进制造企业人力资源管理的变革

服务化转型是制造企业的一次战略变革，对企业从高层到基层的各层面管理活动以及人力、财力、物力、技术、信息等各种要素的管理都提出了新的要求。人力资源管理作为企业最为核心的管理行为，是制造企业服务化转型成功的根本保障。本书通过分析制造业服务化的本质特点，并结合相关研究文献和深度访谈，认为实施服务化战略要求制造企业建立与之相匹配的战略性人力资源管理模式，并根据服务化转型的要求在人力资源战略、组织结构、组织文化以及员工的招聘、培训和绩效考核等方面进行相应的创新。

二　国内制造企业的人力资源管理与服务化转型要求还存在差距

本书在理论分析的基础上，对全国范围内200多家服务化转型制造企业的人力资源管理现状进行了较为全面的调研分析。调研结果显示，为了保障服务化战略的顺利推进，国内制造企业普遍重视人力资源管理的变革，积极采取了各具特色的创新举措，取得了较好的成效。但同时也发现，部分企业的人力资源管理与服务化要求相比还存在一些差距，主要包括：人力资源管理的战略性地位体现不充分；组织结构设置有待优化；尚未形成关爱利益相关者的良好文化；岗位需求分析和人才测评体系需要改进；员工培训方案不尽合理；绩效考核机制不够科学；人力资源信息化建设普遍滞后等，亟须加以改进。

三 建立了服务化转型制造企业的人力资源管理模式矩阵

确立合适的人力资源管理模式，是制造企业服务化转型的重要保障。目前，学界针对人力资源管理模式的研究相对较少，且尚未形成较为一致的观点。本书在借鉴相关研究成果的基础上，结合对国内服务化转型制造企业人力资源管理现状的调研分析，从人力资源管理活动在企业内所处的层面以及对企业服务化转型的应对态度这两个维度，构建了服务化转型制造企业的人力资源管理模式结构矩阵，将人力资源管理模式具体分为四种类型，分别是战术被动型人力资源管理模式、战术主动型人力资源管理模式、战略被动型人力资源管理模式和战略主动型人力资源管理模式，给出了不同模式的分类标准，并据此对部分典型制造企业进行了案例分析。

四 构建了服务化转型制造企业的员工胜任力模型

服务化转型对制造企业的员工胜任力提出了更高要求。考虑到研究的可行性和效率，本书主要针对企业家、研发人员和营销人员三类员工的胜任力进行分析。首先，借鉴胜任力研究的相关成果，并结合制造企业服务化对人力资源管理的变革要求，分别对三类员工的胜任力内涵及其维度构成进行理论分析。其次，设计相应的胜任力调查问卷，通过对调查获得的数据进行探索性因子分析和验证性因子分析，对提出的理论模型进行了检验，得到了企业家、研发人员和营销人员的胜任力模型。

五 人力资源管理模式、员工胜任力对制造企业绩效具有显著正向影响

本书从整体上将服务化转型制造企业的员工胜任力分为态度、知识和能力三个维度，将企业绩效分为财务绩效、与顾客的关系绩效两个维度，建立员工胜任力与企业绩效关系的理论模型并提出研究假设。然后，针对不同人力资源管理模式下的服务化转型制造企业进行问卷调查，并对调查得到的数据进行因子分析、相关性分析和多元回归分析。实证分析结果显示，在不同的人力资源管理模式下，员工胜任力对公司财务绩效、与顾客的关系绩效均具有显著的正向影响，研究假设得到了支持。同时，随着人力资源管理模式的持续优化，企业员工的胜任力和绩效水平也不断提高，呈现显著的正向影响关系。

六 揭示了人力资源管理对制造企业服务化转型的影响机理

本书通过对几种经典的组织变革模型以及制造企业服务化演变过程模型进行比较分析，基于卢因提出的组织变革模型，从组织变革的视角对制造企业服务化转型的演进过程进行分析，将其分为解冻、变革和再冻结三个阶段，并阐述了各个阶段的主要特征和要求。在此基础上，分别针对解冻、变革和再冻结这三个服务化阶段，有重点地提出了匹配性的人力资源管理策略，推动服务化转型的顺利实施。

七 提出了服务化转型制造企业的人力资源管理完善对策

在理论分析与实证研究的基础上，结合我国服务化转型制造企业的人力资源管理现状，基于用户思维和客户服务导向，较为系统地提出了服务化转型制造企业的人力资源管理改进建议，主要包括促进人力资源管理从战术型向战略型转变、建立与服务化战略相一致的组织结构、营造以客户为中心的服务型组织文化、构建服务导向的人力资源管理机制等，对服务化转型中的我国制造企业探索创新和完善人力资源管理模式及机制具有较高的决策参考价值。

第二节 未来研究展望

本书围绕我国制造企业服务化转型中的人力资源管理问题进行了研究，取得了较好的研究成果。但由于研究水平、时间和条件等因素的制约，本书还存在很多不足之处，需要在今后的研究中加以改进，主要体现在以下几个方面：

第一，本书从理论层面探索性地提出了服务化转型对制造企业的人力资源战略、组织结构、组织文化以及员工的招聘、培训和绩效考核等方面的创新要求，但这仅是初步的理论假设，尚缺乏充分的文献支持和实证研究的检验。在今后的研究中，将通过问卷调查、案例分析等实证研究的方式，对相关理论假设进行检验，以增强研究结论的严谨性和科学性。

第二，本书通过问卷调查，对国内200多家服务化转型制造企业的人力资源管理现状进行了调研分析，找出了存在的问题及成因。在分析过程中，主要是从总体上进行统计分析，没有细分不同的企业类型进行差异化分析。今后将在现有数据基础上，针对不同性质、行业或地区等特点的企业进行分类分析，并进行相互之间的比较，以增强研究的深度和系统性。

第三，本书在提出服务化转型制造企业四种人力资源管理模式的基础上，分别选取数家典型的制造企业进行了案例分析。但是，由于研究条件所限，选取的案例企业数量较少，且分析不够深入。在未来研究中，一方面，将继续收集资料，对现有的案例进行充实和完善；另一方面，尽可能拓展案例来源，扩大案例的覆盖面，并增强案例的代表性。

第四，本书将理论分析与实证研究相结合，从一般性的角度构建了服务化转型制造企业的企业家、研发人员和营销人员的胜任力模型。由于不同企业的性质、行业环境以及服务化实践等存在差异，对应的员工胜任力要求也会不同。因此，今后需要在现有胜任力模型的基础上，针对不同企业的特点开展差异化研究，增强研究成果的理论深度和现实应用价值。

第五，制造业的服务化转型存在不同的演进阶段，且不同产业以及不同企业所处的演进阶段也可能会有所差异，但目前相关研究很少，且缺乏明确的界定标准。因此，本书在选取服务化转型制造企业作为研究对象时，并没有区分具体的演进阶段。此外，在分析人力资源管理对服务化转型的促进机理时，也是借鉴成熟的组织变革模型进行阶段划分，较为笼统。在以后研究中，将尽可能借鉴或探讨提出制造企业服务化不同演进阶段的判定标准，并据此开展更加深入的理论和实证研究。

附录I 服务型制造企业人力资源管理现状调查问卷

尊敬的女士/先生：

您好！非常感谢您参加此次问卷调查！

服务化转型是国际制造业的发展趋势之一，对提升我国制造企业的市场竞争力具有重要作用。本调查旨在了解处于服务化转型中的国内制造企业在人力资源管理方面的情况。本问卷不记名填写，不涉及企业的商业秘密，并严格按照《统计法》的有关规定为您保密，调查结果仅做学术研究之用。您的回答对于我们的研究具有重要的参考价值，期待您真实地表达自己的想法。衷心感谢您的支持与合作！

备注：服务化转型是指制造企业为了获取竞争优势，从以制造为中心（产品为重点）向以客户服务为中心（"产品 + 服务"为重点）的转变。

一、公司基本信息 [将选项对应的字母或序号填写在（ ）内，或在_____上填写]

1. 公司性质（ ）

A. 国有企业　　B. 股份制企业　　C. 民营企业　　D. 中外合资企业
E. 其他_____（若有，请填写）

2. 公司所属行业（ ）

（1）农副食品加工业　　（2）食品制造业　　（3）酒、饮料和精制茶制造业　　（4）烟草制品业　　（5）纺织业　　（6）纺织服装、服饰业　　（7）皮革、毛皮、羽毛及其制品和制鞋业　　（8）木材加工和木、竹、藤、棕、草制品业　　（9）家具制造业　　（10）造纸和纸制品业（11）印刷和记录媒介复制业　　（12）文教、工美、体育和娱乐用品制造业（13）石油加工、炼焦和核燃料加工业　　（14）化学原料和化学制品制造业　　（15）医药制造业　　（16）化学纤维制造业　　（17）橡胶

和塑料制品业 （18）非金属矿物制品业 （19）黑色金属冶炼和压延加工业 （20）有色金属冶炼和压延加工业 （21）金属制品业 (22)通用设备制造业 （23）专用设备制造业 （24）汽车制造业 (25)铁路、船舶、航空航天和其他运输设备制造业 （26）电气机械和器材制造业 （27）计算机、通信和其他电子设备制造业 （28）仪器仪表制造业 （29）其他制造业 （30）废弃资源综合利用业 (31)金属制品、机械和设备修理业

　　3. 公司所在地区：_____省_____市（请填写）

　　4. 公司成立时间（　）

　　A. 1—5 年　　　B. 6—10 年　　　C. 11—15 年　　D. 16 年及以上

　　5. 公司员工人数（　）

　　A. 100 人以下　B. 100—300 人　　C. 301—500 人　D. 501 人及以上

　　6. 公司人力资源管理专职人员数（　）

　　A. 1—5 人　　　B. 6—10 人　　　C. 11—15 人　　D. 16 人及以上

二、公司人力资源管理状况[将选项对应的字母填写在（　）内]

(一)人力资源战略

1. 公司高层领导对人力资源管理工作（　）

A. 非常重视　B. 比较重视　　　C. 不太重视　　D. 非常不重视

2. 公司人力资源管理部门负责人参与公司重大方针政策的制定（　）

　　A. 总是参与　　B. 经常参与　　　C. 偶尔参与　　D. 从不参与

　　3. 公司在做出重大决策之前对人力资源队伍状况的考虑程度（　）

　　A. 非常充分　　B. 比较充分　　　C. 不太充分　　D. 非常不充分

　　4. 公司人力资源管理部门负责人能够在多大程度上影响公司的人事决策（　）

　　A. 非常大　　　B. 比较大　　　　C. 比较小　　　D. 非常小

　　5. 公司目前的人力资源管理处于什么阶段（　）

　　A. 传统人事管理

　　B. 人事管理向人力资源管理转型

　　C. 人力资源管理向战略性人力资源管理转型

　　D. 战略性人力资源管理

　　6. 公司是否制定了人力资源战略规划（　）

A. 已经制定

B. 正在制定（请跳过第 8 题）

C. 没有制定（请跳过第 7、8、9 题）

7. 人力资源战略规划与公司发展战略的关联程度（　　）

A. 非常高　　　B. 比较高　　　　C. 比较低　　　D. 非常低

8. 公司人力资源战略规划的执行情况（　　）

A. 非常好　　　B. 比较好　　　　C. 比较差　　　D. 非常差

9. 公司的人力资源规划有利于各部门的高效运转（　　）

A. 非常符合　　B. 比较符合　　　C. 不太符合　　D. 非常不符合

10. 人力资源管理部门可以为公司其他部门的工作开展提供专业化的支持（　　）

A. 非常符合　　B. 比较符合　　　　C. 不太符合　　D. 非常不符合

11. 人力资源管理部门可以为公司员工的个人成长提供专业化的支持（　　）

A. 非常符合　　B. 比较符合　　　　C. 不太符合　　D. 非常不符合

12. 人力资源管理部门的工作得到公司领导和员工的认可程度（　　）

A. 非常认可　　B. 比较认可　　　C. 不太认可　　D. 非常不认可

（二）组织结构

1. 公司目前的组织结构类型主要属于下列哪种（　　）

A. 以产品为中心的职能制

B. 以客户服务为中心的矩阵结构

C. 事业部制

D. 其他＿＿＿＿＿＿（若有，请填写）

2. 公司目前的组织结构形状是（　　）

A. 强调严格等级制的金字塔形

B. 强调快速响应客户需求的扁平化、团队式

3. 在公司现有的组织架构下，各部门之间的权力和责任界定（　　）

A. 非常清晰　　B. 比较清晰　　　C. 不太清晰　　D. 非常不清晰

4. 在公司现有的组织架构下，各部门对其工作职责（　　）

A. 非常清楚　　B. 比较清楚　　　C. 不太清楚　　D. 非常不清楚

5. 公司内各部门之间扯皮的现象（　　）

A. 非常多　　　B. 比较多　　　　C. 比较少　　　D. 非常少

6. 公司的组织结构设置突出了与客户密切相关的部门的重要性（　　）

A. 非常符合　　B. 比较符合　　　C. 不太符合　　D. 非常不符合

7. 公司的组织结构设置有利于促进与客户密切相关的部门之间的协作（　　）

A. 非常符合　　B. 比较符合　　　C. 不太符合　　D. 非常不符合

8. 公司对与客户密切相关部门的权责划分，有利于调动这些部门的客户服务积极性（　　）

A. 非常符合　　B. 比较符合　　　C. 不太符合　　D. 非常不符合

9. 总体而言，公司各部门的职责中，对"服务客户"理念的体现程度（　　）

A. 非常高　　　B. 比较高　　　　C. 比较低　　　D. 非常低

（三）组织文化

1. 公司已经树立了"顾客就是上帝""一切为顾客服务"的理念（　　）

A. 非常符合　　B. 比较符合　　　C. 不太符合　　D. 非常不符合

2. 公司员工都非常认可"顾客利益至上"的理念（　　）

A. 非常符合　　B. 比较符合　　　C. 不太符合　　D. 非常不符合

3. 即使个人利益受损，公司员工也能做到一心为顾客服务，把顾客放在第一位（　　）

A. 非常符合　　B. 比较符合　　　C. 不太符合　　D. 非常不符合

4. 公司员工能够以为顾客提供优质高效的服务，进而让顾客满意而感到有成就感（　　）

A. 非常符合　　B. 比较符合　　　C. 不太符合　　D. 非常不符合

5. 公司不仅关注产品的创新，更关注基于产品的服务创新（　　）

A. 非常符合　　B. 比较符合　　　C. 不太符合　　D. 非常不符合

6. 公司不仅关注产品的质量，而且也很重视客户服务的质量（　　）

A. 非常符合　　B. 比较符合　　　C. 不太符合　　D. 非常不符合

7. 公司针对客户的个性化需求，在产品和服务方面追求不同于其他公司的差异化优势（　　）

A. 非常符合　　B. 比较符合　　　C. 不太符合　　D. 非常不符合

8. 公司经常邀请客户参与到产品和服务创新活动中（　）

A. 非常符合　　B. 比较符合　　C. 不太符合　　D. 非常不符合

9. 公司经常邀请供应商和分销商参与到产品和服务创新活动中
（　）

A. 非常符合　　B. 比较符合　　C. 不太符合　　D. 非常不符合

10. 公司会竭尽所能，促进员工的成长（　）

A. 非常符合　　B. 比较符合　　C. 不太符合　　D. 非常不符合

11. 公司与供应商和分销商之间已经建立了互利共赢的合作关系
（　）

A. 非常符合　　B. 比较符合　　C. 不太符合　　D. 非常不符合

12. 当公司与供应商和分销商之间发生利益冲突时，公司能够优先
考虑他们的利益（　）

A. 非常符合　　B. 比较符合　　C. 不太符合　　D. 非常不符合

13. 公司各部门之间、员工之间已经形成了浓厚的竞争氛围（　）

A. 非常符合　　B. 比较符合　　C. 不太符合　　D. 非常不符合

14. 为了更好地服务客户，即使当自身利益受到损害时，公司各部
门之间、员工之间以及上游与下游之间也能够相互配合、协同合作
（　）

A. 非常符合　　B. 比较符合　　C. 不太符合　　D. 非常不符合

（四）员工招聘

1. 公司在人才招聘前会进行充分的岗位需求分析（　）

A. 非常符合　　B. 比较符合　　C. 不太符合　　D. 非常不符合

2. 总体而言，您认为公司的岗位需求分析是否科学（　）

A. 非常科学　　B. 比较科学　　C. 不太科学　　D. 非常不科学

3. 公司在人才招聘时非常看重应聘者的责任意识（　）

A. 非常符合　　B. 比较符合　　C. 不太符合　　D. 非常不符合

4. 公司在人才招聘时非常看重应聘者的服务意识（　）

A. 非常符合　　B. 比较符合　　C. 不太符合　　D. 非常不符合

5. 公司在人才招聘时非常看重应聘者的合作意识（　）

A. 非常符合　　B. 比较符合　　C. 不太符合　　D. 非常不符合

6. 公司在人才招聘时非常看重应聘者的竞争意识（　）

A. 非常符合　　B. 比较符合　　C. 不太符合　　D. 非常不符合

7. 公司在人才招聘时非常看重应聘者的创新意识（　　）

A. 非常符合　　B. 比较符合　　　C. 不太符合　　D. 非常不符合

8. 与其他条件相比，公司在招聘时会更注重应聘者的服务意识与能力（　　）

A. 非常符合　　B. 比较符合　　　C. 不太符合　　D. 非常不符合

9. 公司在人才招聘时，主要采用以下哪些测评方法（可多选）（　　）

A. 履历分析　　　　　　　　　B. 综合知识笔试

C. 心理测验　　　　　　　　　D. 无领导小组讨论

E. 角色扮演　　　　　　　　　F. 管理游戏

G. 公文处理　　　　　　　　　H. 其他_____（若有，请填写）

10. 公司现有的人才测评手段和方法，能否适应人才招聘的需要（　　）

A. 非常适应　　B. 比较适应　　　C. 不太适应　　D. 非常不适应

11. 公司负责招聘人员的素质，能否适应人才招聘的需要（　　）

A. 非常适应　　B. 比较适应　　　C. 不太适应　　D. 非常不适应

12. 公司是否将人才招聘外包给专业公司（　　）

A. 完全外包　　B. 部分外包　　　C. 没有外包

13. 总体而言，公司近年来招聘的人才，其入职后的表现与当初招聘时的测评结果（　　）

A. 非常吻合　　B. 比较吻合　　　C. 不太吻合　　D. 非常不吻合

14. 公司现有的人才招聘体系是否能适应公司的服务化转型（　　）

A. 非常适应　　B. 比较适应　　　C. 不太适应　　D. 非常不适应

（五）员工培训

1. 公司对员工培训的重视程度（　　）

A. 非常重视　　B. 比较重视　　　C. 不太重视　　D. 非常不重视

2. 培训前公司会进行充分细致的培训需求分析（　　）

A. 非常符合　　B. 比较符合　　　C. 不太符合　　D. 非常不符合

3. 公司会根据各个岗位的需求设计个性化的培训项目（　　）

A. 非常符合　　B. 比较符合　　　C. 不太符合　　D. 非常不符合

4. 公司员工培训的主要形式有哪些（可多选）（　　）

A. 专题讲授　　B. 角色情景演练　C. 案例研讨　　D. 拓展训练

E. 视频培训和网络学习　　　　　F. 脱产教育

G. 师傅带徒弟

H. 其他_____（若有，请填写）

5. 公司是否邀请外部的专业培训机构对员工进行培训（　）

A. 经常邀请　　B. 很少邀请　　C. 从不邀请

6. 公司的培训内容不仅包括员工所在岗位的知识与技能，而且还包括上下游工作环节的相关知识与技能（　）

A. 非常符合　　B. 比较符合　　C. 不太符合　　D. 非常不符合

7. 公司是否重视对员工服务意识与能力的培训（　）

A. 非常重视　　B. 比较重视　　C. 不太重视　　D. 非常不重视

8. 公司是否开展专门针对员工服务意识与能力的培训（　）

A. 经常开展　　B. 很少开展　　C. 从不开展

9. 公司目前的培训工作对提升员工的服务意识与能力是否有效（　）

A. 非常有效　　B. 基本有效　　C. 有些无效　　D. 非常无效

10. 公司设计的培训项目主要是想满足公司的发展需要（　）

A. 非常符合　　B. 比较符合　　C. 不太符合　　D. 非常不符合

11. 公司设计的培训项目充分考虑了员工的职业发展需要（　）

A. 非常符合　　B. 比较符合　　C. 不太符合　　D. 非常不符合

12. 公司提供的培训能够满足大多数员工的需求（　）

A. 非常符合　　B. 比较符合　　C. 不太符合　　D. 非常不符合

13. 公司在培训结束后是否会进行培训效果的评估（　）

A. 经常评估　　B. 很少评估　　C. 没有评估

14. 公司现有的培训体系是否能适应公司的服务化转型（　）

A. 非常适应　　B. 比较适应　　C. 不太适应　　D. 非常不适应

（六）绩效考核

1. 公司对绩效考核的重视程度（　）

A. 非常重视　　B. 比较重视　　C. 不太重视　　D. 非常不重视

2. 公司的绩效考核更关注工作的结果而不是过程（　）

A. 非常符合　　B. 比较符合　　C. 不太符合　　D. 非常不符合

3. 公司的绩效考核更关注员工的个人业绩而不是团队业绩（　）

A. 非常符合　　B. 比较符合　　C. 不太符合　　D. 非常不符合

4. 公司的绩效考核更关注员工的工作结果而不是其个人学习和成长情况（　）

A. 非常符合　　B. 比较符合　　C. 不太符合　　D. 非常不符合

5. 公司的绩效考核制度鼓励员工的创新（　）

A. 非常符合　　B. 比较符合　　C. 不太符合　　D. 非常不符合

6. 公司的绩效考核制度更鼓励各个部门追求自身的业绩而不是相互之间进行协作（　）

A. 非常符合　　B. 比较符合　　C. 不太符合　　D. 非常不符合

7. 服务意识与能力已经被列入所有员工的绩效考核内容中（　）

A. 非常符合　　B. 比较符合　　C. 不太符合　　D. 非常不符合

8. 客户在公司员工绩效考核中的参与程度（　）

A. 经常参与　　B. 很少参与　　C. 没有参与

9. 供应商和分销商在公司员工绩效考核中的参与程度（　）

A. 经常参与　　B. 很少参与　　C. 没有参与

10. 绩效考核过程中普通员工的意见会被充分考虑（　）

A. 非常符合　　B. 比较符合　　C. 不太符合　　D. 非常不符合

11. 公司员工的绩效考核结果主要由上级评定（　）

A. 非常符合　　B. 比较符合　　C. 不太符合　　D. 非常不符合

12. 公司员工的绩效考核结果最主要的用途是（　）

A. 发放奖金或工资　　　B. 岗位调整　　　C. 帮助改进绩效

13. 公司目前的绩效考核制度对促进员工成长的作用（　）

A. 非常大　　B. 比较大　　C. 比较小　　D. 非常小

14. 公司目前的绩效考核制度对提高客户满意度的作用（　）

A. 非常大　　B. 比较大　　C. 比较小　　D. 非常小

（七）人力资源信息化

1. 公司领导对信息化建设（　）

A. 非常重视　　B. 比较重视　　C. 不太重视　　D. 非常不重视

2. 公司领导对人力资源信息化建设（　）

A. 非常重视　　B. 比较重视　　C. 不太重视　　D. 非常不重视

3. 公司是否已有人力资源信息管理系统（　）（如果不选 A，请跳过第 4、6 题）

A. 有　　　　　　　　　B. 正在建设

C. 没有，但近期有建设计划　　D. 没有，近期也无建设计划

4. 公司人力资源信息管理系统内各模块（招聘、培训、考核等）之间是否实现信息集成（　　）

A. 是　　　　　B. 否

5. 公司在其他方面是否已有信息管理系统（可多选）（　　）

A. 生产管理　B. 财务管理　　C. 客户管理　D. 销售管理

E. 库存管理　F. 采购管理　　　G. 完全没有信息化

6. 公司人力资源信息管理系统与其他业务部门的信息系统之间是否实现信息共享（　　）

A. 完全共享　B. 部分共享　　C. 不共享

7. 公司哪些信息管理系统与供应商之间实现了信息共享（可多选）（　　）

A. 生产管理　B. 财务管理　　C. 客户管理

D. 销售管理　E. 库存管理　　F. 采购管理

G. 人力资源管理　　　　　H. 完全没有共享

8. 公司哪些信息管理系统与客户之间实现了信息共享（可多选）（　　）

A. 生产管理　B. 财务管理　　C. 客户管理

D. 销售管理　E. 库存管理　　F. 采购管理

G. 人力资源管理　　　　　H. 完全没有共享

三　公司人力资源管理存在的问题

您认为公司人力资源管理还存在哪些问题？若有，请填写。

（1）人力资源战略：＿＿＿＿＿＿＿＿＿＿＿＿＿＿＿＿

（2）组织结构：＿＿＿＿＿＿＿＿＿＿＿＿＿＿＿＿＿

（3）组织文化：＿＿＿＿＿＿＿＿＿＿＿＿＿＿＿＿＿

（4）员工招聘：＿＿＿＿＿＿＿＿＿＿＿＿＿＿＿＿＿

（5）员工培训：＿＿＿＿＿＿＿＿＿＿＿＿＿＿＿＿＿

（6）绩效考核：＿＿＿＿＿＿＿＿＿＿＿＿＿＿＿＿＿

（7）人力资源信息化：＿＿＿＿＿＿＿＿＿＿＿＿＿＿

问卷结束，再次感谢！

附录 Ⅱ　服务型制造企业人力资源
管理模式调研提纲

尊敬的女士/先生：

　　您好！非常感谢您参加此次调研！本调研旨在了解国内制造企业在服务化转型过程中所实施的人力资源管理模式，为理论研究提供了宝贵素材。本调研不涉及贵公司的商业秘密，并严格按照《统计法》的有关规定为您保密，调查结果仅作学术研究之用。您的回答对于我们的研究具有重要的参考价值，期待您真实地表达自己的想法。衷心感谢您的支持与合作！

　　备注：制造业服务化转型，是指制造企业由单纯的产品提供者转变为"产品＋服务"及解决方案的提供者，其实质是形成企业与客户之间良好的交互关系，提升客户价值。

　　访谈问题：

　　1. 贵公司在服务化转型方面的主要做法（例如，在产品的设计、生产、销售、售后服务、提供解决方案等方面，如何为客户考虑、邀请客户参与上述活动）。

　　2. 贵公司是否制定了人力资源规划？该规划的期限一般有多长？该规划与公司的发展战略吻合程度如何？

　　3. 贵公司的人力资源经理是否经常参与公司的战略决策？提出的建议被公司高层采纳的程度如何？

　　4. 贵公司的人力资源部门是以事为中心还是以人为中心？主要关注短期的常规性事务，还是公司的长远发展需要？

　　5. 贵公司的组织结构是否属于以产品为中心的职能制？在权力的分配上是偏向于集中还是分散？公司内部因为管理层次多、部门职责不清等原因，出现沟通缓慢、信息失真的现象多吗？

6. "一切为客户服务"的理念在贵公司的贯彻情况如何？当公司与客户之间发生利益冲突时，能否在大多数情况下做到以客户利益为先？公司各部门之间的合作程度如何？为了更好地服务客户，公司进行过组织文化变革吗？

7. 通常情况下，贵公司的招聘计划会提前多久制订？在招聘时主要看重应聘者的哪些方面（学历、知识、技能、价值观等）？招聘主要采取哪些程序和素质测评方法？

8. 贵公司的员工培训活动多吗？培训计划通常会提前多久制订？培训的内容和方法主要有哪些？培训侧重于解决公司当前的发展需要，还是长远的发展需要？在新员工和老员工培训上有何区别？

9. 贵公司的绩效考核体系是否完善？通常会考核员工的哪些方面？考核中员工是否参与？研发、生产、销售等岗位的考核是否邀请客户参与？考核结果主要是用于对员工的奖惩，还是注重员工的发展？

附公司简介：（略）

附录Ⅲ 服务型制造企业企业家胜任特征调查问卷

尊敬的女士/先生：

您好！非常感谢您参加此次问卷调查！

服务化转型是近年来制造业发展的重要趋势，制造企业不仅向客户提供产品同时提供基于产品的服务以更好地满足客户需求。本研究旨在探讨服务化转型背景下制造企业企业家的胜任特征。本问卷不记名填写，不涉及商业机密，并严格按照《统计法》的有关规定为您保密，调查结果仅作学术研究之用。您的回答对于我们的研究具有重要的参考价值，为了保证科学研究的质量，我们期待您真实地表达自己的想法。衷心感谢您的支持与合作！

第一部分：您的基本信息（在相应的□内画"√"）

1. 性别：

□男　　　　□女

2. 年龄：

□20岁以下　　□20—30岁　　□31—40岁

□41—50岁　　□50岁以上

3. 学历：

□高中及以下　□大专　□本科　□研究生

4. 在目前企业的工作时间：

□1年以下　□1—3年　□3—5年　□5年以上

5. 企业所处的行业：

□电子机械　□建筑　□化工　□材料　□快速消费品（食品/饮料/化妆品）□配套生产　□农产品加工　□工业品加工　□生活用品加工（服装、家具、厨具、卫生浴具等）　□仪器仪表/工业自动化□其他_____（请说明）

6. 企业规模：

□50 人及以下　□51—200 人　□201—500 人　□500 人以上

第二部分：企业家胜任特征调查

以下是服务化转型背景下对企业家胜任力要求的描述，请根据您的实际感受进行评价，并在相应的□内画"√"。

1. 我能规划转型后企业的发展愿景和目标，并为实现目标制订具体的执行计划

□非常不同意　　□不同意　　□一般　　□同意　　□非常同意

2. 我能利用个人社会网络，获取实现战略目标所需要的资金、技术等资源

□非常不同意　　□不同意　　□一般　　□同意　　□非常同意

3. 我会根据市场环境和客户需求的变化，适时调整企业的战略目标和具体行动措施

□非常不同意　　□不同意　　□一般　　□同意　　□非常同意

4. 我能全程监控服务化战略的执行过程

□非常不同意　　□不同意　　□一般　　□同意　　□非常同意

5. 我能及时识别竞争对手、员工和客户等不同于以往的变化

□非常不同意　　□不同意　　□一般　　□同意　　□非常同意

6. 我能根据环境变化，调整经营思路，转变业务重点

□非常不同意　　□不同意　　□一般　　□同意　　□非常同意

7. 我愿意在任何有必要的领域进行变革以适应或领先于环境的变化

□非常不同意　　□不同意　　□一般　　□同意　　□非常同意

8. 我不断反思企业的业务选择和执行，持续不断地学习改进

□非常不同意　　□不同意　　□一般　　□同意　　□非常同意

9. 我学习同行业中其他企业的最佳做法，采用企业认为有用的经验和技能

□非常不同意　　□不同意　　□一般　　□同意　　□非常同意

10. 我认同企业家应树立终身学习的观念

□非常不同意　　□不同意　　□一般　　□同意　　□非常同意

11. 我通过各种途径确定组织的学习导向，建设学习型组织

□非常不同意　　□不同意　　□一般　　□同意　　□非常同意

12. 我能同政府部门、金融机构、媒体、客户等外部利益相关者建

立良好的合作关系

　　□非常不同意　　□不同意　　□一般　　□同意　　□非常同意

　　13. 我能同企业各部门管理人员、员工等内部利益相关者建立良好的合作关系

　　□非常不同意　　□不同意　　□一般　　□同意　　□非常同意

　　14. 我能建立通畅的沟通渠道，实现企业与外部的信息共享

　　□非常不同意　　□不同意　　□一般　　□同意　　□非常同意

　　15. 我渴望通过服务化转型实现产品的改进和创新，使产品的价值增值最大化

　　□非常不同意　　□不同意　　□一般　　□同意　　□非常同意

　　16. 我渴望通过服务化转型使产品摆脱同质化竞争，促进企业成长

　　□非常不同意　　□不同意　　□一般　　□同意　　□非常同意

　　17. 我期望通过企业的发展壮大来实现自身的价值

　　□非常不同意　　□不同意　　□一般　　□同意　　□非常同意

　　18. 我经常鼓励员工竞争、进取和大胆冒险

　　□非常不同意　　□不同意　　□一般　　□同意　　□非常同意

　　19. 我有较强的承担失败风险的能力

　　□非常不同意　　□不同意　　□一般　　□同意　　□非常同意

　　20. 我重视新产品的开发，满足客户不断变化的需求

　　□非常不同意　　□不同意　　□一般　　□同意　　□非常同意

　　21. 我注重基于产品的新服务的开发，提升客户价值

　　□非常不同意　　□不同意　　□一般　　□同意　　□非常同意

　　22. 我能对企业整体运作模式进行创新，建立与服务化战略匹配的创新体系

　　□非常不同意　　□不同意　　□一般　　□同意　　□非常同意

　　23. 我善于发现客户的潜在需求

　　□非常不同意　　□不同意　　□一般　　□同意　　□非常同意

　　24. 我主动寻找能给顾客带来实质利益的产品或服务

　　□非常不同意　　□不同意　　□一般　　□同意　　□非常同意

　　25. 我认为企业的生产经营活动以客户需求为导向才能获得持久的竞争优势

　　□非常不同意　　□不同意　　□一般　　□同意　　□非常同意

附录Ⅳ 服务型制造企业研发人员
胜任特征调查问卷

尊敬的女士/先生：

您好！非常感谢您参加此次问卷调查！

服务化转型是近年来制造业发展的重要趋势，制造企业不仅向客户提供产品，同时提供基于产品的服务以更好地满足客户需求。本研究旨在探讨服务化转型背景下制造企业研发人员的胜任特征。本问卷不记名填写，不涉及商业机密，并严格按照《统计法》的有关规定为您保密，调查结果仅作学术研究之用。您的回答对于我们的研究具有重要的参考价值，为了保证科学研究的质量，我们期待您真实地表达自己的想法。衷心感谢您的支持与合作！

第一部分：您的基本信息（请在相应的□内画"√"）

1. 性别：

□男　　　　　　　□女

2. 年龄：

□20 岁以下　　　□20—30 岁　　　□31—40 岁

□41—50 岁　　　□50 岁以上

3. 学历：

□大专　　　　　　□本科　　　　　□硕士　　　　□博士

4. 您的研发工作类型：

□基础研究　　　　□应用研究

5. 您在本岗位的工作年限：

□1 年以下　　　　□1—2 年　　　　□3—5 年

□6—9 年　　　　 □10 年及以上

6. 您单位的行业类型：

□电子机械　　　　□生物医药　　　□石油化工　□信息产业

□新能源　　　　　□其他＿＿＿＿＿＿（请说明）

7．单位规模：

□50 人及以下　□51—200 人　□201—500 人　□500 人以上

第二部分：胜任特征调查

以下是对服务型制造企业研发岗位胜任能力要求的描述，请结合您的实际情况，对各个能力描述进行评价，并在相应的选项上画"√"。

序号	题项	非常不同意	较不同意	一般同意	比较同意	非常同意
1	与本部门同事就研发工作中的问题进行沟通，及时反馈进度信息和技术难点，寻求他们的配合和帮助	1	2	3	4	5
2	与本企业其他部门的人员定期交流，使各自了解彼此的工作进展和资源需要	1	2	3	4	5
3	积极寻求与客户、供应商等外部利益相关者的合作，联合各方的技术创新优势，为客户提供其需要的产品与服务	1	2	3	4	5
4	及时化解人际关系中的各种矛盾和冲突，营造融洽的人际关系氛围	1	2	3	4	5
5	主动承担任务而不是被动地依照指示工作	1	2	3	4	5
6	合理安排工作和时间，提高工作质量和效率	1	2	3	4	5
7	遇到困难时，通过自身努力并借助外部资源予以克服	1	2	3	4	5
8	严格遵循保密条约，不以技术秘密为牟利条件	1	2	3	4	5
9	具备创新精神，敢于打破传统的经验和习惯	1	2	3	4	5
10	勇于承担风险，具备良好的心理素质和抗压能力	1	2	3	4	5
11	能从具体事件中抽象出一般规律和原则，善于发现工作中的新问题	1	2	3	4	5
12	充分发挥技术创新能力，根据市场和客户需求的变化，运用新方法解决工作问题	1	2	3	4	5
13	深入挖掘客户需要，发现最佳的客户需求和客户机遇，推出有竞争力的产品和服务，满足客户深层次诉求	1	2	3	4	5
14	主动服务，主动将客户引进研发过程，开展针对性服务	1	2	3	4	5

序号	题项	非常不同意	较不同意	一般同意	比较同意	非常同意
15	善于将客户的需求解码为研发项目的技术要求	1	2	3	4	5
16	推进企业研发，完成企业研发战略与各项资源的整合，实现研发工作与服务化战略的匹配	1	2	3	4	5
17	深入了解当前最新的知识和技术，并能够预知它们在产业界的应用	1	2	3	4	5
18	积极获取和理解相关知识，不断更新自己的知识结构，提高自己的工作技能	1	2	3	4	5
19	善于从工作中总结成功的经验和失败的教训	1	2	3	4	5
20	善于学习和利用成熟的研究经验及成果	1	2	3	4	5
21	了解当前市场需求动态	1	2	3	4	5
22	善于分析行业市场情报，发现客户的潜在需求以及未来产品和服务的需求趋势	1	2	3	4	5
23	主动参与销售过程，及时获取准确的客户需求信息	1	2	3	4	5
24	掌握技术发展对客户需求的影响	1	2	3	4	5

附录Ⅴ　服务型制造企业营销人员胜任特征调查问卷

尊敬的女士/先生：

您好！非常感谢您参加此次问卷调查！

服务化转型是近年来制造业发展的重要趋势，制造企业不仅向客户提供产品，同时提供基于产品的服务以更好地满足客户需求。本研究旨在探讨服务化转型背景下制造企业营销人员的胜任特征。本问卷不记名填写，不涉及商业机密，并严格按照《统计法》的有关规定为您保密，调查结果仅作学术研究之用。您的回答对于我们的研究具有重要的参考价值，为了保证科学研究的质量，我们期待您真实地表达自己的想法。衷心感谢您的支持与合作！

一　您的基本信息（请在＿＿＿＿＿＿上填空或将所选项上画"√"）

1. 性别：

A. 男　　　　　　　B. 女

2. 出生年份：

＿＿＿＿＿＿年

3. 是否独生子女：

A. 是　　　　　　　B. 否

4. 学历：

A. 大专及以下　　　B. 本科　　　　C. 硕士　　　　D. 博士

5. 所在企业的性质：

A. 国有企业　　　　B. 民营企业　C. 外资企业　D. 合资企业

E. 其他＿＿＿＿＿＿

6. 在目前单位的工作年限：

A. 1 年以下　　　　B. 1—2 年　　C. 2—3 年　　D. 3 年及以上

二 胜任力调查

以下是对营销人员胜任力的描述，请根据您的实际感受进行评价，并在相应的选项上画"√"。

序号	问题	非常符合	比较符合	一般符合	较不符合	非常不符合
1	我会事先尽可能详细地收集客户的资料，了解客户真正的需求	5	4	3	2	1
2	我在与客户交流时，能够利用倾听和观察的方法了解客户对产品的具体要求	5	4	3	2	1
3	我十分关注与客户交谈过程中的细节，以便能够洞悉客户的心理	5	4	3	2	1
4	我经常借助本公司的网站、培训等平台了解市场的供求状况以及竞争对手的详细信息	5	4	3	2	1
5	我能迅速将从市场上获得的信息加以分类、整理和组织，并应用于新客户的开发	5	4	3	2	1
6	当面对一个新客户时，我能够迅速弄清他的社会地位、收入状况等	5	4	3	2	1
7	我能够清楚地告知客户公司产品会给他带来的价值	5	4	3	2	1
8	我会积极、热情地与客户交谈，以最快的速度消除客户对我的抵触心理	5	4	3	2	1
9	我会通过不断接触的方式获得客户的认可与信赖	5	4	3	2	1
10	我会通过翔实的资料来增强客户对公司产品的认同	5	4	3	2	1
11	我善于聆听和把握客户的需求，对任何客户均能迅速找到与之沟通的切入点	5	4	3	2	1
12	在与客户的沟通中，我能够进行有效的引导和控制	5	4	3	2	1
13	我会经常与老客户联系，持续地为他们提供售后服务	5	4	3	2	1
14	在拜访客户之前，我总会做足功课，以便为他们提供最优质的服务	5	4	3	2	1
15	我会真诚地与客户交流，以爱心对待客户，先讲求奉献而不是回报	5	4	3	2	1
16	我对客户承诺过的事情，从来没有半途而废	5	4	3	2	1
17	我能够细心地关注客户的点点滴滴，使客户感受到尊重	5	4	3	2	1
18	工作之余，我会不断地给自己"充电"，以便能够非常专业地向客户介绍公司产品	5	4	3	2	1
19	我尽可能扩大自己的知识面，以便能有效地回答客户提出的问题	5	4	3	2	1

附录Ⅵ 服务型制造企业员工胜任力与绩效调查问卷

尊敬的女士/先生:

您好！非常感谢您参加此次问卷调查！

服务化转型是国际制造业的发展趋势之一，对提升我国制造企业的市场竞争力具有重要作用。本调查旨在了解处于服务化转型中的国内制造企业在员工胜任力、企业绩效方面的情况。本问卷不记名填写，不涉及企业的商业秘密，并严格按照《统计法》的有关规定为您保密，调查结果仅作学术研究之用。您的回答对于我们的研究具有重要的参考价值，期待您真实地表达自己的想法。衷心感谢您的支持与合作！

备注：服务化转型是指制造企业为了获取竞争优势，从以制造为中心（产品为重点）向以客户服务为中心（"产品＋服务"为重点）的转变。

一 公司基本信息 ［将选项对应的字母或序号填写在（　　）内，或在_____上填写］

1. 公司性质（　　）

A. 国有企业　　B. 股份制企业　　C. 民营企业　　D. 中外合资企业

E. 其他_____（若有，请填写）

2. 公司所属行业（　　）

（1）农副食品加工业（2）食品制造业（3）酒、饮料和精制茶制造业（4）烟草制品业（5）纺织业（6）纺织服装、服饰业（7）皮革、毛皮、羽毛及其制品和制鞋业（8）木材加工和木、竹、藤、棕、草制品业（9）家具制造业（10）造纸和纸制品业（11）印刷和记录媒介复制业（12）文教、工美、体育和娱乐用品制造业（13）石油加工、炼焦和核燃料加工业（14）化学原料和化学制品制造业（15）医药制造业（16）化学纤维制造业（17）橡胶和塑料制品业（18）非金属矿物制品业（19）黑色金属冶炼和压延加工业（20）有色金属冶炼和压延加工业（21）金属制品业（22）通用设备制造业（23）专用设备制造业（24）汽车制造业（25）铁路、船舶、航空航天和其他运输设备制造业（26）电气机械和器材制造业（27）计算机、通信和其他电子设备制造业（28）仪器仪表制造业（29）其他制造业（30）废弃资源综合利用业（31）金属制品、机械和设备修理业

3. 公司所在地区：

_____省_____市（请填写）

4. 公司成立时间（　）

A. 1—5 年　　　B. 6—10 年　　　　C. 11—15 年　　D. 16 年及以上

5. 公司员工人数（　）

A. 100 人以下　B. 100—300 人　　　C. 301—500 人　D. 501 人及以上

二　公司人力资源管理模式调查

以下描述了服务化转型制造企业的 4 种人力资源管理模式及其具体特征，请您根据公司人力资源管理的实际情况，判断属于哪种人力资源管理模式。

人力资源管理模式	人力资源管理要素	特征描述
战术被动型人力资源管理	人力资源战略	没有制定人力资源战略；根据公司领导安排开展常规性人力资源管理活动，维持公司正常运转
	组织结构	金字塔形的组织结构，机构冗杂，权力集中；通常没有设立专门的人力资源管理部门
	组织文化	以公司利益为核心；部门本位主义
	员工招聘	通常根据岗位空缺进行临时招聘，很少提前制订招聘计划或计划的时间跨度短；注重应聘者的学历、专业、工作经历等表层信息，采用简历筛选、面试等传统甄选手段
	员工培训	培训缺乏计划性；培训内容局限于员工所在岗位的知识与技能；培训手段单一，针对性不强；主要满足公司当前需要，与员工的职业发展关联很小
	绩效考核	考核制度不完善；主要考核员工的平时表现和岗位业绩；上级考核为主，员工通常不参与考核；考核结果主要用于奖惩

续表

人力资源 管理模式	人力资源 管理要素	特征描述
战术主动型 人力资源 管理	人力资源战略	没有制定人力资源战略；根据公司当前需要主动改进人力资源管理方案
	组织结构	金字塔形的组织结构，机构冗杂，权力集中；通常设立了专门的人力资源管理部门
	组织文化	以公司利益为核心；部门本位主义
	员工招聘	主动预测公司的人才需求，制订年度招聘计划；根据以往的招聘效果改进人才招聘方案，但依然注重应聘者的学历、专业、工作经历等表层信息
	员工培训	根据公司当前需要提前拟订培训计划；积极改进培训方案，但培训依然缺乏针对性；培训与员工的职业发展关联很小
	绩效考核	根据公司当前需要完善考核制度、改进考核方案；上级考核为主，员工通常不参与考核；考核结果主要用于奖惩
战略被动型 人力资源 管理	人力资源战略	制定并实施与公司服务化战略一致的人力资源战略，采取有效的人力资源实践推动公司服务化目标的实现
	组织结构	扁平化的组织结构，管理层次减少，权力分散；根据服务化战略设立组织机构及权责分配；设有专门的人力资源管理部门
	组织文化	以客户利益为核心；配合服务化战略实施，强调全员、全方位、全过程的客户服务理念以及不同岗位和部门间的团结协作
	员工招聘	根据公司服务化战略，拟订人才招聘计划，时间跨度通常在一年以上；注重应聘者的综合素质和人岗匹配，采用多种测评方法
	员工培训	基于公司服务化战略拟订培训计划；培训内容包括价值观、员工所在岗位的知识与技能以及上下游环节的相关知识等，并针对员工的不同需要量身定制培训方案；重视培训效果评估；培训与员工的职业发展紧密关联
	绩效考核	根据公司服务化战略拟订考核方案；考核内容包括员工的平时表现、岗位业绩以及对上下游环节的配合情况等；员工和客户参与考核；考核结果不仅用于奖惩，还与员工的培训和职业发展密切相关

续表

人力资源 管理模式	人力资源 管理要素	特征描述
战略主动型 人力资源 管理	人力资源战略	注重对未来环境的预测，实施人力资源战略变革；从人力资源的视角为公司服务化战略的制定和实施提供备选方案和决策建议
	组织结构	扁平化的组织结构，管理层次减少，权力分散；根据未来服务化转型需要优化组织机构设置及权责分配；设有专门的人力资源管理部门
	组织文化	以客户利益为核心；强调全员、全方位、全过程的客户服务理念以及不同岗位和部门间的团结协作；基于对未来市场环境和客户需求的预测，积极推动公司文化变革
	员工招聘	根据对今后服务化趋势的预测，拟订未来较长时期的人才需求计划；注重应聘者的综合素质和人岗匹配，不断改进人才甄选手段
	员工培训	预测公司未来服务化转型的人才素质需求，拟订培训计划，持续改进培训方案；重视培训效果评估；培训与员工的职业发展紧密关联
	绩效考核	预测未来公司服务化转型的需求，不断改进考核方案；员工和客户参与考核；考核结果不仅用于奖惩，还与员工的培训和职业发展密切相关

根据以上描述，您所在公司属于_____人力资源管理

A. 战术被动型　　B. 战术主动型　　C. 战略被动型　　D. 战略主动型

三　公司员工胜任力调查

以下是对公司员工胜任力的描述，请根据您的实际感受进行评价，并在相应的选项上画"√"。

序号	问题	非常符合	比较符合	一般符合	较不符合	非常不符合
1	公司员工以满足客户需求为导向，工作中表现出强烈的进取心和责任感	5	4	3	2	1
2	为了保障客户的利益，公司各部门之间能进行有效协作	5	4	3	2	1
3	当与客户利益冲突时，公司员工甘愿牺牲自己的利益以保全客户的利益	5	4	3	2	1
4	公司员工关注客户不断变化的需求，竭尽全力帮助和服务客户，为客户创造价值	5	4	3	2	1
5	公司员工非常了解产品开发管理的相关知识	5	4	3	2	1
6	公司员工十分明晰供应链管理知识	5	4	3	2	1
7	公司员工十分了解客户关系管理知识	5	4	3	2	1
8	公司员工熟练掌握竞争者管理知识	5	4	3	2	1
9	公司员工具有满足客户产品需求的能力	5	4	3	2	1
10	公司员工能够基于产品对客户进行有效的服务实施	5	4	3	2	1
11	公司员工对任何客户均能迅速掌握与之沟通的切入点	5	4	3	2	1
12	公司员工对客户的动机、情感、行为和所关心的事能够敏锐感知，并及时做出反应	5	4	3	2	1
13	公司员工不断寻求事业上继续学习的机会，提升工作相关技能	5	4	3	2	1

四　公司的绩效调查

以下是对公司绩效的描述，请根据您的实际感受进行评价，并在相应的选项上画"√"。

序号	问题	非常符合	比较符合	一般符合	较不符合	非常不符合
1	通过提供服务，公司的市场份额有所增加	5	4	3	2	1
2	通过提供服务，公司的服务性收益增加	5	4	3	2	1
3	通过提供服务，公司的总收益增加	5	4	3	2	1
4	过去三年里公司的盈利性一直高于竞争对手	5	4	3	2	1
5	公司经常与客户进行交流，了解客户对公司服务情况的看法	5	4	3	2	1
6	公司与客户的交流比较深入，甚至清楚其亲朋的喜好	5	4	3	2	1
7	公司员工与客户保持良好的私交，节假日都会问候一下	5	4	3	2	1
8	公司员工能较清楚地了解客户需求	5	4	3	2	1
9	公司客户的流失率比较低	5	4	3	2	1

参考文献

1. 白光林、彭剑锋：《IBM 的人力资源管理演变》，《中国人力资源开发》2014 年第 14 期。

2. 白景坤：《组织惰性视角下组织变革对企业持续成长影响研究——以柯达公司历史上的 5 次重大组织变革为例》，《财经问题研究》2014 年第 11 期。

3. 蔡俊：《IT 业销售人员胜任特征要素研究》，硕士学位论文，河海大学，2007 年。

4. 蔡三发、王清瑜、黄志明：《制造服务化的核心过程探讨》，《经济论坛》2013 年第 6 期。

5. 曹茂兴、王端旭：《企业研发人员胜任特征研究》，《技术经济与管理研究》2006 年第 2 期。

6. 曾贱吉、欧晓明：《组织变革认知对企业员工工作态度的影响及其作用机制》，《企业经济》2015 年第 4 期。

7. 曾智洪：《企业家危机管理胜任力构成要素的探索性研究》，《华东经济管理》2012 年第 11 期。

8. 柴梅：《基于企业生命周期的企业家胜任力模型研究》，硕士学位论文，青岛科技大学，2008 年。

9. 陈桂仙：《组织变革中的人力资源管理职能》，《人力资源管理》2010 年第 7 期。

10. 陈国权：《学习型组织的组织结构特征与案例分析》，《管理科学学报》2004 年第 4 期。

11. 陈洁熊：《制造业服务化与经营绩效的实证检验——基于中美上市公司的比较》，《商业经济与管理》2010 年第 4 期。

12. 陈青兰、林云志、林萍：《顾客视角下的收派员岗位胜任特征模型建构》，《厦门理工学院学报》2013 年第 1 期。

13. 陈淑妮、谭婷、崔嚣也：《共享服务中心：专业化人力资源管理新模式——以 Z 公司为例》，《中国人力资源开发》2011 年第 11 期。

14. 陈万思：《美、日、德、中四国企业家素质标准比较》，《现代经济探讨》2001 年第 8 期。

15. 陈晓波：《"内核—外圈"型人力资源管理模式研究》，《江海学刊》2003 年第 6 期。

16. 陈秀英：《制造业投入服务化对制造业价值链攀升影响的实证研究》，《经济问题探索》2016 年第 7 期。

17. 陈忠卫、魏丽红、李庆九：《战略性人力资源管理与传统人力资源管理的差异及发展评析》，第八届中国管理科学学术年会论文，南京，2006 年 10 月。

18. 崔鑫：《宽带薪酬在我国制造企业中的适用性分析及对策研究》，《科学管理研究》2009 年第 1 期。

19. 但斌、罗骁、刘墨林：《基于制造与服务过程集成的产品服务供应链模式》，《重庆大学学报》（社会科学版）2016 年第 1 期。

20. 丁宁：《服务管理》，清华大学出版社、北京交通大学出版社 2007 年版。

21. 丁宁：《服务管理》，清华大学出版社 2012 年版。

22. 丁兆国、金青、张忠：《服务型制造背景下新型 IE 人才培养的探索》，《常州工学院学报》2015 年第 1—2 期。

23. 杜鹃、赵曙明：《服务行业管理者胜任力对绩效的影响研究》，《南京社会科学》2008 年第 5 期。

24. 杜映梅：《绩效管理》，中国发展出版社 2007 年版。

25. 段炼、赵德海：《现代服务业、制造业服务化与战略性新兴产业》，《科学管理研究》2011 年第 4 期。

26. 方振邦、徐东华：《战略性人力资源管理》，中国人民大学出版社 2015 年版。

27. 菲利普·科特勒：《市场营销教程》，华夏出版社 2000 年版。

28. 冯泰文、孙林岩、何哲等：《制造与服务的融合：服务型制造》，《科学学研究》2009 年第 6 期。

29. 冯卫红、胡建玲：《旅游产业集群网络结构与企业绩效关系研究》，《经济问题》2016 年第 2 期。

30. 付亚和、许玉林：《绩效考核与绩效管理》，电子工业出版社 2009 年版。

31. 傅志明：《企业人力资源管理模式及其转变趋势分析——人力资源供求管理的视角》，《山东社会科学》2010 年第 12 期。

32. 高乐：《服务化导向的制造企业绩效管理系统研究》，硕士学位论文，哈尔滨理工大学，2010 年。

33. 高素英、赵曙明、张艳丽：《人力资源管理实践与企业绩效关联机制研究》，第四届中国管理学年会论文，北京，2009 年 11 月。

34. 《工信部解读中国制造 2025：已成世界制造业第一大国》，http：// finance. sina. com. cn/china/20150519/143422 215407. shtml，2015 年 5 月 19 日。

35. 顾新建、方小卫、纪杨建等：《制造服务创新方法和案例》，科学出版社 2014 年版。

36. 郭跃进：《论制造业的服务化经营趋势》，《中国工业经济》1999 年第 3 期。

37. 韩娟、阎亮、樊耘：《组织文化四层次模型对于组织管理的意义》，《人力资源管理》2012 年第 3 期。

38. 何辉：《组织战略与人力资源战略的关联性研究——基于战略人力资源管理权变观和资源观的比较分析》，《科技管理研究》2010 年第 14 期。

39. 何筠、王萌：《基于互联网招聘的 HRBP 岗位职责和胜任力研究》，《企业经济》2016 年第 8 期。

40. 何哲、孙林岩、贺竹馨等：《服务型制造的兴起及其与传统供应链体系的差异》，《软科学》2008 年第 4 期。

41. 何哲、孙林岩、朱春燕：《服务型制造的概念、问题和前瞻》，《科学学研究》2010 年第 1 期。

42. 何卓勋：《浅谈汽车制造企业人力资源管理模式创新——以柳州 WL 汽车工业公司为例》，《价值工程》2014 年第 20 期。

43. 胡蓓、张文辉：《职业胜任力测评》，华中科技大学出版社 2012 年版。

44. 胡查平、汪涛、王辉：《制造业企业服务化绩效——战略一致性和社会技术能力的调节效应研究》，《科学学研究》2014 年第 1 期。

45. 黄东琦：《"互联网＋"时代，人力资源转型要做减法》，《人力资源》2015 年第 13 期。

46. 黄群慧、霍景东：《中国制造业服务化的现状与问题——国际比较视角》，《学习与探索》2013 年第 8 期。

47. 黄群慧、霍景东：《全球制造业服务化水平及其影响因素——基于国际投入产出数据的实证分析》，《经济管理》2014 年第 1 期。

48. 黄鑫：《中国制造为什么要升级》，《经济日报》2015 年 5 月 22 日第 8 版。

49. 贾勇：《一致性视角下制造企业服务化与企业绩效关系研究》，经济科学出版社 2014 年版。

50. 简兆权、伍卓深：《制造业服务化的路径选择研究——基于微笑曲线理论的观点》，《科学学与科学技术管理》2011 年第 12 期。

51. 姜铸、李宁：《服务创新、制造业服务化对企业绩效的影响》，《科研管理》2015 年第 5 期。

52. 解海美、陈进：《传统人力资源管理到战略人力资源管理的转型路径——基于人力资源共享服务中心模式》，《财务与金融》2014 年第 4 期。

53. 晋永星：《组织变革中人力资源管理的匹配性研究》，《中外企业家》2011 年第 10 期。

54. 康聪娟：《我国计算机制造业服务化转型研究》，硕士学位论文，上海交通大学，2009 年。

55. 柯健、裴亮亮：《组织变革中的人力资源管理对策》，《中国人力资源开发》2008 年第 6 期。

56. 来有为：《"制造企业服务化"的发展路径和典型模式》，《中国发展观察》2009 年第 3 期。

57. 李成彦：《人力资源管理》，北京大学出版社 2011 年版。

58. 李峰、朱燕：《营销人员心理品质的研究及其测评》，《心理科学》1995 年第 5 期。

59. 李福海、揭筱纹、张黎明：《战略管理学》，四川大学出版社 2004 年版。

60. 李刚、孙林岩、李健：《服务型制造的起源、概念和价值创造机理》，《科技进步与对策》2009 年第 13 期。

61. 李刚、孙林岩、高杰：《服务型制造模式的体系结构与实施模式研究》，《科技进步与对策》2010 年第 7 期。

62. 李广斌：《战略人力资源管理实践与企业绩效的影响关系研究》，博士学位论文，厦门大学，2009 年。

63. 李国昊、陈超、罗建强：《基于演化博弈的制造业服务化知识缺口补救模型分析》，《工业工程与管理》2014 年第 2 期。

64. 李靖华、马丽亚、黄秋波：《我国制造企业"服务化困境"的实证分析》，《科学学与科学技术管理》2015 年第 6 期。

65. 李鹏：《战略人力资源的 4P 管理模式》，《经济管理》2001 年第 13 期。

66. 李松庆、梁碧云：《制造业服务化概念和演进阶段的研究综述与展望》，《商业时代》2012 年第 35 期。

67. 李武威：《航空制造企业人力资本定价研究》，《商业研究》2009 年第 8 期。

68. 李业昆：《绩效管理系统》，华夏出版社 2011 年版。

69. 李翼、莫蓉：《面向全生命周期的服务制造网络建模研究》，《计算机应用研究》2012 年第 4 期。

70. ［美］理查德·L. 达夫特：《组织理论与设计》，清华大学出版社 2010 年版。

71. 林光平、杜义飞、刘兴贵：《制造企业潜在服务价值创造及其流程再造——东方汽轮机厂案例研究》，《管理学报》2008 年第 4 期。

72. 林新奇：《绩效考核与绩效管理》，对外经济贸易大学出版社 2011 年版。

73. 林泽炎、王维：《执行绩效管理》，中国发展出版社 2008 年版。

74. 蔺雷、吴贵生：《我国制造企业服务增强差异化机制的实证研究》，《管理世界》2007 年第 6 期。

75. 蔺雷、吴贵生：《服务管理》，清华大学出版社 2008 年版。

76. 刘斌、王乃嘉：《制造业投入服务化与企业出口的二元边际——基于中国微观企业数据的经验研究》，《中国工业经济》2016 年第 9 期。

77. 刘炳春、李健：《基于可拓方法的服务型制造企业核心能力识别》，《统计与决策》2012 年第 1 期。

78. 刘继国、赵一婷：《制造业中间投入服务化趋势分析：基于 OCED 中 9 个国家的宏观实证》，《经济与管理》2006 年第 9 期。

79. 刘继国、李江帆：《国外制造业服务化问题研究综述》，《经济学家》2007 年第 3 期。

80. 刘继国：《制造业企业投入服务化战略的影响因素及其绩效——理论框架与实证研究》，《管理学报》2008 年第 2 期。

81. 刘继国、赵一婷：《制造业企业产出服务化战略的影响因素及其绩效：理论框架与实证研究》，《上海管理科学》2008 年第 6 期。

82. 刘继国：《制造业服务化发展趋势研究》，经济科学出版社 2009 年版。

83. 刘建国：《制造业服务化转型模式与路径研究》，《技术经济与管理研究》2012 年第 7 期。

84. 刘建国：《商业模式创新、先动市场导向与制造业服务化转型研究》，《科技进步与对策》2016 年第 15 期。

85. 刘景方：《网上创新外包环境下研发人员胜任力研究》，博士学位论文，昆明理工大学，2011 年。

86. 刘俊英：《基于 SERVQUAL 的图书馆服务文化评价》，《农业图书情报学刊》2010 年第 9 期。

87. 刘善仕、吴坤津、冯镜铭等：《人力资源管理与企业绩效的关系——基于珠三角制造企业的纵向研究》，《中国人力资源开发》2014 年第 23 期。

88. 鲁桂华、蔺雷、吴贵生：《差别化竞争战略与服务增强的内在机理》，《中国工业经济》2005 年第 5 期。

89. 罗文伟：《案例分析：3M 工业胶粘产品营销策略的改善研究》，硕士学位论文，华南理工大学，2010 年。

90. 毛忞歆、龙立荣：《变革型领导与员工对组织变革认同感的关系研究》，《管理学报》2009 年第 5 期。

91. 梅嘉：《服务型制造企业售后服务员工满意度对绩效影响的研究——以上海奥的斯为例》，硕士学位论文，华东理工大学，2013 年。

92. 蒙钢：《基于分工理论的组织变革模型研究》，硕士学位论文，中南大学，2008 年。

93. 苗青、王重鸣：《基于企业竞争力的企业家胜任力模型》，《中国地质大学学报》（社会科学版）2003年第3期。

94. 闵连星、刘人怀、王建琼：《中国制造企业服务化现状与特点分析》，《科技管理研究》2015年第12期。

95. 彭本红、谷晓芬、周倩倩：《基于SNA的服务型制造项目治理风险分析》，《管理评论》2016年第2期。

96. 彭剑锋：《人力资源管理概论》，复旦大学出版社2003年版。

97. 彭剑锋：《员工素质模型设计》，中国人民大学出版社2003年版。

98. 彭频、庞贵：《江西服务型制造发展的机遇、挑战及对策分析》，《江西理工大学学报》2013年第2期。

99. 齐二石、张洪亮：《企业精益文化建设》，《科学学与科学技术管理》2008年第12期。

100. 齐二石、石学刚、李晓梅：《现代制造服务业研究综述》，《工业工程》2010年第5期。

101. 綦良群、赵少华、蔡渊渊：《装备制造业服务化过程及影响因素研究——基于我国内地30个省市截面数据的实证研究》，《科技进步与对策》2014年第14期。

102. 秦晓蕾、杨东涛、魏江茹：《制造企业创新战略、员工培训与企业绩效关系实证研究》，《管理学报》2007年第3期。

103. 卿海龙：《中国银行营销人员胜任力结构研究》，硕士学位论文，暨南大学，2006年。

104. 时勘、王继承、李超平：《企业高层管理者胜任特征模型评价的研究》，《心理学报》2002年第3期。

105. ［美］斯蒂芬·P.罗宾斯、玛丽·库尔特：《管理学》，孙健敏译，中国人民大学出版社2008年版。

106. 宋培林：《我国民营企业家胜任力结构及其跃迁机理研究》，企业管理出版社2013年版。

107. 孙海法：《现代企业人力资源管理》，中山大学出版社2002年版。

108. 孙林岩：《服务型制造理论与实践》，清华大学出版社2009年版。

109. 孙林岩、杨才君、张颖：《中国制造企业服务转型攻略》，清华大学出版社2011年版。

110. 孙文清：《高新技术制造企业服务化绩效研究——基于员工胜任力

和顾客参与水平的调节效应》，《华东经济管理》2016 年第 7 期。

111. 田毓峰：《制造业服务化中关系绩效影响因素研究》，《科技管理研究》2011 年第 4 期。

112. 童洁、张旭梅、但斌：《制造业与生产性服务业融合发展的模式与策略研究》，《软科学》2010 年第 2 期。

113. 童文军、杨彦旭：《自由企业经济下的人力资源管理创新模式探究——基于人力资源营销理论的视角》，《科技管理研究》2010 年第 23 期。

114. 王国英：《"互联网＋"下中国制造企业人力资源管理的创新思维》，《武汉冶金管理干部学院学报》2015 年第 4 期。

115. 王红军、陈劲：《科技企业家创业胜任力及其与绩效关系研究》，《科学学研究》2007 年第 S1 期。

116. 王妍：《汽车制造企业高技能人才培训探究》，《湖南社会科学》2010 年第 5 期。

117. 王拥军：《TSDL 人力资源管理问题及对策研究》，硕士学位论文，华中科技大学，2011 年。

118. 王震、冯英浚、孟岩：《基于工作和能力的动态人力资源管理模式》，《中国软科学》2003 年第 9 期。

119. 王重鸣：《管理心理学》，人民教育出版社 2000 年版。

120. 王重鸣、陈民科：《管理胜任力特征分析：结构方程模型检验》，《心理科学》2002 年第 5 期。

121. ［美］韦恩·F. 卡肖：《人力资源管理》，机械工业出版社 2006 年版。

122. 韦福祥：《顾客感知服务质量与顾客满意相关关系实证研究》，《天津商学院学报》2003 年第 1 期。

123. 席晶：《支持服务型制造的人力资源管理策略研究》，《中小企业管理与科技》2013 年第 6 期。

124. 裘著燕、郑波、孙林岩：《服务型制造战略——破解山东省制造业不强服务业滞后之道》，《山东大学学报》（自然科学版）2009 年第 1 期。

125. 夏杰长、刘奕、顾乃华：《制造业的服务化和服务业的知识化》，《国外社会科学》2007 年第 4 期。

126. 夏霖、陆夏峰：《创业导向与企业绩效：胜任力和资源的影响》，《应用心理学》2006 年第 3 期。

127. 项国鹏、王进领：《企业家战略能力构成的实证分析：以浙江民营企业为例》，《科学学与科学技术管理》2009 年第 10 期。

128. 肖鸣政：《人力资源管理模式及其选择因素分析》，《中国人民大学学报》2006 年第 5 期。

129. 肖挺、聂群华、刘华：《制造业服务化对企业绩效的影响研究——基于我国制造企业的经验证据》，《科学学与科学技术管理》2014 年第 4 期。

130. 肖挺：《中国制造业服务化的就业效应影响》，《系统管理学报》2015 年第 6 期。

131. 谢晋宇：《人力资源管理模式：工作生活管理的革命》，《中国社会科学》2001 年第 2 期。

132. 辛枫冬：《知识密集型服务企业服务创新能力的研究》，《宁夏社会科学》2010 年第 2 期。

133. 熊彼特：《资本主义、社会主义和民主主义》，吴良建译，商务印书馆 1985 年版。

134. 徐芳：《研发团队胜任力模型的构建及其对团队绩效的影响》，《管理现代化》2003 年第 2 期。

135. 徐国华、杨东涛：《制造企业的支持性人力资源实践、柔性战略与公司绩效》，《管理世界》2005 年第 5 期。

136. 徐金灿：《服务质量要素体系的探讨》，硕士学位论文，中国科学院心理研究所，1998 年。

137. 徐君、李莉、王冠等：《企业战略管理》，清华大学出版社 2013 年版。

138. 徐艳：《中小企业员工招聘中存在的问题及对策》，《人力资源管理》2010 年第 11 期。

139. 徐振鑫、莫长炜、陈其林：《制造业服务化：我国制造业升级的一个现实性选择》，《经济学家》2016 年第 9 期。

140. 许玉林：《组织设计与管理》，复旦大学出版社 2003 年版。

141. 薛琴：《基于胜任力模型的人力资源管理模式研究》，《价值工程》2013 年第 35 期。

142. 杨国福：《岗位轮换：企业内部员工合理的横向流动》，《中国人力资源开发》2005 年第 10 期。

143. 杨慧、宋华明、俞安平：《服务型制造模式的竞争优势分析与实证研究——基于江苏 200 家制造企业数据》，《管理评论》2014 年第 3 期。

144. 杨林：《企业家认知、组织知识结构与企业战略变革的关系》，《科技进步与对策》2010 年第 16 期。

145. 姚小远、姚剑：《传统产业优化升级与制造业服务化发展模式思考》，《理论导刊》2014 年第 12 期。

146. 姚宇、杨东涛：《基于企业生命周期的制造企业人力资源管理实践探析》，《华东经济管理》2006 年第 3 期。

147. 于立、马丽波、孙亚锋：《家族企业治理结构的三环模式》，《经济管理》2003 年第 2 期。

148. 于衍平：《科技人力资源管理与激励模式》，《科研管理》1997 年第 6 期。

149. 余维臻、李文杰、黄秋波：《制造企业服务创新过程中核心知识及量表开发研究》，《科研管理》2014 年第 12 期。

150. 余泽忠：《绩效考核与薪酬管理》，武汉大学出版社 2006 年版。

151. 张爱莲、黄希庭：《心理健康服务人员胜任特征与服务满意度的关系》，《心理与行为研究》2014 年第 5 期。

152. 张保军：《制造企业组织结构与服务化策略匹配研究》，硕士学位论文，华中科技大学，2013 年。

153. 张德、吴剑平：《企业文化与 CI 策划》，清华大学出版社 2002 年版。

154. 张发星：《水泥制造企业数据化人力资源管理模式探析》，《企业改革与管理》2014 年第 23 期。

155. 张纪：《制造业服务化背景下的中国产业发展》，《现代经济探讨》2013 年第 7 期。

156. 张军东、戴亚晴、王亚楠：《构建有效的员工招聘体系探析》，《人力资源管理》2013 年第 6 期。

157. 张君美：《组织文化与员工绩效关系研究——以商业银行为例》，硕士学位论文，成都理工大学，2013 年。

158. 张兰霞、刘杰、赵海丹等：《知识型员工工作态度与工作绩效关系的实证研究》，《管理学报》2008 年第 1 期。

159. 张圣亮：《市场营销原理与实务》，中国科学技术大学出版社 2003 年版。

160. 张玮：《服务企业员工胜任力与顾客忠诚关系研究》，《北京市财贸管理干部学院学报》2007 年第 2 期。

161. 张旭梅、但斌、韩小鹏：《现代制造服务——理论与实践》，科学出版社 2015 年版。

162. 张雅琪、陈菊红、李兆磊：《基于匹配和调节一致性分析的制造企业服务化战略与组织结构关系研究》，《软科学》2015 年第 5 期。

163. 张彦、陈晓强：《劳动与就业》，社会科学文献出版社 2002 年版。

164. 张正堂、刘宁：《战略性人力资源管理及其理论基础》，《财经问题研究》2005 年第 1 期。

165. 赵慧英、林泽炎：《组织设计与人力资源战略管理》，广东经济出版社 2003 年版。

166. 赵曙明、吴慈生：《中国企业集团人力资源管理现状调查研究（一）：调查方案设计、人力资源管理政策分析》，《中国人力资源开发》2003 年第 2 期。

167. 赵勇、齐讴歌、曹林：《装备制造业服务化过程及其保障因素——基于陕鼓集团的案例研究》，《科学学与科学技术管理》2012 年第 12 期。

168. 郑海航、吴冬梅：《中小企业人力资源管理三维立体模式》，《中国工业经济》2002 年第 2 期。

169. 郑磊：《民营企业员工绩效考核体系构建研究》，硕士学位论文，东华理工大学，2013 年。

170. 郑利锋：《高新技术企业研发工作特征、胜任特征与绩效关系研究》，硕士学位论文，浙江大学，2007 年。

171. 周大鹏：《制造业服务化研究——成因、机理与效应》，博士学位论文，上海社会科学院，2010 年。

172. 周国华、王岩岩：《服务型制造模式研究》，《技术经济》2009 年第 2 期。

173. 周红云：《基于绩效和胜任力的员工价值评估与激励——以 K 公司

为例》，《中国人力资源开发》2010 年第 5 期。

174. 周静芳、俞安平：《服务型制造的差异化优势及其形成机理研究》，《科技进步与对策》2011 年第 23 期。

175. 周三多、陈传明、鲁明泓：《管理学——原理与方法》，复旦大学出版社 2013 年版。

176. 周艳春：《制造企业服务化战略实施及其对绩效的影响研究》，博士学位论文，西北大学，2010 年。

177. 朱沆、汪纯孝：《饭店服务质量管理重点分析》，《系统工程理论方法应用》1999 年第 1 期。

178. 朱沆、汪纯孝：《服务质量属性的实证研究》，《商业研究》1999 年第 6 期。

179. 朱舟：《人力资源管理教程》，上海财经大学出版社 2001 年版。

180. Ahmad, S. and Schroeder, R. G., "The Impact of Human Resource Management Practices on Operational Performance: Recognizing Country and Industry Differences", *Journal of Operations Management*, Vol. 21, No. 1, 2003.

181. Albrecht, K., *At America's Service: How Your Company Can Join the Customer Service Revolution*, Homewood: Dow Jones – Irwin, 1988.

182. Araujo, L. and Spring, M., "Services, Products, and the Institutional Structure of Production", *Industrial Marketing Management*, Vol. 35, No. 7, 2006.

183. Arthur, J. B., "Effect of Human Resources Systems on Manufacturing Performance and Turnover", *Academy of Management Journal*, Vol. 37, No. 3, 1994.

184. Baines, T. S., Lightfoot, H. W. and Benedettini, O. et al., "The Servitization of Manufacturing: A Review of Literature and Reflection on Future Challenges", *Journal of Manufacturing Technology Management*, Vol. 20, No. 5, 2009.

185. Baker, W. E. and Sinkula, J. M., "The Synergistic Effect of Market Orientation and Learning Orientation on Organizational Performance", *Journal of the Academy of Marketing Science*, Vol. 27, No. 4, 1999.

186. Berger, S. and Lester, R., *Made by Hong Kong*, London: Oxford U-

niversity Press, 1997.

187. Boyatzis, R. E. , *The Competent Manager: A Model for Effective Performance*, New York: John Wiley & Sons, Inc. , 1982.

188. Boyatzis, R. E. , "Rendering unto Competence the Things that Are Competent", *American Psychologist*, Vol. 49, No. 1, 1994.

189. Brax, S. , "A Manufacturer Becoming Service Provider: Challenges and a Paradox", *Managing Service Quality*, Vol. 15, No. 2, 2005.

190. Cheetham, G. and Chivers, G. , "The Reflective Practitioner: A Model of Professional Competence Which Seeks to Harmonise the Reflective Practitioner and Competence – based Approaches", *Journal of European Industrial Training*, Vol. 22, No. 7, 1998.

191. Chun, J. S. , Shin, Y. and Choi, J. N. et al. , "How does Corporate Ethics Contribute to Firm Financial Performance? The Mediating Role of Collective Organizational Commitment and Organizational Citizenship Behavior", *Journal of Management*, Vol. 39, No. 4, 2013.

192. Coffey, W. J. and Bailly, A. S. , "Producer Services and Flexible Production: An Exploratory Analysis", *Growth Change*, Vol. 22, No. 4, 1991.

193. Colber, B. A. , "The Complex Resource – based View: Implication for Theory and Practice for Strategic Human Resource Management", *Academy of Management Journal*, Vol. 129, No. 3, 2004.

194. Crosby, L. A. , Evans, K. R. and Cowles, D. , "Relationship Quality in Services Selling: An Interpersonal Influence Perspective", *Journal of Marketing*, Vol. 54, No. 3, 1990.

195. Cynthia, A. and Mark, L. , "Strategic Human Resources Management: A Review of the Literature and a Proposed Typology", *Academy of Management Review*, Vol. 13, No. 3, 1988.

196. Delaney, J. T. and Huselid, M. A. , "The Impact of Human Resource Management Practices on Perceptions of Organizational Performance", *Academy of Management Journal*, Vol. 39, No. 4, 1996.

197. Demeter, K. , "Manufacturing Strategy and Competitiveness", *International Journal of Production Economics*, Vol. 81 – 82, No. 2, 2003.

198. Drucker, P. F. , "The Emerging Theory of Manufacturing", *Harvard*

Business Review, Vol. 68, No. 3, 1990.

199. Erlicher, L. and Massone, L., "Human Factors in Manufacturing: New Patterns of Cooperation for Company Governance and the Management of Change", *Human Factors and Ergonomics in Manufacturing & Service Industries*, Vol. 15, No. 4, 2005.

200. Fortuin, L., "Performance Indicators – Why, Where, and How", *European Journal of Operational Research*, Vol. 34, No. 1, 1988.

201. Gebauer, H. and Friedli, T., "Behavioural Implications of the Transition Process from Products to Services", *Journal of Business & Industrial Marketing*, Vol. 20, No. 2, 2005.

202. Gebauer, H. and Fleisch, E., "An Investigation of the Relationship between Behavioral Processes, Motivation, Investments in the Service Business and Service Revenue", *Industrial Marketing Management*, Vol. 36, No. 3, 2007.

203. Gebauer, H., "Identifying Service Strategies in Product Manufacturing Companies by Exploring Environment – strategy Configurations", *Industrial Marketing Management*, Vol. 37, No. 3, 2008.

204. Gebauer, H., "An Attention – based View on Service Orientation in the Business Strategy of Manufacturing Companies", *Journal of Managerial Psychology*, Vol. 24, No. 1, 2009.

205. Gebauer, H., Edvardsson, B. and Gustafsson, A. et al., "Match or Mismatch: Strategy – structure Configurations in the Service Business of Manufacturing Companies", *Journal of Service Research*, Vol. 13, No. 2, 2010.

206. Gebauer, H., Gustafsson, A. and Witell, L., "Competitive Advantage through Service Differentiation by Manufacturing Companies", *Journal of Business Research*, Vol. 64, No. 12, 2011.

207. Gerwin, D. and Kolodny, H., *Management of Advanced Manufacturing Technology: Strategy, Organization, and Innovation*, New York: John Wiley and Sons, Inc., 1992.

208. Gronroos, C., *Service Management and Marketing: A Customer Relationship Management Approach*, Hoboken: John Wiley & Sons, 2000.

209. Hallowell, R. , "The Relationship of Customer Satisfaction, Customer Loyalty, and Profitability: An Empirical Study", *International Journal of Service Industry Management*, Vol. 7, No. 4, 1996.

210. Heijltjes, M. G. , "Advanced Manufacturing Technologies and HRM Policies: Findings from Chemical and Food and Drink Companies in the Netherlands and Great Britain", *Organization Studies*, Vol. 21, No. 4, 2000.

211. Homburg, C. , Hoyer, W. D. and Fassnacht, M. , "Service Orientation of a Retailer's Business Strategy: Dimensions, Antecedents, and Performance Outcomes", *Journal of Marketing*, Vol. 66, No. 4, 2002.

212. Homburg, C. , Fassnacht, M. and Guenther, C. , "The Role of Soft Factors in Implementing a Service – oriented Strategy in Industrial Marketing Companies", *Journal of Business to Business Marketing*, Vol. 10, No. 2, 2003.

213. Hornaday, J. A. , Research about Living Entrepreneurs, in C. Kent, D. Sexton and K. Vesper (eds.), *Encyclopedia of Entrepreneurship*, Englewood Cliffs, NJ: Prentice – Hall, 1982.

214. Houghton, J. , Pappas, N. and Sheehan, P. , "New Manufacturing: One Approach to the Knowledge Economy", Victoria: Center for Strategic Economic Studies, Victoria University, 1999.

215. Howells, J. , "The Nature of Innovation in Service", Paper presented for OECD/Australia Workshop Innovation and Productivity in Services, Sydney, 31, October 3, 2002.

216. Huselid, M. A. , "The Impact of Human Resource Management Practices on Turnover, Productivity, and Corporate Financial Performance", *Academy of Management Journal*, Vol. 38, No. 3, 1995.

217. Ichniowski, C. , Shaw, K. and Prennushi, G. , "The Effects of Human Resource Management Practices on Productivity: A Study of Steel Finishing Lines", *American Economic Review*, Vol. 87, No. 3, 1997.

218. Kaplan, R. S. and Norton, D. P. , *The Balanced Scorecard: Translating Strategy into Action*, Boston, MA: Harvard Business School Press, 1996.

219. Kaydo, C. , "The New Skills of Top Managers", *Sales and Marketing Management*, *Vol. 152*, *No. 5*, *2000*.

220. Kenney, L. M. and Collet – Klingenberg, L. , "Manufacturing and Production Technician Youth Apprenticeship Program: A Partnership", *Peabody Journal of Education*, Vol. 75, No. 3, 2000.

221. Kindström, D. , "Towards a Service – based Business Model: Key Aspects for Future Competitive Advantage", *European Management Journal*, Vol. 28, No. 6, 2010.

222. Kutner, S. and Cripps, J. , "Managing the Customer Portfolio of Healthcare Enterprises", *The Healthcare Forum Journal*, Vol. 40, No. 5, 1997.

223. Lee, H. and Choi, B. , "Knowledge Management Enablers, Processes, and Organizational Performance: An Integrative View and Empirical Examination", *Journal of Management Information Systems*, Vol. 20, No. 1, 2003.

224. Lytras, M. D. and Pablos, P. O. D. , "The Role of a 'Make' or Internal Human Resource Management System in Spanish Manufacturing Companies: Empirical Evidence", *Human Factors and Ergonomics in Manufacturing & Service Industries*, Vol. 18, No. 4, 2008.

225. Machuca, J. A. D. , Jiménez, C. H. O. , Garrido – Vega, P. et al. , "Do Technology and Manufacturing Strategy Links Enhance Operational Performance? Empirical Research in the Auto Supplier Sector", *International Journal of Production Economics*, Vol. 133, No. 2, 2011.

226. Maiwald, K. , Wieseke, J. and Everhartz, J. , "The Dark Side of Providing Industrial Product – service Systems – Perceived Risk as a Key Challenge from a Customer – centric Point of View", *Procedia Cirp*, Vol. 16, No. 7, 2014.

227. Marceau, J. and Martinez, C. , "Selling Solutions: Product – service Packages as Links between New and Old Economies", Paper presented at Druid Summer Conference on Industrial Dynamics of the New and Old Economy – Who is Embracing Whom? Copenhagen/Elsinore 6 – 8 June, 2002.

228. Marquardt, M. J. and Engel, D. W. , *Global Human Resource Development*, *New Jersey: Prentice - Hall, Inc. , 1993*.

229. Mathieu, V. , "Service Strategies within the Manufacturing Sector: Benefits, Costs and Partnership", *International Journal of Service Industry Management*, Vol. 12, No. 5, 2001.

230. McClelland, D. C. , "Testing for Competence Rather than for 'Intelligence'", *Journal of American Psychologist*, Vol. 28, No. 1, 1973.

231. McClelland, D. C. , "Characteristics of Successful Entrepreneurs", *Journal of Creative Behavior*, Vol. 21, No. 3, 1987.

232. Miles, R. E. and Snow, C. C. , "Designing Strategic Human Resource Systems", *Organizational Dynamics*, Vol. 13, No. 1, 1984.

233. Mital, A. , Pennathur, A. , Huston, R. L. et al. , "The Need for Worker Training in Advanced Manufacturing Technology Environment: A White Paper", *International Journal of Industrial Ergonomics*, Vol. 24, No. 2, 1999.

234. Neely, A. , "Exploring the Financial Consequences of the Servitization of Manufacturing", *Operations Management Research*, Vol. 1, No. 2, 2008.

235. Ngo, H. Y. , Turban, D. and Lau, C. M. et al. , "Human Resource Practices and Firm Performance of Multinational Corporations: Influences of Country Origin", *The International Journal of Human Resource Management*, Vol. 9, No. 4, 1998.

236. Oladipo, J. A. and Abdulkadir, D. S. , "Strategic Human Resource Management and Organizational Performance in the Nigerian Manufacturing Sector: An Empirical Investigation", *International Journal of Business and Management*, Vol. 6, No. 9, 2011.

237. Parasuraman, A. , Zeithaml, V. A. and Berry, L. L. , "A Conceptual Model of Service Quality and Its Implications for Future Research", *Journal of Marketing*, Vol. 49, No. 4, 1985.

238. Parry, S. B. , "Just What Is a Competency? And Why Should You Care? " *Training*, Vol. 35, No. 6, 1996, pp. 58 – 64.

239. Paulhus, D. L. and Martin, C. L. , "The Structure of Personality Capa-

bilities", *Journal of Personality and Social Psychology*, Vol. 52, No. 2, 1987.

240. Pfeffer, J., *Competitive Advantage through People: Unleashing the Power of the Work Force*, Boston: Harvard Business School Press, 1994.

241. Porter, M., *The Competitive Advantage of Nations*, New York: The Free Press, 1990.

242. Prahalad, C. K. and Hamel, G., "The Core Competence of the Corporation", *Harvard Business Review*, Vol. 68, No. 3, 1990.

243. Quinn, J. B., *Intelligent Enterprise: A Knowledge and Service Based Paradigm for Industry*, New York: The Free Press, 1992.

244. Rajagopalan, N. and Spreitzer, G. M., "Toward a Theory of Strategic Change: A Multi – lens Perspective and Integrative Framework", *Academy of Management Review*, Vol. 22, No. 1, 1997.

245. Ranta, J. and Tchijov, I., "Economics and Success Factors of Flexible Manufacturing Systems: the Conventional Explanation Revisited", *International Journal of Flexible Manufacturing Systems*, Vol. 2, No. 3, 1990.

246. Ren, G. and Gregory, M., "Servitization in Manufacturing Companies", Paper Presented at 16th Frontiers in Service Conference, San Francisco, and CA, 2007.

247. Ren, Y., "Investment in Human Capital and Business Performance Based on Training Perspective – A Mixture Section Data Analysis of Chinese Enterprise Level", International Conference on Artificial Intelligence, Management Science and Electronic Commerce, sponsored by Henan Polytechnic University, Deng Feng, China, August 8 – 10, 2011.

248. Rifkin, K. I., Fineman, M. and Ruhnke, C. H., "Developing Technical Managers: First You Need a Competency Model", *Research Technology Management*, Vol. 3, No. 5, 1999.

249. Riki, T., Chen, G. and Lepak, D. P., "Through the Looking Glass of a Social System: Cross – level Effects of High – performance Work Systems on Employees' Attitudes", *Personnel Psychology*, Vol. 62,

No. 1, 2009.

250. Rodriguez, J. M. and Ventura, J., "Human Resource Management Systems and Organizational Performance: An Analysis of the Spanish Manufacturing Industry", *International Journal of Human Resource Management*, Vol. 14, No. 7, 2003.

251. Sandberg, J., "Understanding Human Competence at Work: An Interpretative Approach", *Academy of Management Journal*, Vol. 43, No. 1, 2000.

252. Saraph, J. V. and Sebastian, R. J., "Human Resources Strategies for Effective Introduction of Advanced Manufacturing Technologies", *Production and Inventory Management Journal*, Vol. 33, No. 1, 1992.

253. Seashore, S. E., "Criteria of Organizational Effectiveness", *Michigan Business Review*, No. 17, 1965.

254. Small, M. H. and Yasin, M. M., "Advanced Manufacturing Technology: Implementation Policy and Performance", *Journal of Operations Management*, Vol. 15, No. 4, 1997.

255. Snell, S. A. and Dean, Jr. J. W., "Integrated Manufacturing and Human Resource Management: A Human Capital Perspective", *The Academy of Management Journal*, Vol. 35, No. 3, 1992.

256. Spencer, L. M. and Spencer, S. M., *Competence at Work: Models for Superior Performance*, New York: John Wiley & Sons, Inc., 1993.

257. Spencer, L. M., McClelland, D. C. and Spencer, S., *Competency Assessment Methods: History and State of the Art*, Boston: Hay – McBer Research Press, 1994.

258. Szalavetz, A., "Tertiarization of Manufacturing Industry in the New Economy Experiences in Hungarian Companies", Budapest: Hungarian Academy of Sciences Working Papers, No. 134, March 2003.

259. Tan, A. R., Matzen, D., McAloone, T. C. et al., "Strategies for Designing and Developing Services for Manufacturing Firms", *CIRP Journal of Manufacturing Science and Technology*, Vol. 3, No. 2, 2010.

260. Vandermerwe, S. and Rada, J., "Servitization of Business: Adding

Value by Adding Services", *European Management Journal*, Vol. 6, No. 4, 1988.

261. Vence, D. L., "Best Practices", *Marketing News*, Vol. 37, No. 3, 2003.

262. Walker, J. W., "Integrating the Human Resource Function with the Business", *Human Resource Planning*, Vol. 17, No. 2, 1994.

263. Williams, R. J., Hoffman, J. J. and Lamont, B. T., "The Influence of Top Management Team Characteristics on M – Form Implementation Time", *Journal of Managerial Issues*, Vol. 7, No. 4, 1995.

264. Womack, J. P., Jones, D. T., Roos, D. et al., *The Machine that Changed the World*, NY: Harper Perennial, 1991.

265. Youndt, M. A., Snell, S. A. and Dean, J. W., "Human Resource Management, Manufacturing Strategy, and Firm Performance", *Academy of Management Journal*, Vol. 39, No. 4, 1996.

266. Zeithmal, V. A., Berry, L. L. and Parasuraman, A., "Communication and Control Processes in the Delivery of Service Quality", *Journal of Marketing*, Vol. 52, No. 2, 1988.

267. Zhang, Y. S., Zeng, D. M. and Zhang, L. F. et al., "R&D Team Governance and R&D Performance", *Journal of Technology Management in China*, Vol. 2, No. 1, 2007.

后　记

　　服务化转型是制造企业在新的消费格局和竞争形势下实施的重要变革，对激发企业的发展活力、增强企业的市场竞争能力、促进经济结构的转型升级等具有重要的意义。由于受经济发展、消费需求、企业管理等多种因素的影响，欧美发达国家制造企业的服务化转型普遍起步早，而我国的制造企业则相对较晚，却也取得了不错的成绩，涌现出了海尔、华为、三一重工等一批优秀的世界级企业。众所周知，人力资源是一个企业最为核心的资源，是企业战略变革的根本保障。国内外学者围绕制造企业的服务化转型做了大量的研究，取得了丰硕的成果，但从人力资源的视角进行的探讨不多。因此，基于以上理论研究和现实背景，本人尝试申请并成功获批了国家社会科学基金青年项目"我国制造企业服务化转型中的人力资源管理研究"（11CGL014）。

　　在国家社会科学基金青年项目的资助下，笔者带领课题组成员，围绕"制造企业服务化转型中的人力资源管理"这一主题进行了较为系统、深入的研究，初步取得了一些研究成果：较好地掌握了我国制造企业的人力资源管理现状以及相对于服务化转型要求存在的不足；提炼了战术被动型、战术主动型、战略被动型和战略主动型四种服务化转型制造企业的人力资源管理模式，并进行了典型案例分析；建立了服务化转型制造企业的企业家、研发人员和营销人员的胜任力模型；实证分析了服务化转型制造企业的人力资源管理模式、员工胜任力对企业绩效的影响；基于组织变革的视角，从理论层面分析了人力资源管理推动制造企业服务化转型的内在机理；提出了优化服务化转型制造企业人力资源管理体系的对策。

　　本书正是在国家社会科学基金青年项目的研究成果基础上形成的。在课题申请过程中，江苏大学管理学院梅强教授、南京大学商学院彭纪生教授给予了精心指导；在课题实施和本书成稿过程中，武汉大学经济与管理学院陈建安老师，江苏大学管理学院白光林老师、胡桂兰老师、甄美荣老师，池州学院王剑程老师，江苏大学管理学院李炳龙、张提、夏正晶、杨花、李钊等研究生，作为课题组的主要成员，积极参与其中，付出了艰辛努力。同时，还有很多同事、同学、朋友以及国内多家制造企业的员工，为本课题调研提供了无私的帮助，在此一并表示衷心感谢。

此外，在写作过程中，参考了大量的国内外研究文献，难以一一标注，谨向相关学者致以诚挚的谢意。如有引用疏漏或不当之处，敬请谅解。

我们还要特别感谢江苏大学专著出版基金的大力支持；特别感谢中国社会科学出版社经济与管理出版中心主任、编审卢小生老师的精心审稿和编辑，使本书的内容和形式更加完善，得以及时、顺利出版。

由于时间仓促以及研究水平和条件有限，本书在撰写过程中错漏在所难免，一些研究观点也可能不一定恰当，恳请学界同行们不吝赐教、多多批评指正！

朱永跃

2016 年 12 月